SHANGWU TANPAN SHIWU

# 商务谈判实务

车红莉　主编

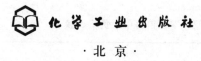

·北京·

《商务谈判实务》分为准备篇和实战篇。准备篇包括商务谈判认知、商务谈判心理分析、商务谈判礼仪、商务谈判沟通技巧、商务谈判的流程；实战篇包括销售谈判、采购谈判、租赁谈判、技术转让谈判、企业并购谈判、模拟谈判，共11个项目。准备篇主要介绍商务谈判过程中所涉及的基本知识、基本技能、组织管理及策略运用；实战篇主要介绍销售、采购、租赁、技术转让、企业合资并购和模拟谈判的主要内容以及具体操作过程，并附有实操案例的分析。书末配有试卷与能力测试题，以二维码形式呈现，充分体现了高等职业教育"学做结合"的教学理念。

本书既适合作为高职院校、应用型本科院校财经管理类相关专业的教材，也适合作为企业内训、商务谈判人员和销售人员等的培训教材和参考读物。

**图书在版编目（CIP）数据**

商务谈判实务/车红莉主编．—北京：化学工业出版社，
2019.6（2025.2重印）
ISBN 978-7-122-34052-8

Ⅰ.①商⋯ Ⅱ.①车⋯ Ⅲ.①商务谈判-教材 Ⅳ.①F715.4

中国版本图书馆CIP数据核字（2019）第044772号

---

责任编辑：章梦婕　李植峰　　　　　　　　文字编辑：李　曦
责任校对：边　涛　　　　　　　　　　　　装帧设计：韩　飞

出版发行：化学工业出版社（北京市东城区青年湖南街13号　邮政编码100011）
印　　装：北京天宇星印刷厂
787mm×1092mm　1/16　印张11¼　字数283千字　2025年2月北京第1版第2次印刷

购书咨询：010-64518888　　售后服务：010-64518899
网　　址：http://www.cip.com.cn
凡购买本书，如有缺损质量问题，本社销售中心负责调换。

---

定　　价：35.00元　　　　　　　　　　　　　　　　　　　版权所有　违者必究

# 北京农业职业学院现代学徒制试点教材编审委员会

主　任　王福海

委　员　王福海　杨永杰　朱京燕　何艳琳
　　　　张　红　汪海燕　胡军珠

## 《商务谈判实务》编写人员

主　　编　车红莉
副 主 编　张云鹤　段丹丹
编写人员（按照姓氏音序排列）
　　　　　　车红莉（北京农业职业学院）
　　　　　　杜一馨（北京农业职业学院）
　　　　　　段丹丹（国家农业信息化工程技术研究中心）
　　　　　　关晓飞（北京农业职业学院）
　　　　　　郝媛媛（北京农业职业学院）
　　　　　　康　杰（北京农业职业学院）
　　　　　　汪海燕（北京农业职业学院）
　　　　　　张云鹤（国家农业信息化工程技术研究中心）
　　　　　　周　怡（北京农业职业学院）

# 前言

人生无处不谈判，生活事事有沟通。当今世界是一张巨大的谈判桌，不管您喜欢不喜欢、愿意不愿意、接受不接受，您都是一个谈判者。可以说，谈判无处不在，无时不有。小到家庭纠纷，大到国际争端，都需要通过谈判来解决问题。您事业的如愿、生意的成功、理想的实现、家庭关系和社会关系的和谐、生活的美满和幸福，都与谈判沟通密切相关。出于解决利益冲突的需要或是平衡力量的产物，抑或谋求利益互惠，人们总是陷入各种谈判情境之中。因此，谈判对于我们每个人都有极其重要的意义。

"商务谈判实务"是一门实用性和实践性较强、科学性和艺术性紧密融合的综合学科。基于这一特征，本书在内容上遵循理论知识够用的原则，突出专项谈判操作能力培养；体例上以项目为单元，更贴近企业的商务谈判实战；全书"理论、实训、案例"三位一体，在学中做，在做中领悟，具有鲜明的职业教育特色。本书具有以下特点。

1. 本书作者具有十年以上"商务谈判实务"课程的教学经验，编写过程中作者结合多年的研究成果和教学实践心得，依据高等职业教育的要求，根据企业实际工作过程进行本书内容的组织和设计。

2. 与企业合作开发。本书在内容的设定上，与相关企业进行研究，探讨企业实际需要。在编写过程中，相关企业也提供了现实的一些案例和材料，具有较强的校企结合特点。

3. 突出专项谈判操作能力培养。本书项目六～项目十设置销售谈判、采购谈判、租赁谈判、技术转让谈判和企业并购谈判五个专项谈判，介绍了不同类型商务谈判的主要内容以及具体操作过程，并附有实操案例的分析，具有非常强的实用性和操作性。

4. 案例贯穿全过程。每一个项目都由案例导入，最后以案例进行实训练习，项目中还穿插有数篇案例。从案例分析中提炼观点，总结实战经验，把谈判理论融入实战之中，增强学生的阅读兴趣，学生可以了解战术运用的具体环境，更好地掌握谈判的策略与技巧，同时便于任课教师的课堂拓展和互动教学。

5. 突出技能运用。每个项目都配有实训任务，既方便和丰富了教师的教学，又便于学生进行技能训练，培养学生的实战能力。

6. 项目十一中列举了一些典型的谈判案例，有助于学生进行模拟谈判。

本书由车红莉担任主编，由张云鹤、段丹丹担任副主编。各项目编写分工为：车红莉负责项目六、八、十、十一的编写，杜一馨负责项目一的编写，周怡负责项目二的编写，郝媛媛负责项目三、九的编写，汪海燕负责项目四的编写，关晓飞负责项目五的编写，康杰负责项目七的编写，张云鹤、段丹丹参与了项目六的编写。本书在编写过程中参考了国内外的相关著作文献，力求精益求精。但由于编者水平有限，书中难免会有疏漏，不当之处恳请各位专家、学者和广大读者批评指正，以便再版时进行修订。

本书在编写过程中，还得到了北京农业职业学院教务处等领导、企业人员的大力支持和热情帮助，在此，一并致以衷心的感谢！

编者

2018 年 12 月

# 目 录

## 准 备 篇

### 项目一　商务谈判认知　　1

案例引入　购买冶炼组合炉的谈判　1
一、谈判和商务谈判的内涵　2
二、商务谈判的原则　4
三、商务谈判的流程和模式　6
四、商务谈判中的应用策略　8
五、合格商务谈判人员的基本素质　10
实训任务　解决环境污染问题的谈判训练　12

### 项目二　商务谈判心理分析　　14

案例引入　狮子为什么不捕杀黑斑羚　14
一、商务谈判心理　15
二、商务谈判心理技巧运用　18
实训任务　个人气质自我测试　28

### 项目三　商务谈判礼仪　　30

案例引入　如何处理谈判中的迟到　30
一、商务礼仪的原则　31
二、谈判接待礼仪　31
三、谈判过程礼仪　36
实训任务　谈判礼仪训练　40

### 项目四　商务谈判沟通技巧　　41

案例引入　酸牛奶里的苍蝇　41
一、听的技巧　42
二、说的技巧　45
三、问的技巧　49

四、答的技巧 …………………………………………………… 53
　实训任务　商务谈判沟通技巧训练 ……………………………… 57

## 项目五　商务谈判的流程　　58

　案例引入　一个美国人与一家日本公司 …………………………… 58
　　一、商务谈判的准备阶段 …………………………………………… 59
　　二、商务谈判的开局阶段 …………………………………………… 64
　　三、商务谈判价格磋商阶段 ………………………………………… 66
　　四、商务谈判的结束与签约阶段 …………………………………… 77
　实训任务　电石价格谈判训练 ……………………………………… 80

# 实　战　篇

## 项目六　销售谈判　　81

　案例引入　农民跨国"商战"卖泥鳅 ……………………………… 81
　　一、销售谈判的主要内容 …………………………………………… 82
　　二、销售谈判的过程 ………………………………………………… 84
　　三、销售谈判的技巧 ………………………………………………… 87
　　四、销售谈判操作案例 ……………………………………………… 91
　附：农产品订单合同 …………………………………………………… 94
　实训任务　胶河土豆销售谈判训练 ………………………………… 96

## 项目七　采购谈判　　97

　案例引入　L 公司与 K 公司的谈判 ………………………………… 97
　　一、采购谈判的主要内容 …………………………………………… 98
　　二、采购谈判的过程 ………………………………………………… 100
　　三、采购谈判的技巧 ………………………………………………… 101
　　四、采购谈判操作案例 ……………………………………………… 102
　附：采购合同 …………………………………………………………… 104
　实训任务　采购谈判训练 …………………………………………… 107

## 项目八　租赁谈判　　109

　案例引入　大学生小顾租房记 ……………………………………… 109
　　一、租赁谈判的主要内容 …………………………………………… 110
　　二、租赁谈判的过程 ………………………………………………… 112
　　三、租赁谈判的技巧 ………………………………………………… 116
　　四、租赁谈判操作案例 ……………………………………………… 117

附：房屋租赁合同 ·············································································· 120
　　实训任务　租赁谈判训练 ·································································· 122

## 项目九　技术转让谈判　　124

　　案例引入　技术使用费之争 ······························································ 124
　　　　一、技术转让谈判的主要内容 ······················································ 125
　　　　二、技术转让谈判的过程 ···························································· 126
　　　　三、技术转让谈判的技巧 ···························································· 132
　　　　四、技术转让谈判操作案例 ························································ 133
　　附：技术转让合同 ·············································································· 134
　　实训任务　技术转让谈判训练 ·························································· 135

## 项目十　企业并购谈判　　136

　　案例引入　百事可乐收购桂格 ·························································· 136
　　　　一、企业并购谈判的主要内容 ······················································ 138
　　　　二、企业并购谈判的过程 ···························································· 142
　　　　三、企业并购谈判的技巧 ···························································· 144
　　　　四、企业并购谈判操作案例 ························································ 146
　　附：公司收购合同 ·············································································· 150
　　实训任务　奥康与GEOX合作谈判训练 ·········································· 153

## 项目十一　模拟谈判　　156

　　案例引入　美国律师、企业家和德国商人 ········································ 156
　　　　一、模拟谈判的主要内容 ···························································· 157
　　　　二、模拟谈判实训组织流程 ························································ 159
　　附：谈判情景能力测试 ······································································ 161
　　实训任务 ···························································································· 163

## 试卷与能力测试题　　168

## 参考文献　　169

# 准备篇

| 项目一 |
| --- |
| **商务谈判认知** |

**能力目标**

1. 熟悉商务谈判的基本程序,把握商务谈判的基本原则;
2. 具备初步认识并运用商务谈判模式的能力。

 **案例引入  购买冶炼组合炉的谈判**

　　河南某公司要向美国一家公司购买一套先进的冶炼组合炉,遂派一名高级工程师带队与美商谈判。该工程师为了不负使命,查找了大量有关该冶炼组合炉的资料,花了很大的精力对国际市场上冶炼组合炉的行情及美国这家公司的历史、现状和经营情况等进行了了解。谈判开始,美商一开口就对该冶炼组合炉要价150万美元,且不予松口。该工程师面对这种情况,随即列举各国关于冶炼组合炉的成交价格,在大量的确切数据面前美商很惊讶,不得不让步,双方终于以80万美元达成协议。

　　紧接着当谈判购买冶炼自动设备时,美商报价230万美元,经过双方讨价还价压到130万美元,但中方仍然不同意,坚持出价100万美元。面对这种僵局,美商表示价格已经到了他们的极限,如果中方坚持压价,美方将不愿继续谈下去了,然后把合同往中方工程师面前一扔,说:"我们已经做了这么大的让步,贵公司仍不能合作,看来你们对这笔交易没有诚意,那么这笔生意就算了,明天我们就回国了,期待下次能合作。"中方工程师对此并未有急切挽留的表现,闻言轻轻一笑,把手一伸,做了一个优雅的"请"的动作。美商果真走了。一同进行谈判的河南某公司的其他人对此突发状况有些着急,甚至开始埋怨工程师不该抠得这么紧,并表示公司已经决定购买该公司的设备,现在这样把对方逼走完全破坏了公司的发展计划。工程师说："放心吧，他们会回来的，这只是他们的谈判策略。根据我们前期调查的同样设备的情况显示，去年他们卖给法国只有95万美元，今年即使有涨幅，也不应过高，国际市场上这种设备的价格在100万美元是正常的。"

果然不出所料，一个星期后美商又回来继续进行谈判了。工程师向美商点明了去年他们与法国的成交价格，美商又愣住了，他们没有想到眼前这位中国商人如此精明，于是不敢再报虚价，只得说："现在物价上涨得厉害，比不了去年。"工程师说："每年物价上涨指数没有超过6%。一年时间，你们算算，该涨多少？"美商被问得哑口无言，在事实面前，不得不让步，最终双方以101万美元达成了这笔交易。

**思考：** 中方在谈判中取得成功的原因以及所采用的谈判策略。

**分析：** 案例中中方谈判胜利的关键在于准备充分，能用大量客观的数据给对方施加压力，如掌握了同样设备去年美国卖给法国的价格是95万美元等重要数据。同时，中方在谈判中也能运用多种谈判技巧，如谈判前能客观地评估双方的依赖关系，较为准确地预测对方的期望值和价格底线，这样才能在随后的谈判中未让步于对方的佯装退出。商务谈判前准备是否充分，以及谈判中各种技巧的熟练运用，对于商务谈判的成功与否起着非常重要的作用。

## 一、谈判和商务谈判的内涵

我们对下面的场景并不陌生：买衣服，顾客与服装店老板砍价；人才市场上，求职者与用人单位进行双向选择；谈判厅里，公司代表为签订一份合同而与对方进行紧张的磋商；国际组织大会上，各成员国为争取应得的利益进行的多边讨论……世界谈判大师赫伯·科恩说："人生就是一大张谈判桌，不管喜不喜欢，你已经置身其中了。"哈佛大学教授约克·肯说："生存，就是与社会、自然进行的一场长期谈判，获取你自己的利益，得到你应有的最大利益，这就看你怎么把它说出来，看你怎样说服对方了。"

### （一）谈判的内涵、特点及构成要素

#### 1. 谈判的内涵

谈判，是有关各方就共同关心的问题互相磋商，交换意见，寻求解决的途径和达成协议的过程。它有广义和狭义之分。广义的谈判，是指除正式场合下的谈判外，一切协商、交涉、商量、磋商，等等，都可以看作谈判；狭义的谈判仅仅是指正式场合下的谈判。

**【案例】** 两个孩子为了分一个苹果而争吵不休，都坚持要拿到最大的一块苹果，无论家长怎么劝说两人都不同意。后来，他们的父亲提出了一个建议，由其中一个人来切苹果，然后由另一个人先进行挑选，两人接受了这一建议。切苹果的一方不敢马虎，力求切得一样大小，生怕自己吃亏；挑选苹果的一方，当然要选他认为大的一块苹果。假如切开的苹果真的有大有小，先挑的一方占了便宜，切苹果的一方也心甘情愿，因为他已经尽了自己的最大努力来切苹果。

**分析：** 这两个孩子分苹果的过程就是一次简单的谈判活动。父亲从两个孩子都需要公平的利益出发，给出了双赢的解决方案。

#### 2. 谈判的特点

（1）谈判总是以某种利益或需要的满足为目标，利益或需要是人们进行谈判的动机，也

是谈判产生的原因。利益或需要有物质的、精神的，有组织的、个人的，等等。

（2）谈判是两方以上的交际活动，而且只有参与谈判的各方的利益或需要有可能通过对方的行为得到满足时，才会产生谈判。比如，商品交换中买卖双方的谈判，当卖方不能提供买方需要的产品时，或者买方完全没有可能购买卖方出售的产品时，也不会有双方的谈判。

（3）谈判是寻求建立或改善人们社会关系的行为。人们的一切活动都是以一定的社会关系为条件的。谈判的目的是满足某种利益或需要，要实现所追求的利益或需要，就需要建立新的社会关系，或巩固已有的社会关系，而这种社会关系的建立或巩固是通过谈判实现的。

**【案例】** 美国约翰逊公司从一家有名的 A 公司购买了一台分析仪器，几个月后，一个价值 2.95 美元的零件坏了，约翰逊公司希望 A 公司免费调换一个。A 公司却不同意，认为零件损坏是因为约翰逊公司使用不当造成的，并特别召集了几名高级工程师来研究，以寻找证据。双方为这件事争执了很长时间，几位高级工程师费了九牛二虎之力终于证明了责任在约翰逊公司一方，A 公司取得了谈判的胜利。但此后整整 20 年时间，约翰逊公司再未在 A 公司买过一个零件，并且告诫公司的职员，今后无论采购什么物品，宁愿多花一点钱，多跑一些路，也不与 A 公司发生业务往来。

**分析：** A 公司谈判失策，感情用事，破坏了人际关系，因小失大，使公司蒙受了难以估量的损失。

（4）谈判是一种协调行为的过程。谈判的开始意味着某种需求希望得到满足、某个问题需要解决或某方面的社会关系出了问题。由于参与谈判各方的利益、思维及行为方式不尽相同，存在一定程度的冲突和差异，因而谈判的过程实际上就是寻找共同点的过程，是一种协调行为的过程。

**3. 谈判的构成要素**

（1）谈判主体　谈判主体，是指参加谈判活动的人员。归根结底，谈判活动是谈判人员为各自的利益或需要而进行的一场语言心理战，谈判的结果一方面与谈判议题有关，另一方面与谈判人员的素质和修养也是息息相关的。

（2）谈判议题　谈判议题，是指在谈判中双方所要协商解决的问题。这种问题可以是立场观点方面的，也可以是基本利益方面的，还可以是行为方面的。

（3）谈判方式　谈判方式，是指谈判人员之间对解决谈判议题所持的态度或方法。谈判的方式很多，依据不同的标准，可以做出不同的分类。

（4）谈判约束条件　谈判约束条件归纳起来大体有如下几个方面。个人之间举行的谈判还是小组之间举行的谈判；谈判的参加者是两方还是多方；某一方的谈判组织内部意见是不是一致；作为谈判的代表人物，他（她）谈判的权限究竟有多大；谈判的最终协议是否需要批准；是否还有与谈判议题相关联的其他问题；谈判有没有时间的限制；秘密谈判还是公开谈判；等等。

### （二）商务谈判的内涵与特点

**1. 商务谈判的内涵**

商务谈判，是买卖双方为了促成交易而进行的活动，或是为了解决买卖双方的争端，并取得各自的经济利益的一种方法和手段。商务谈判是在商品经济条件下产生和发展起来的，它已经成为现代社会经济生活必不可少的组成部分。可以说，没有商务谈判，经济活动便无法进行，小到生活中的讨价还价，大到企业法人之间的合作、国家与国家之间的经济技术交流，都离不开商务谈判。

**2. 商务谈判的特点**

（1）商务谈判以获得经济利益为目的　不同的谈判者参加谈判的目的是不同的，外交谈判涉及的是国家利益，政治谈判关心的是政党、团体的根本利益，军事谈判主要是关系敌对双方的安全利益。虽然这些谈判都不可避免地涉及经济利益，但是常常是围绕着某一种基本利益进行的，其重点不一定是经济利益。商务谈判的目的则十分明确，谈判者以获取经济利益为基本目的，在满足经济利益的前提下才涉及其他非经济利益。所以，人们通常以获取经济效益的好坏来评价一项商务谈判的成功与否，不讲求经济效益的商务谈判就失去了价值和意义。

（2）商务谈判以价值谈判为核心　商务谈判涉及的因素很多，谈判者的需求和利益表现在众多方面，但价值几乎是所有商务谈判的核心内容。这是因为在商务谈判中，价值的表现形式——价格最直接地反映了谈判双方的利益。谈判双方在其他利益上的得与失，在很多情况下或多或少地都可以折算为一定的价格，并通过价格升降而得到体现。需要指出的是，在商务谈判中，我们一方面要以价格为中心坚持自己的利益，另一方面又不能仅仅局限于价格，应该拓宽思路，设法从其他利益因素上争取应得的利益。因为，与其在价格上与对方争执不休，还不如在其他利益因素上使对方在不知不觉中让步。这是从事商务谈判的人员需要注意的。

（3）商务谈判注重合同的严密性与准确性　商务谈判的结果是由双方协商一致的协议或合同来体现的。合同条款实质上反映了各方的权利和义务，合同条款的严密性与准确性是保障商务谈判获得各种利益的重要前提。有些谈判者在商务谈判中花了很大气力，好不容易为自己获得了较有利的结果，但如果在拟订合同条款时，掉以轻心，不注意合同条款的完整、严密、准确、合理、合法，其结果往往会被谈判对手在条款措辞或表述技巧上引入陷阱，这不仅会把到手的利益丧失殆尽，而且还要为此付出惨重的代价，这种例子在商务谈判中屡见不鲜。因此，在商务谈判中，谈判者不仅要重视口头上的承诺，更要重视合同条款的准确和严密。

## 二、商务谈判的原则

### （一）双赢原则

参与商务谈判的双方都要实现自己的目标，都有自己的利益诉求，并希望通过谈判获取尽可能多的利益，因此谈判双方都是"利己"的；但对谈判双方而言，任何一方要实现自己的利益，就必须给予对方利益，每一方利益的获取都是以对方取得相应的利益为前提，因此谈判双方又都必须是"利他"的。每一项商务谈判都包含了上述相互依存、互为条件的两个条件。谈判各方只有在追求自身利益的同时，也尊重对方的利益诉求，立足于互补合作，才能互谅互让，争取互惠"双赢"，才能实现各自的利益目标，获得谈判的成功。

【案例】　A公司是国内某著名商用车公司，在进行某款商用车开发时，要进行整车外流场仿真设计（CFB），但公司没有CFB分析工程师，也缺乏分析的软件与硬件设施，但这项工作事关整车产品的性能。因此A公司开始寻找有能力的CFB分析合作方，并与多家公司进行了多轮技术谈判，最终选定B公司进入最后的商务谈判阶段。

B公司是一家德国公司，虽然在CFB分析方面经验丰富、口碑卓著，但从来没有在中国市场实施过项目。A 公司担心花费巨资后项目达不到预期效果，因此希望在与 B 公司的首次合作中，B 公司能免费给 A 公司做一次 CFB 分析，如果首次合作效果好，则可以与 B 公司进行长期合作。而 B 公司期望拓展中国新业务以进入中国市场，同时想凭借自己的实力在中国的第一个项目中获得较高的利润。谈判就在这样的背景下进行了。

**分析：**这次谈判如果成功，将是个双赢的谈判。对于 A 公司来说，能够得到 B 公司的技术支持，并通过项目锻炼队伍；对于 B 公司来说，也能借助这次合作进入庞大的中国汽车开发市场，为未来的发展奠定基础。谈判双方可从这些共同利益入手进行谈判。总之，商务谈判是一个讲究双赢的"游戏"，不是彼消此长，而是追求共同的利益，共同成长。

### （二）平等原则

平等原则，要求谈判双方坚持在地位平等、自愿合作的条件下建立谈判关系，并通过平等协商、公平交易来实现双方权利和义务的对等。商务谈判是一项互惠的合作事业，在任何一项商务谈判中，双方都应该是平等相待、互惠互利的。

**【案例】** 20 世纪 80 年代，美国和墨西哥两国曾经为天然气一事举行过谈判。美国想以低价购买墨西哥的天然气，美国能源部长拒绝批准美国石油工会与墨西哥人经过谈判达成的天然气涨价协议。美国能源部长之所以拒绝接受涨价协议，是因为他认为墨西哥当时还没有其他买主，他们肯定会同意降低价格出售，这不过是一项"价格谈判"。但是，墨西哥不仅渴望以较高价格出售天然气，而且期望得到美国的尊重，并强烈希望受到公正、平等的待遇。双方虽经历多次磋商，美国仍然不放弃高压政策，以致引起墨西哥强烈的不满，他们认为美国是"以大欺小"，墨西哥为了维护尊严，宁愿把天然气烧掉，也不愿低价卖给美国。这样，由于政治上的原因，达成低价协议就变得不可能了。

**分析：**平等反映了商务谈判的内在要求，是谈判者必须遵循的一项基本原则。谈判是智慧的较量，谈判桌上，以理服人、不盛气凌人是谈判中必须遵循的原则，是谈判行为发生与存在的必要条件。

### （三）合法原则

合法原则，是指商务谈判必须遵守国家的法律、政策，国际商务谈判还应当遵循有关的国际法规和对方国家的有关法律法规。具体体现在谈判主体合法、谈判议题合法、谈判手段合法三个方面。一是谈判主体合法，即谈判参与的各方组织及其谈判人员具有合法的资格；二是谈判议题合法，即谈判所要磋商的交易项目具有合法性，对于法律不允许的行为，如买卖毒品、贩卖人口、走私货物等，其谈判显然违法；三是谈判手段合法，即应通过公正、公平、公开的手段达到谈判目的，而不能采用某些不正当的，如行贿受贿、暴力威胁等手段来达到谈判的目的。

### （四）知己知彼原则

在谈判开始之前，必须对谈判对手、谈判资料、谈判环境进行周全准备，以便在谈判中做到先发制人。知己，就是指要对自己的优势与劣势非常清楚，知道自己需要准备的资料、数据和要达到的目的以及自己的退路在哪儿。知彼，就是通过各种方法了解谈判对手的礼仪习惯、谈判风格和谈判经历，不要违犯对方的禁忌。在商务谈判中这一点尤为重要，越了解对手,越能把握谈判的主动权,就好像我们预先知道了招标的底价一样,自然成本最低,成功的概率最高。了解对手时不仅要了解对方的谈判目的、心理底线等,还要了解对方公司的经营情况、行业情况、谈判人员的性格、对方公司的文化、谈判对手的习惯与禁忌等。这样便可以避免很多因文化、生活习惯等方面的矛盾对谈判产生额外的障碍。还有一个非常重要的因素需要了解并掌握,那就是其他竞争对手的情况。

【案例】 内地某厂与香港H银行谈判签订了一项合同,合同规定使用香港H银行最优惠的贷款利率。事实上,谈判之初,厂方提出月利率按8.7%计算,对方虽然同意,却提出在合同上写明按照香港H银行的最优惠贷款利率计算。由于厂方有关谈判者对专业知识不了解,又缺乏对香港银行利率变化的分析,也就答应了。后来,内地工厂获得的香港H银行最优惠的贷款利率,一连七八个月都在20%以上。按照这个标准,内地工厂很难办下去。为此,厂方要求修改合同,按月利率8.7%计算,但香港H银行以合同已经生效为由拒绝修改。几经交涉没有结果,内地某厂终因负债累累而倒闭。

分析:内地某厂之所以出现负债累累的情况,是因为厂方有关谈判者对专业知识不了解,又缺乏对香港银行利率变化的分析。

## 三、商务谈判的流程和模式

### (一)商务谈判的流程

#### 1. 谈判准备阶段

谈判准备阶段,是指谈判正式开始前的阶段。其主要任务是进行环境调查,搜集相关情报、选择谈判对象、制订谈判方案与计划、组织谈判人员、建立与对方的关系等。准备阶段是商务谈判最重要的阶段之一,良好的谈判准备有助于增强谈判的实力,建立良好的关系,影响对方的期望,为谈判的顺利进行和成功创造良好的条件。

#### 2. 谈判开局阶段

谈判开局阶段,是指谈判开始以后到实质性谈判开始之前的阶段。它是谈判的前奏和铺垫。虽然这个阶段不长,但它在整个谈判过程中起着非常关键的作用,它为谈判奠定了一个好的氛围和格局,影响和制约着以后谈判的进行。

#### 3. 谈判摸底阶段

谈判摸底阶段,是指实质性谈判开始后到报价之前的阶段。在这个阶段,谈判双方通常会交流各自谈判的意图和想法,试探对方的需求和虚实,协商谈判的具体方案与流程,进行谈判情况的审核与倡议,并首次对双方无争议的问题达成一致,同时评估报价和讨价还价的形势,为其做好准备。

#### 4. 谈判磋商阶段

谈判磋商阶段,是指一方报价以后至成交之前的阶段。它是整个谈判的核心阶段,也是谈判中最艰难的阶段,是谈判策略与技巧运用的集中体现,直接决定着谈判的结果。它包括报价、讨价、还价、要求、抗争、异议处理、压力与反压力、僵局处理、让步等诸多活动和任务。

#### 5. 谈判成交阶段

谈判成交阶段,是指双方在主要交易条件基本达成一致以后,到协议签订完毕的阶段。谈判成交阶段的开始,并不代表谈判双方的所有问题都已解决,而是指提出成交的时机已经到了。实际上，这个阶段双方往往需要对价格及主要交易条件进行最后的谈判和确认，但是此时双方的利益分歧已经不大了，可以提出成交了。

#### 6. 协议后阶段

合同的签订代表着谈判告一段落，但并不意味着谈判活动的完结，谈判的真正目的不是签订合同，而是履行合同。因此，谈判协议签订后的阶段也是谈判过程的重要组成部分。该阶段的主要任务是对谈判进行总结和资料管理，确保合同的履行与维护双方的关系。

### （二）商务谈判的模式

#### 1. APRAM 商务谈判模式

谈判是一个连续不断的过程，一般每次谈判都要经过评估、计划、关系、协议和维持五个环节，谈判不仅涉及本次交易所要解决的问题，而且致力于使本次交易的成功成为今后交易的基础。这就是当前国际上流行的 APRAM 商务谈判模式。APRAM 商务谈判模式的步骤有以下几项。

（1）进行科学的项目评估　项目评估是谈判前的准备工作，包括需求评估、可行性分析、项目总体安排、项目授权、谈判项目预演等。

（2）制订正确的谈判计划　确定在和对方谈判时自己要达到什么样的目标。努力理解谈判对手的目标，再次进行比较，详细制订时间计划、预算计划和人员计划并做出风险评估。

（3）建立谈判双方的信任关系　努力使对方信任自己，设法表现出自己的诚意，行动胜过语言。

（4）达成使双方都能接受的协议　核实对方的目标，清楚地确定双方意见的一致点，为了协调不一致的地方，要提出双赢式的解决方案，共同解决其他的分歧。

（5）协议的履行与关系的维持　要求别人信守协议，首先自己要信守协议，对于对方遵守协议的行为要给予适时的情感反应，如写信、打电话、登门拜访、逢年过节表示祝贺等。

#### 2. 赢-赢商务谈判模式

赢-赢商务谈判模式，是指把谈判当作一个合作的过程，能和对手像伙伴一样，共同去找到满足双方需要的方案，使费用更合理，风险更小。赢-赢商务谈判模式强调的是，通过谈判不仅要找到最好的方法去满足双方的需要，而且要解决责任和任务的分配，如成本、风险和利润的分配。商务谈判达到"赢-赢"的途径有以下几种。

（1）树立双赢的观念。

（2）将方案的创造与对方案的判断行为分开。

（3）充分发挥想象力，扩大方案的选择范围。

（4）找出双赢的解决方案。

（5）替对方着想，让对方容易做出决策。

#### 3. 合作商务谈判模式

合作商务谈判模式又称哈佛原则谈判法，它强调各方的利益与价值，借助寻求各方都有所收获的方案来获得谈判的成功。合作商务谈判模式，是对赢-赢商务谈判模式的发展与升华。

## 四、商务谈判中的应用策略

谈判既是一门科学，又是一门艺术。科学追求正确，艺术讲究和谐，两者的有机结合就会产生理想的效果。谈判既是双方实力的较量，又是技巧的对抗，尤其表现在双方实力相近的情况下。谈判不仅需要有胆量、能说会道，还需要有知识、智慧、艺术、经验和技巧。谈判是社会学、行为学、心理学、管理学、逻辑学、语言学、传播学、公共关系学和众多学科的交叉产物。此外，谈判的地点、时间、时机的选择，谈判场合的布置、安排都有一定的策略性。

### （一）准备多套谈判方案

谈判双方最初各自拿出的方案都是对自己非常有利的，而双方又都希望通过谈判获得更多的利益，因此，谈判结果肯定不会是最初拿出的那套方案，而是经过双方协商、妥协、变通后的结果。在双方"你推我拉"的过程中常常容易迷失了最初的意愿，或被对方带入误区，此时最好的办法就是多准备几套谈判方案。先拿出最有利的方案，没达成协议就拿出其次的方案，还没有达成协议就拿出再次一等的方案，即使不主动拿出这些方案，但是可以做到心中有数，知道向对方的妥协是否偏移最初自己设定的框架，这样就不会出现谈判结束后，仔细思考才发现，自己的让步已经超过了预计承受的范围。

### （二）建立融洽的谈判关系

在谈判之初，最好先找到一些双方观点一致的地方并表述出来，给对方留下一种彼此更像合作伙伴的潜意识。这样接下来的谈判就容易朝着一个达成共识的方向进展，而不是剑拔弩张的对抗。当遇到僵持时也可以拿出双方的共识来增强彼此的信心，化解分歧，也可以向对方提供一些其感兴趣的商业信息，或对一些不是很重要的问题进行简单的探讨，达成共识后双方的心理就会发生奇妙的改变。

### （三）设定好谈判的禁区

谈判是一种很敏感的交流，所以语言要简练，避免出现不该说的话，但是在艰难的长时间的谈判过程中也难免会出错，那最好的方法就是提前设定好哪些是谈判中的禁语，哪些话题是危险的，哪些行为是不能做的，谈判的心理底线等。这样就可以最大限度地避免在谈判中落入对方设下的陷阱或被对方带入误区中。

### （四）语言表述要简练

在商务谈判中忌讳语言松散或像拉家常一样的语言方式，尽可能让自己的语言变得简练，否则，你的关键词语很可能会被淹没在拖拉冗长、毫无意义的语言中。一颗珍珠放在地上，我们可以轻松地发现它，但是如果倒一袋碎石子在上面，再找起珍珠来就会很费劲。同样的道理，我们人类接收外来声音或视觉信息的特点是：一开始专注，注意力随着接收信息的增加，会越来越分散，如果是一些无关痛痒的信息，更将被忽略。因此，谈判时语言要做到简练、针对性强，争取让对方的大脑处在最佳接收信息状态时表述清楚自己的信息。如果要表达的是内容很多的信息，如合同书、计划书等，那么就要在讲述或者诵读时语气进行高、低、轻、重的变化，如重要的地方提高声音、放慢速度，也可以穿插一些问句，以引起对方的主动思考，增加注意力。在重要的谈判前应该进行一下模拟演练，训练语言的表述、突发问题的应对等。在谈判中切忌模糊、啰唆的语言，这样不仅无法有效表达自己的意图，更可能使对方产生疑惑、反感情绪。

### （五）做一颗柔软的钉子

商务谈判虽然不比政治与军事谈判，但是谈判的本质就是一场博弈、一种对抗，充满了火药味。这个时候谈判双方都很敏感，如果语言过于直率或强势，很容易引起对方本能的对抗或招致反感。因此，商务谈判中在双方遇到分歧时要面带笑容，要语言委婉地与对方针锋相对，这样对方就不会启动头脑中本能的敌意，使接下来的谈判也不容易陷入僵局。商务谈判中并非张牙舞爪、盛气凌人就会占据主动，反倒是喜怒不形于色，情绪不被对方所引导，心思不被对方所洞悉的方式更能克制对手。致柔者长存，致刚者易损。若想成为商务谈判的高手，就要做一颗柔软的钉子。

### （六）曲线进攻

孙子曰："以迂为直。"克劳塞维斯将军说："到达目标的捷径就是那条最曲折的路。"由此可以看出，想达到目的就要迂回前行，否则直接奔向目标，只会引起对方的警觉与对抗。应该通过引导对方的思想，把对方的思维引导到自己的包围圈中。比如，通过提问的方式，让对方主动替你说出你想听到的答案。越是急切想达到目的，越是可能暴露自己的意图，反被对方所利用。

### （七）谈判用耳朵取胜而不是用嘴巴

在谈判中我们往往容易陷入一个误区，那就是一种主动进攻的思维意识，总是在不停地说，总想把对方的话压下去，总想多灌输给对方一些自己的思想，以为这样就可以占据谈判的主动。其实不然。在这种竞争性的环境中，你说的话越多，对方会越排斥，能入耳的很少，能入心的更少。而且，你的话多了就挤占了总的谈话时间，对方也有一肚子话想说，被压抑的结果则是很难妥协或达成协议。让对方把想说的话都说出来，当其把压抑心底的话都说出来后，就会像一个泄了气的皮球一样，锐气会减退，接下来你再反击，对手已经没有后招了。更为关键的是，善于倾听可以从对方的话语中发现对方的真正意图，甚至是破绽。

### （八）控制谈判局势

谈判活动表面看来没有主持人，实则有一个隐形的主持人存在着，不是你就是你的对手。因此，要主动争取把握谈判节奏、方向，甚至是趋势。主持人所应该具备的特质是语言虽不多，但是招招中的，直击要害，气势虽不凌人，但运筹帷幄，从容不迫，不是用语言把对手逼到悬崖边，而是用语言把对手引领到悬崖边。想做谈判桌上的主持人就要体现出你的公平，即客观地面对问题，尤其在谈判开始时尤为重要，慢慢地对手会本能地被你潜移默化的引导，局势将向对你有利的一边倾斜。

【案例】春秋时期，宋国有一个饲养猴子的高手，他养了一大群猴子，他能理解猴子所表达的思想，猴子也懂得他的心意。这个人家境越来越贫困，已经买不起那么多的食物给猴子吃，于是，他打算减少猴子每餐橡子的数量，但又怕猴子不顺从自己，就先欺骗猴子说："给你们早上三个橡子、晚上四个橡子，够吃了吗？"猴子一听，大声地叫嚷，以示反对。过了一会儿，他又说："唉，没办法，早上给你们四个橡子、晚上三个橡子，这该够吃了吧？"猴子们一听，个个手舞足蹈，非常高兴。

**分析：** 这个小故事大家应该非常熟悉，就是成语"朝三暮四"的典故。这个故事看似荒唐可笑，其实，在谈判中却真实地存在着"朝三暮四"的现象。通常体现在双方在某个重要问题上僵持的时候，一方退后一步，抛出其他小利作为补偿，把僵局打破，并用小利换来大利，或把整个方案调换一下顺序，蒙蔽了对手的思维。在谈判中一个最大的学问就是要学会适时的让步，只有这样才可能使谈判顺利进行，毕竟谈判的结果是以双赢为最终目的。

### （九）让步式进攻

在谈判中可以适时提出一两个很高的要求，对方必然无法同意，我们在经历一番讨价还价后可以进行让步，把要求降低或改为其他要求。这些高要求我们本来就没打算会达成协议，即使让步也没损失，但是可以让对方有一种成就感，觉得自己占得了便宜。这时我们比这种高要求要低的其他要求就很容易被对方接受，但切忌提出太离谱、太过的要求，否则对方可能会觉得我们没有诚意，甚至激怒对方。先抛出高要求也可以有效降低对手对于谈判利益的预期，挫伤对手的锐气。

## 五、合格商务谈判人员的基本素质

### （一）良好的道德品质

谈判时，谈判人员必须意识到自己所面临的谈判是一项合作的事业，谈判者的谈判意识必须是健康的，要以正当竞争的手段来达到存异趋同的目标。也就是说，谈判者要有良好的道德品质，报复心理与置对方于死地的潜意识都是与谈判的真谛不相容的，这样的谈判者也不可能真正成为一个出色的谈判家。所以，良好的道德品质对其具有正确健康的谈判意识十分重要，是谈判成功的最基本要求。

### （二）渊博的知识与丰富的社会经验

谈判是人类各种知识和经验的综合运用过程。一个出色的谈判家，要有丰富的社会经验及较高的知识水平，这对谈判的成败是很重要的。谈判者具有渊博的知识储备，面对谈判桌上的某些复杂问题时，就会把大脑中储有的知识、经验、理论迅速输送出来，这些都直接影响到谈判的效果。经验、知识以及谈判技巧的巧妙结合，可以构成一个人在谈判中高超的思维能力，包括分析问题的能力、综合能力、抽象思维能力及语言表达能力，而这些能力的提高，能够改善最后谈判的质量并增加创造性谈判的可能性。所以，谈判者要不断丰富新知识，提高自身素质，这样才能在谈判中取得有利的、主动的地位。

### （三）自信果断

谈判中的自信，是指相信自己立场的正确性，相信自己要求的合理性，相信自己说服对方的可能性和必然性，相信自己改变对方想法的必要性。谈判者的果断，则说明了谈判者的思想高度集中，是敏锐反应力的体现。这样的谈判者对信息的吸收与消化、对经验的综合和运用、对未来的估计和推测，都能在较短的时间内完成，并能很快地凝聚成明确的指令。然而，果断不是草率，也不是鲁莽。草率和鲁莽的大脑兴奋是建立在对原系统的分解及重新组合不充分、不完整的基础之上的；果断则是对信息做了充分加工而做出十分迅速准确的反应，在短短的时间内有一个深思熟虑的过程。谈判者在谈判中要掌握好时机、判断恰当，这也是谈判成功的关键。

### （四）语言要文明得体，有理有节

在商务谈判中，融洽友好的气氛是谈判得以顺利进行的重要条件。因此，谈判者必须尽量使自己的语言表达文明礼貌、分寸得当，使谈判双方始终处于一种尽可能的友善气氛中。有经验的谈判者常借助于高超的技巧、富有文采的语言，既创造和谐、礼貌的友好气氛，又明确地表达自己的主张和观点，以维护自己的立场。

### （五）良好的心理素质和心理承受能力

在进行商务谈判的过程中，会面对来自对手的一切有可能的语言攻击和心理攻势。这时一个合格的商务谈判人员就必须时刻保持着自信的态度和机敏的反应速度，从容地去应对一切可能来自对手的威胁，而且要在面对手的讽刺和挖苦中体现一个合格的谈判人员宽广的心胸、良好的修养，为双方进行观点的表述搭建一个平稳的平台。始终保持绝对稳定的情绪和坚忍的耐力，不轻易松懈。在这个基础上，还要充分地利用自己的一切能力成功完成谈判，达成最后交易的目的。

### （六）高度的责任心和事业心

作为谈判人员，要自觉遵守组织纪律，维护组织利益；必须严守组织机密，不能自作主张，毫无防范，口无遮拦；要一致对外，积极主动；要遵守基本的商业道德规范，正确处理好国家、集体和个人之间的关系，处理好企业与个人的利益关系，不能为了个人私利而放弃原则。在谈判过程中，要以诚信为本，坚持互利互惠原则，忠于职守，不为诱惑所动摇，以强烈的事业心和责任感积极谋求企业利益，以独具魅力的人格素养赢得对方的尊敬和信任，这样才能促使谈判获得成功。

### （七）杰出的专业技能与谈判能力

知识只有在实践过程中有效地加以应用，才能转化为能力。一个合格的谈判者必须以掌握扎实的专业技能和谈判能力作为保证。具体的谈判能力有以下几种。

#### 1. 较强的沟通说服能力

谈判沟通的目的是让对方接受己方的观点，说服是谈判中最艰巨、最复杂也是最富技巧性的工作，它常常贯穿于谈判的始终。说服则需要强大的表达沟通能力，能运用语言和非语言形式，恰当地传递信息，及时准确地理解和接收对方的有关信息，并充分利用有利于己方利益的信息为达成目标服务。能否说服对方、怎样说服对方，是谈判成功的关键。因此，谈判者必须具备较强的沟通说服能力。

#### 2. 敏锐的洞察力和敏捷的应变能力

商务谈判需要与各种人打交道，对方的言谈举止往往反映其思想愿望和隐蔽的需求，所以，商务谈判人员不但要善于察言观色，还要具备对所见所闻做出正确分析和判断的能力。观察判断是商务谈判中了解对方的主要途径，要能够随时根据谈判中的情况变化及有关信息，透过复杂多变的现象，抓住问题的本质并迅速做出判断，及时调整对策。因此，敏捷的反应能力、清晰的逻辑分析能力和灵活的应变能力，是合格的谈判者必备的能力之一。

### 3. 灵活的现场调控能力

面对谈判中的瞬息万变，一个合格的商务谈判人员必须善于应变，权宜通达，机动进取。谈判中可能会出现的变化不是每个人都能预料到的，这必然要在实际情况下应对一切会出现的紧急情况，临场发挥。如果谈判人员墨守成规，那么谈判要么陷入僵局，要么谈判破裂。所以，合格的谈判人员要善于因时、因地、因事、随机应变。

### 4. 较强的社会交际能力

谈判是一种社会交际活动，需要和不同的人发生联系，良好的交际、优雅的气质、潇洒的风度有助于树立起良好的形象，有利于谈判的顺利进行。在家靠父母，出门靠朋友，如果双方是互相认识的，这会为谈判建立一个良好的基础。因为从人的自然心理看，如果互相产生好感和熟悉度，棘手的问题也好解决。

综上所述，谈判人员的优良素质不是天生的，而是在后天的实践中锻炼而成的。因此，谈判者应该自觉加强理论修养和实战磨炼，不断积累经验，努力把自己塑造成为适应时代发展需要的德才兼备的谈判人才。

## 小 结

1. 谈判，是有关各方就共同关心的问题互相磋商，交换意见，寻求解决的途径和达成协议的过程。商务谈判，是买卖双方为了促成交易而进行的活动，或是为了解决买卖双方的争端，并取得各自的经济利益的一种方法和手段。

2. 商务谈判中应遵循双赢原则、平等原则、合法原则、知己知彼原则。

3. 商务谈判的流程包括谈判准备阶段、谈判开局阶段、谈判摸底阶段、谈判磋商阶段、谈判成交阶段和协议后阶段。商务谈判模式主要有：APRAM商务谈判模式、赢-赢商务谈判模式、合作商务谈判模式。

4. 商务谈判中应用的主要策略有准备多套谈判方案、建立融洽的谈判关系、设定好谈判的禁区、语言表述要简练、做一颗柔软的钉子、曲线进攻、谈判用耳朵取胜而不是用嘴巴、控制谈判局势、让步式进攻等。

5. 商务谈判人员应具备的基本素质包括良好的道德品质、渊博的知识与丰富的社会经验、自信果断、语言要文明得体并有理有节、良好的心理素质和心理承受能力、高度的责任心和事业心、杰出的专业技能与谈判能力。

## 实训任务　解决环境污染问题的谈判训练

| 实训标题 | 解决环境污染问题的谈判训练 |
|---|---|
| 实训内容 | 某市一家发电厂，没有处理好废水问题，致使河流受到污染，日常用水也受到影响。当地居民对这家发电厂提出严重抗议，要求发电厂解决污染问题和对已造成的污染进行赔偿<br>任务：角色分工撰写谈判脚本，并进行模拟谈判 |
| 实训目的 | 熟悉商务谈判原则的应用 |
| 实训组织方式 | 以4人为一组进行分组，然后每组的组员进行角色分工。两组对应，一组同学是发电厂方，一组同学是代表不同诉求的居民方<br>训练地点：教室 |

续表

| 实训评价标准 | 1.脚本内容的合理、合法性<br>2.谈判过程表现<br>3.最终是否实现了双赢 |
|---|---|
| 实训评价方式 | 1.学生进行组内自评、相互评价<br>2.小组之间互评<br>3.教师根据学生的表现给出相应评价并点评操作中的共性、个性问题<br>4.每位同学的成绩由两部分组成:个人自评、相互评价(40%)＋小组互评(30%)＋教师评价(30%) |

# 项目二 商务谈判心理分析

**能力目标**

1. 能够充分理解商务谈判心理对整个谈判进程的重要性；
2. 在商务谈判中能运用辩证思维、策略变换、提高心理素质；
3. 学会在实践中灵活运用心理分析取得良好的谈判效果。

 **案例引入　狮子为什么不捕杀黑斑羚**

　　秋天的傍晚，夕阳染红了西方。在一片宽阔的草地上，几只黑斑羚悠闲自在地走来走去。然而此时，距离它们不到 100 米的草丛中正有一只成年雄狮紧紧地盯着它们。对即将到来的危险，黑斑羚却浑然不知。

　　狮子观察了一会儿，找准目标，突然发起进攻，像离弦的箭一般冲了出去。庞大的身躯卷动蒿草呼呼生风。黑斑羚呢，在这种弱肉强食的恶劣环境中显然也练就了敏感的识别能力。狮子一冲出来，黑斑羚已然惊觉，迅速四蹄腾空，飞奔起来。

　　狮子的奔跑速度明显胜过黑斑羚，它们之间的距离越来越近。就在这时，意想不到的事情发生了，黑斑羚竟放慢了速度，并且蹦跳腾跃，姿势优雅，还不时回过头来看看身后追赶的狮子，显得从容淡定。

　　狮子大吃一惊，突然慢下了脚步，然后悻悻地看着黑斑羚，又追了二三十米，最终放弃了这次猎杀。

　　**思考：**狮子为什么不捕杀黑斑羚？

　　**分析：**因为黑斑羚自知跑不过狮子，它缓下脚步弹跳前行，只是想给狮子造成一种强大的心理暗示——我并不怕你，不过是在与你嬉戏罢了。当狮子的潜意识里感觉到黑斑羚的无所畏惧时，所有的攻击野心与自信便瞬间崩溃。黑斑羚的智慧就在于它懂得从心理上去战胜强大的狮子，而人与人之间的许多较量又何尝不是来自心理的呢？在商务谈判中要从心理上战胜对方。

谈判就是一场心理战。从心理学的角度看，虽然人类的行为看起来错综复杂，但是是可以预测、可以理解的。西方心理学认为，在人的行为中有各种各样的可预测因素，并有着可认识的内在规律。商务谈判虽然千变万化，商务谈判者的行为错综复杂，但仍可以用商务谈判心理去分析、判断对方的心理世界。因为谈判桌前的谈判者必然都会发生相应的心理变化，举止、表情、言行是心理变化和心理活动的外在反映。其实在谈判者这些表现的背后，可能潜藏着各种影响谈判的心理因素，细心的谈判者要随时根据捕捉到的外在信息，及时调节谈判的气氛，这样便能够在谈判中掌握主动权。

# 一、商务谈判心理

## （一）商务谈判心理的概念

由于人的心理是看不见摸不着的，所以会给人一种深邃的感觉。当一个人面对壮丽的山川、秀美的景色时，便会产生喜爱愉悦的心理；当看到被污染的环境、恶劣的天气时，又会出现厌恶逃避的心理。这些就是人的心理活动、心理现象。心理学认为，心理是人脑的机能，是客观现实在人脑中的反映。它既包括人们的各种心理活动，如认知、情感、意志等，也包括人们的心理特征，如需要、动机、气质、性格、能力等。人的心理是复杂多样的，人们在不同的专业活动中，会产生各种与不同活动联系的心理。

商务谈判心理，是指在商务谈判活动中谈判者的各种心理活动。它是商务谈判者在谈判活动中对各种情况、条件等客观现实的主观能动反映。例如，当谈判者在商务谈判中第一次与谈判对手会晤时，对方彬彬有礼，态度诚恳，就会对对方有好印象，对谈判取得成功也会抱有信心和希望；如果谈判对手态度狂妄、盛气凌人，势必留下不好的印象，从而对商务谈判的顺利开展存有忧虑。

通过对谈判者心理的研究，一方面，有利于谈判者了解己方谈判成员的心理活动和心理弱点，以便采取相应措施进行调整和控制，保证己方谈判者能以一个良好的心理状态投入谈判中去；另一方面，有利于摸清谈判对手的心理活动和心理特征，以便对不同的谈判对手，选择不同的战略和战术。

**【案例】** 科恩是美国一位著名的谈判大师，他的谈判生涯富有传奇色彩。有一次，他去墨西哥市，看见一个当地土著人。当科恩走近之后，看到他在大热的天气里仍披着几件毛毯披肩，并叫卖着："1200比索。""他在向谁讲话呢？"科恩问自己，"绝对不是向我讲，首先，他怎么知道我是个旅游者呢？其次，他不会知道我在暗中注意他，甚至在潜意识里想要一件毛毯披肩。"科恩加快脚步，尽量装出没有看见他的样子，甚至用他的语言说："朋友，我确实敬佩你的主动、勤奋和坚持不懈的精神，但是我不想买毛毯披肩，请你到别处卖吧，你听懂我的话了吗？""是。"当地土著人答道。这说明他完全听懂了。科恩继续往前走，只听背后有脚步声。当地土著人一直跟着科恩，好像他们系在一条链子上了。当地土著人一次又一次地说道："800比索！"科恩有点儿生气，开始小跑，但当地土著人紧跟着一步不落，这时，价格已降到600比索了。到了十字路口，因车辆阻塞了马路，科恩不得不停住了脚步，当地土著人仍唱着他的独角戏："600比索……500比索……好吧，400比索，怎么样？"当车辆过去之后，科恩迅速穿过马路，希望把他甩在路那边，但是科恩还没有来得及转身，就听到他笨重的脚步声和说话声了："先生，你胜利了！只对你，200比索。""你说什么？给我一件，让我看看。"科恩说。

**分析**：这则故事进一步说明，商务谈判双方为了协调彼此的经济利益，获得谈判的成功，就必须研究对方的心理。这个土著小贩的成功正是摸清了人们往往存在着贪便宜的心理。学习与研究商务谈判心理，既有助于培养自身的心理素质，又有助于揣摩对手心理，实施心理策略，从而促成交易。

### (二) 商务谈判心理的特点

与其他的心理活动一样，商务谈判心理有其心理活动的特点及规律性。一般来说，商务谈判心理具有内隐性、相对稳定性、个体差异性等特点。

#### 1. 商务谈判心理的内隐性

商务谈判心理的内隐性，是指商务谈判心理是藏之于脑、存之于心，别人是无法直接观察到的。尽管如此，人的心理和行为之间有着密切的联系，人的心理会影响人的行为，人的行为是人的心理的外显表现。例如，在商务谈判中，如果购买方对所购买的商品在价格、质量、售后服务等方面的谈判协议条件都感到满意，那么在双方接触中，购买方会表现出温和、友好、礼貌、赞赏的态度反应和行为举止；如果很不满意，则会表现出冷漠、粗暴、不友好、怀疑，甚至挑衅的态度反应和行为举止。由此可知，掌握这其中的一定规律，就能较为充分地了解对方的心理状态，更好地洞悉对方的所思所想，从而在商务谈判中占据主动。

#### 2. 商务谈判心理的相对稳定性

商务谈判心理的相对稳定性，是指人的某种商务谈判心理现象产生后往往在一段时间或一定时间内不会发生大的变化。但这种稳定性不是绝对的，只能说是相对的。例如，商务谈判人员的谈判能力会随着谈判者经验的增多而有所提高，但在一段时间内却是相对稳定的。正是由于商务谈判心理具有相对的稳定性，我们才可以通过对谈判对手过去种种表现的观察，去了解谈判对手，进一步认识谈判对手。此外，我们也可以运用一定的心理方法和手段去改变或影响我们的谈判心理，使其有利于商务谈判的开展。

#### 3. 商务谈判心理的个体差异性

商务谈判心理的个体差异性，是指因谈判者个体的主客观情况不同，谈判者个体之间的心理状态存在着一定的差异。商务谈判心理的个体差异性，要求人们在研究商务谈判心理时，既要注意探索商务谈判心理的共同特点和规律，又要注意把握个体心理的独特之处，以便有效地为商务谈判的开展服务。

【案例】 一则有趣的笑话

有一艘游艇触礁要下沉了，船长要大伟赶紧叫不同国籍的旅客们穿上救生衣准备跳水。大伟去了，不久后慌慌张张地跑回来跟船长报告说："有六个旅客死也不肯跳，怎么办呢？"船长就亲自跑去跟他们沟通，一分钟后，船长回来跟大伟说："六个人都跳下去了！"大伟问船长说："您是怎么办到的？"船长说："很简单呀，我告诉那个德国人说这是命令，德国人就跳了；告诉英国人说跳水有益健康，英国人就跳了；告诉法国人说跳水很时髦，法国人就跳了；告诉俄国人说这是革命，俄国人就跳了；告诉意大利人说这是被禁止的，意大利人就跳了……"

分析：商务谈判心理的个体差异性，要求人们在研究商务谈判心理时，既要注意探索其共同特点和规律，又要注意把握个体心理的独特之处，以便有效地为商务谈判的开展服务。船长利用谈判对象心理的个体差异性，"看人下菜"获得谈判的成功。

### (三) 研究商务谈判心理的作用

在商务谈判中，运用谈判心理知识对谈判者进行研究，分析"对手的言谈举止反映什么？"

"其有何期望？""如何恰当地诱导谈判对手？"等，对成功地促进谈判很有必要。掌握商务谈判心理现象的特点，认识商务谈判心理发生、发展、变化的规律，对于商务谈判人员在商务谈判活动中养成优良的心理素质，保持良好的心态，正确判断谈判对手的心理状态、行为动机，预测和引导谈判对手的谈判行为，有着十分重要的意义。

**1. 有助于培养谈判人员自身良好的心理素质**

谈判人员相信谈判成功的坚定信心、对谈判的诚意、在谈判中的耐心等都是保证谈判成功不可或缺的心理素质。良好的心理素质，是谈判者抗御谈判心理挫折的条件和铺设谈判成功之路的基石。谈判人员加强自身心理素质的培养，可以把握谈判的心理适应。

谈判人员对商务谈判心理有正确的认识，就可以有意识地培养并提高自身优良的心理素质，摒弃不良的心理行为习惯，从而把自己造就成从事商务谈判方面的人才。商务谈判人员应具备的基本心理素质有以下几点。

（1）自信心　所谓自信心，就是相信自己的实力和能力。它是谈判者充分施展自身潜能的前提条件，缺乏自信往往是商务谈判遭受失败的原因。

自信不是盲目的自信和唯我独尊。自信是在充分准备、充分占有信息和对谈判双方实力科学分析的基础上对自己有信心，相信自己要求的合理性、所持立场的正确性及说服对手的可能性。

（2）耐心　商务谈判中的状况各种各样，有时是非常艰难曲折的，商务谈判人员必须有抗御挫折和打持久战的心理准备，这时耐心及容忍力是必不可少的心理素质。耐心是谈判抗御压力的必备品质和谈判争取机遇的前提。在一场旷日持久的谈判较量中，谁缺乏耐心和耐力，谁就将失去在商务谈判中取胜的主动权。有了耐心就可以调控自身的情绪，不被对手的情绪牵制和影响，使自己能始终理智地把握正确的谈判方向；有了耐心可以使自己能有效地注意倾听对方的诉说，观察了解对方的举止行为和各种表现，获取更多的信息；有了耐心可以有利于提高自身参与艰辛谈判的韧性和毅力。耐心也是对付意气用事的谈判对手的策略武器，它能取得以柔克刚的良好效果。

一个有趣的数据表明：人们说话的速度是每分钟120～180个字，而大脑思维的速度却是它的4～5倍。但如果这种情况表现在谈判中会直接影响谈判者倾听，会使思想溜号的一方错过极有价值的信息，甚至失去谈判的主动权，所以保持耐心是十分重要的。

此外，在僵局面前，也一定要有充分的耐心，以等待转机。谁有耐心，沉得住气，谁就可能在打破僵局后获得更多的利益。

（3）诚心、诚意　一般来讲，商务谈判是一种建设性的谈判，这种谈判需要双方都具有诚意。具有诚意，不但是商务谈判应有的出发点，也是谈判人员应具备的心理素质。诚意，是一种负责的精神、合作的意向，是诚恳的态度，是谈判双方合作的基础，也是影响和打动对手心理的策略武器。有了诚意，双方的谈判才有坚实的基础，才能真心实意地理解和谅解对方，并取得对方的信赖；才能求大同存小异取得和解和让步，促成上佳的合作。

要做到有诚意，在具体的活动中，对于对方提出的问题，要及时答复；对方的做法有问题，要适时恰当地指出；自己的做法不妥，要勇于承认和纠正；不轻易许诺，承诺后要认真践行。诚心能使谈判双方达到良好的心理沟通，保证谈判气氛的融洽稳定，能排除一些细枝末节的干扰，能使双方谈判人员的心理活动保持在较佳状态，建立良好的互信关系，提高谈判效率，使谈判向顺利的方向发展。

**2. 有助于揣摩谈判对手的心理，实施心理诱导**

谈判人员对商务谈判心理有所认识，经过实践锻炼，可以通过观察分析谈判对手的言谈举止，揣摩弄清谈判对手的心理活动状态，如其个性、心理追求、心理动机、情绪状态等。谈判人员在谈判过程中，要仔细倾听对方的发言，观察其神态表情，留心其举止包括细微的动作，以了解谈判对手心理，了解其深藏于背后的真实意图、想法，识别其计谋或攻心术，防止掉入对手设置的谈判陷阱并正确做出自己的谈判决策。

人的心理与行为是相互联系的，心理引导行为，而心理是可以被诱导的，通过对人的心理的诱导，可引导人的行为。英国哲学家弗朗西斯·培根在他写的《谈判论》中指出："与人谋事，则需知其习性，以引导之；明其目的，以劝诱之；谙其弱点，以威吓之；察其优势，以钳制之。"培根此言对于从事商务谈判的人来说至今仍有裨益。

### 3. 有助于恰当地表达和掩饰我方心理

了解商务谈判心理，有助于表达我方心理，可以有效地促进沟通。如果对方不清楚我方的心理要求或态度，必要时我方可以通过各种适合的途径和方式向对方表达，以有效地促使对方了解并重视我方的心理要求或态度。

作为谈判的另一方，谈判对手也会分析研究我方的心理状态，有些心理状态往往蕴含着商务活动的重要信息，有的是不能轻易暴露给对方的。为了不让谈判对手了解我方某些真实的心理状态、意图和想法，谈判人员可以根据自己对谈判心理的认识，在言谈举止、信息传播、谈判策略等方面施以调控，对自己的心理动机或意图、情绪状态等做适当的掩饰。

### 4. 有助于营造谈判氛围

商务谈判心理知识还有助于谈判人员处理与对方的交际和谈判，形成一种良好的交际和谈判氛围。为了使商务谈判能顺利地达到预期的目的，需要适当的谈判氛围的配合。适当的谈判氛围可以有效地影响谈判人员的情绪、态度，使谈判顺利推进。一般地，谈判者都应尽可能地营造出友好和谐的谈判气氛以促成双方的谈判。但适当的谈判氛围，并不意味都是温馨和谐的气氛。出于谈判利益和谈判情境的需要，必要时也会有意地制造紧张，甚至不和谐的气氛，以对抗对方的胁迫，给对方施加压力，迫使对方做出让步。

## 二、商务谈判心理技巧运用

各种不同的人聚集在谈判桌前，性格、气质、习惯、表情互不相同，表面上看，人们的行为显得杂乱无章、难以捉摸、不可思议，但如果我们通过仔细研究，就可以发现人们行为中的各种可以预测的因素，这些因素都能向外界传达某种信号。捕捉这些可能影响商务谈判效果的信号，则是一个训练有素的心理专家在谈判中的优势。故此，学会运用商务谈判心理技巧，将有助于商务谈判的成功。

### （一）洞悉谈判对手的需求

商务谈判中的心理学可以简单地浓缩成一句话：促成商务谈判成功的关键是满足彼此的需求。在谈判桌上，人们的一切行为都是为了需求。唇枪舌剑、你来我往是为了需求；言辞谦恭、委曲求全是为了需求；笑面迎人、携手共庆也是为了需求；故布疑阵、暗度陈仓是为了需求；开诚布公、坦率直叙也是为了需求；义无反顾、据理力争还是为了需求。商务谈判只不过是一个媒介，其内容是什么并不重要，重要的是商务谈判双方可以在谈判中得到需求的满足。商务谈判的需求就是商务谈判人员的谈判客观需求在其头脑中的反映。

#### 1. 商务谈判者要顺从对方的需求

商务谈判者在谈判中站在对方的立场上，顺应对方的需求，从而使谈判获得成功。这种谈判最容易取得成果，当然，这种顺从战略是建立在不损害自身利益的基础之上的。

### 2. 商务谈判者使对方服从其自身的需求

这是一种定向诱导的谈判策略。例如，商场里的营业员与顾客之间的"谈判"普遍使用这种方法，营业人员表面上用种种热情的方法满足顾客的需求，实际上是为了推销商品，从而实现自身的利益。

### 3. 商务谈判者同时服从对方和自己的需求

这是指谈判双方从共同利益出发，满足双方每一方面的共同需求进行的谈判，采取符合双方利益的策略。这种策略在谈判中被普遍用于建立各种联盟，或扩大生产规模、降低生产成本、固定产品价格等。

### 4. 商务谈判者违背自己的需求

这是谈判者为了争取长远利益的需求，抛弃某些眼前或无关紧要的利益和需求的谈判策略。

### 5. 商务谈判者不顾对方的需求

这是一个强硬的谈判策略，即谈判者只顾自己的利益，完全忽视或者不顾对方的需求而实施"鱼死网破"的手法。采用这种策略的一方往往依仗于自身的强者地位，以强凌弱。这不仅容易导致激烈的你死我活的抗争，最终使谈判出现僵局或破裂，而且违背了谈判双方平等的原则。

### 6. 商务谈判者不顾对方和自己的需求

这主要是谈判者为了达到某种特定的预期目的，完全不顾双方的需求与利益，实施一种双方"自杀"型的谈判方法。

上述六种不同类型的谈判策略，当人们运用它们去实现某种目的时，谈判的控制力量从第一种到第六种依次逐渐减弱，而谈判桌上的危机则逐渐加重。

## （二）根据个性差异采用不同策略

心理学中曾提到过，人在处理各种问题时，其思想和行为不仅受到历史和文化传统的影响，而且还表现出不同的个性心理特征。

**【案例】** 由于A方的商人对B方的谈判代表及其公司的情况不够了解，因此，在第一次接触时，A方的代表故意不谈生意，只是谈了许多不太相关的事，给B方的谈判代表造成一种轻松的感觉，使他们放松警惕。A方却在这些看似闲聊的谈话中从各个侧面了解到B方的谈判目的和意图。为了更好地实现谈判目的，摸清每一个谈判对手的情况，A方甚至请来一位有名的性格分析专家在一旁观察，分析对方每个成员的个性特征。会晤结束时，A方的负责人请B方代表每人给他签名留念。会晤后，这些签名将给那位性格分析专家做笔迹分析用，以便更全面地了解对方。晚上，A方与B方继续沟通商谈。此时，A方采取一个盯住一个的做法，派出了自己的谈判问题研究分析人员，即A方代表中每一个人分别盯住B方的每一个谈判代表，以便深入了解B方的详细情况。B方的谈判代表都休息后，A方全体人员连夜开会。性格分析专家已写出了关于B方每一个谈判代表的性格分析报告；其他人也都讲他们各自了解到的情况并写出了报告。情况汇总后，他们便有针对性地研究新的谈判策略，对每一个细节都做了详尽的安排。经过了一个不眠之夜的性格分析和策略准备。第二天，A方在谈判桌上轻松地实现了谈判目的。

**分析**：A方在不了解谈判对手B方的情况下，请性格分析专家对B方每一个谈判代表的性格进行分析，然后制定了有针对性的谈判策略，最终获得谈判的成功，这是运用性格分析取得谈判成功的一个典型例子。

所谓的个性也称为人格，是表现在人身上的经常的、稳定的心理特征的总和。个性是由多层次、多侧面的心理特征结合构成的整体。这些层次特征主要包括气质特征、性格特征和能力特征等。个性反映了一个人的心理面貌。每个人都具有自身独特的风格、心理面貌，而与别人有所不同。商务谈判人员是商务谈判的主要参与者，其个性对商务谈判的方式、风格、成效都有着较大的影响。当然，对谈判对手的个性分析同样会影响谈判的效果。

### 1. 气质在商务谈判中的分析与运用

（1）气质的概念　气质是人出生时所固有的稳定的心理特点。它决定了人心理活动动力方面的自然属性，决定了心理活动进行的速度、强度和指向性等特点。

在日常生活中，我们很容易就能发现：有的人工作起来不怕苦和累，重任在肩无怨言；有的人拈轻怕重，见利忘义；有的人工作细心，一丝不苟；有的人粗枝大叶，丢三落四；有的人深思熟虑，多谋善断；有的人不求甚解，不了了之；有的人热情豪爽，有的人冷漠拘谨；有的人坚毅果断，有的人犹豫不决；等等。这些都是不同气质的表现。

（2）谈判对手的气质类型　欧洲医学奠基人，曾被世人称为"西方医学之父"的希波克拉底根据不同体液的多少将人的气质分为四类：胆汁质、多血质、黏液质和抑郁质。对此，我们可以将谈判对手的气质分为如下几类。

① 胆汁质的谈判对象。胆汁质的谈判对象大多精力充沛，情感和言语动作发生强烈、迅速且难以控制。这种人大多严肃而正直，缺乏通融性，往往不注意说话方式，有话就说，毫无保留，不介意对方能否接受。

胆汁质的谈判者在谈判中最大的特点是具有坚持到底的精神，忍耐力极强，但一旦发怒，也不可收拾。在人际关系中缺乏柔软性，但给人一种可以信任的感觉，一旦与人建立了友好的人际关系，就可以维持很久。

② 多血质的谈判对象。多血质的谈判对象大多活泼好动，感情多变，动作敏捷。这种人心胸比较开阔，待人接物不拘泥于形式，个性随和，能够与周围的人和睦相处，人际关系良好。但这种人情绪上往往会有周期性变化，有时可以连续高效率地工作几个月，然后情绪低落，毫无理由地对工作失去兴趣。这种人喜怒无常，使得与人交往中也有困难的一面。

在谈判中，这种人往往具有深远的眼光，有决断力，在情绪高昂时较容易达成协议。但也有不遵守诺言的可能性，往往有不履行协议的情况。因此，必须在协议上严格规定履行协议的保证条款。

③ 黏液质的谈判对象。黏液质的谈判对象大多安静沉着，情感发生慢，持久而不显露，动作迟缓而不大灵活。这种人一般总是与他人保持一定的距离，对外界事物缺乏兴趣，更关心自身世界的变化，往往给人一种冷淡、高傲的感觉，但对事物的看法较为客观。

黏液质的谈判者一般在谈判中讨厌对方过分热情的态度和夸夸其谈的说话风格，不轻易接受别人的意见，不喜欢被人说服。决定合作时常常犹犹豫豫，极可能打消合作意念，即使与对方达成协议，经常又后悔，是极难讨价还价的谈判对手。

④ 抑郁质的谈判对象。抑郁质的谈判对象大多内心体验丰富、敏感，动作缓慢无力。这种人对外界事物的变化感受非常敏锐，一般人容易忽略的事情，他们不但注意到了，而且还铭记于心。在情绪上极不容易保持稳定，加上经常对自己的行动产生不必要的顾虑和过分的自我反省，几乎很难享受到工作上的满足感和自我充实感，常有被压迫感和紧张感。

这种人在谈判中一般不轻易相信对方的话，而更注重统计资料和现场演示证明。对于这类谈判对象，要注意对他们热情和关心，切忌在谈判桌上指责他们，要根据他们情绪的变化调整自己的谈判方案和要求，更多地鼓励他们朝达成协议的方向迈进。

在商务谈判中，我们会经常遇到这四种类型的谈判对手。无论遇到怎样的谈判对象，谈判者都应该对对手的气质特点和风格进行分析，了解其谈判特点。这样便可以帮助谈判者制订出针对不同气质对手的谈判方案，以促进谈判的顺利进行。

【小测试】 心理学家巧妙设计了"看戏迟到"的特点问题情境，对四种典型气质类型的人进行观察研究。四种气质类型的观众，在面临同一情境时会有截然不同的行为表现，你能分辨出他们分别是哪种气质类型的观众吗？

① 这个观众迟到后面红耳赤地与检票员争吵起来，甚至企图推开检票员，冲过检票口，径直跑到自己的座位上去，并且还会埋怨说戏院时钟走得太快了。

② 这个观众迟到后明白检票员不会放他进去，他不与检票员发生争吵，而是悄悄跑到楼上另寻一个适当的地方来看戏剧表演。

③ 这个观众迟到后看到检票员不让他从检票口进去，便想反正第一场戏不太精彩，还是暂且到小卖部待一会儿，待幕间休息再进去。

④ 这个观众迟到后对此情景会说自己老是不走运，偶尔来一次戏院，就这样倒霉，接着就垂头丧气地回家了。

**2. 性格在商务谈判中的分析与运用**

（1）性格的概念　性格是指人对客观现实的态度和行为方式中经常表现出来的稳定倾向。它是个性中最重要和显著的心理特征。一个人对某些事物的态度，在其生活经验中巩固起来，形成习惯了的行为方式，这就构成了他的性格特征。例如，有的人懦弱，有的人刚强，有的人咄咄逼人，有的人深藏不露。

（2）谈判对手的性格类型及应对方式

① 迟疑型性格的谈判对手。这类谈判对手的心理特征表现为：A. 不信任对方。没有特殊的理由，只是怕受骗上当。怀疑是他们保护自己的一种手段。如果要令他们相信，就要拿出确凿的证据。B. 不让对方看透。C. 极端讨厌被说服。

对这类谈判对手应采取：在心理上和空间上不要过分接近他；不要强迫他接受有明显倾向性的观点；不要喋喋不休地说服、催促他做出决定，给予他充分考虑的时间。

② 唠叨型性格的谈判对手。这类谈判对手的心理特征表现为：A. 具有强烈的自我意识，内心深处都有不堪一击的弱点。B. 爱刨根问底。坚持自己的看法，好与人争辩。C. 好驳倒对方。D. 心情较为开朗，并没有多少心机。

对这类谈判对手应采取：不要有问必答，这样会没有尽头；不要和他辩论，即使在道理上能战胜他，但买卖依然不能成交；不要表现出不耐烦、胆怯、想开溜等行为。

③ 沉默型性格的谈判对手。这类谈判对手的心理特征表现为：A. 不自信。由于不善言辞，生怕被别人误解或被小看，这类人常闷闷不乐，具有自卑感。B. 想逃避。他们对于说话一事感到麻烦，从来不会因没有说话而感到不自在，自然而然地以听者自居。他们表现欲差，不愿在人多的场合出头露面，对事物的认识依赖直觉，对好恶反应极为强烈。C. 行为表情不一致。当他面带微笑时，可能内心正处于一种焦虑和不耐烦的心态。D. 给人不热情的感觉。这些人看似态度傲慢，其实，内心深处也有一种愿为人做些事情的想法。

对这类谈判对手应采取：善于察言观色，不让对方感到畏惧；不要以寡言对沉默；不要强行与之接触。

④ 顽固型性格的谈判对手。这类谈判对手的心理特征表现为：A. 非常固执。B. 自信自满。

C. 控制别人。D. 不愿有所拘束。

对这类谈判对手应采取：有耐心不要急于达成交易；不要强制他或企图说服他；对产品不要详尽说明解释；对对方不要太软弱。

⑤ 情绪型性格的谈判对手。这类谈判对手的心理特征表现为：A. 容易激动。B. 情绪变化快。C. 任性。D. 见异思迁。

对这类谈判对手应采取：要善于察言观色，抓住时机；找到他的兴趣所在，速战速决。

⑥ 善言灵巧型性格的谈判对手。这类谈判对手的心理特征表现为：A. 爱说话。B. 善言表达。他们在陈述意见和观点时逻辑性强，言简意赅，几乎无可挑剔，而且思路开阔，让你听起来无理也有理。C. 乐于交际。D. 为人处事机灵。处理事情反应敏捷，但对事情评价的客观性不是很强，有时会感情用事，容易改变立场。

对这类谈判对手应采取：A. 热情交往，创造良好和谐的谈判氛围，充分利用这种人的感情弱点，争取使其在适当的时候做出让步。B. 不要被对方的雄辩所吓倒，要针锋相对地畅谈自己的观点，旁征博引地分析问题。C. 要利用对方爱说话、善交际的特点，多与他交往，甚至可以参加一些娱乐活动，在不同的场合运用不同的方法诱其多说多讲，也许会从他口中得到有价值的信息。

⑦ 深藏不露型性格的谈判对手。这类谈判对手的心理特征表现为：A. 不露真面目。不轻易在言谈举止间显露自己的内心，让人捉摸不透。B. 精于装糊涂，善于伪装自己。C. 惯于"后发制人"。开始时不露声色，时机一到，便出其不意地发起谈判攻势，使对方无法招架而被迫接受其观点。

对这类谈判对手应采取：A. 必须挖空心思探测对方的情报和底细，使其露出"庐山真面目"。B. 要学会运用和分析谈判中的体态语言，特别注意他的眼神和表情的细微变化，揣测他同意什么、反对什么。C. 以"是非"提问的方式征求有关谈判项目的意见，让其做出肯定或否定的回答。D. 自己要从容不迫，静观其变，在适当时候可以放点"烟雾弹"，如在体态或语言上故作惊讶和关注，误导其做出错误的判断。

⑧ 谨慎型性格的谈判对手。这类谈判对手的心理特征表现为：A. 理智稳妥。待人接物比较客观，受感情的影响较小，不轻易排斥一般事物，不超脱现实，因而办事有主见，往往通过深入调查、全面分析、认真思考、周密安排后才做出决定。B. 谨小慎微。但他们与自私自利的人不同，不会为个人或己方利益斤斤计较。C. 忠于职守，一丝不苟。这种人并不是能力差，而是办事承担责任。

对这类谈判对手应采取：A. 要做好充分准备，知己知彼。因为这种人对市场环境、行情和谈判对手的情况都掌握得比较详细。在谈判中，他们可能会提出一些细节的小问题。B. 采用纵向谈判法。这类人的性格决定了他们喜欢循序渐进、逐项推进、分而治之、各个击破的方法。在交涉中他们可能过分严谨，缺乏通融性，要循循善诱以配合对方，切忌强迫对方接受自己的建议。C. 这种人决策时优柔寡断，顾虑重重，因而在谈判时要有信心、耐心和毅力，慢慢与对方磋商，并设法提出有力的谈判证据。

### (三) 谈判中的心理效应和心理误区

在商务谈判中，谈判者不可避免地会进入一些心理效应和心理误区里，有时这些会给谈判者带来错误的意识，使其失去准确的判断力，导致谈判的失败。为此，我们对谈判中的心理效应和心理误区进行如下的分析，以避免谈判者陷入其中，影响谈判的成功。

**1. 商务谈判中的心理效应分析**

从心理学的观点来看，心理效应就是社会生活当中较常见的心理现象和规律。这种心理现象和规律表现在由于某种人物或事物的行为或作用,从而引发出其他人物或事物产生相应变化的因果反应或连锁反应。这种效应一般具有积极与消极两个方面的意义。在商务谈判中常出现下面几种心理效应。

① 晕轮效应。晕轮效应,是指人对某事或某人好与不好的知觉印象会扩大到其他方面。例如,如果一个人崇拜某个人,可能会把其看得十分伟大,其缺点也会被认为很有特点,而这些缺点出现在其他人身上,则不能忍受。这种晕轮效应就像太阳的光环一样,把太阳的表面扩大化了,这是人们知觉认识上的扩大。如果一个人的见识、经验比较少,这种表现就更为突出。

晕轮效应在商品谈判中的作用既有积极的一面,又有消极的一面。如果谈判的一方给另一方的感觉或印象较好,那么,他提出的要求、建议都会引起对方积极的响应,他要求的东西也容易得到满足。如果能得到对方的尊重或更大程度的崇拜,那么,他就会发挥威慑力量的作用,完全掌握谈判的主动权。但如果给对方的第一印象不好,这种晕轮效应就会向相反的方向扩大,甚至他会对你提出的对双方都有利的建议也不信任。总之,他对你提出的一切都表示怀疑、不信任或反感,寻找借口拒绝。

② 刻板效应。刻板效应,是指人们习惯于在没有看到结论之前就主观地做出判断。在商务谈判中可以经常见到,有的谈判者不等别人说完话就打断他,想当然地认为对方就是这个结论。刻板效应直接影响人们的知觉认识、影响人们的客观判断。这是人们日常活动的经验、定式和习惯作用的结果。例如,人们看到照片上长条会议桌的两边坐着两排人,中间插着两国国旗,就会经常判断为是两国之间的政治性谈判或大型企业的国际间的谈判。

刻板效应的结果可能是正确的,也可能是错误的。最主要的是,它影响、妨碍人们对问题的进一步认识,是凭主观印象而下的结论,这在商务谈判中常表现为猜测对方的心理活动。

③ 首因效应。在知觉认识中,一个最常见的现象就是,第一印象决定人们对某人、某事的看法,这在心理学上被称为首因效应。当人们与某人初次见面时,有时会留下比较深刻的印象,甚至终生难忘。许多情况下,人们对某人的看法、见解、喜欢与不喜欢,往往都来自第一印象。如果见第一面感觉良好,很可能就会形成对对方的肯定态度,否则,很可能就此形成否定态度。

正是由于首因效应的决定作用,比较优秀的谈判者都十分注意双方的初次接触,力求给对方留下深刻的印象,赢得对方的信任与好感,增加谈判的筹码。人们首要印象的形成主要取决于人的外表、着装、举止和言谈。通常情况下,举止端庄,着装得体,大方稳重,较容易获得人们的好感。

**2. 商务谈判中的心理误区分析**

结合心理学的观点来看,谈判中的心理误区,指的就是导致谈判者阻挠有效谈判的各种心理误区。它是由于谈判者很难确定适当的利益关系,透过扭曲的心理视角来看待谈判过程所引发的。

(1) 产生心理误区的原因

① "蛋糕的大小是固定的"的思维定式。也许你熟知"非赢即输"式谈判的概念,在这类谈判中,一方的所得就是另一方的所失,反之亦然。这类谈判往往将谈判中的利益看成是一块大小不变的蛋糕,如果我得到的部分越大,对方得到的部分就越小。虽然这种观点完全违背了谈判的双赢原则,但人们总是顽固地抓住对内的矛盾的认识不肯放弃,即使他们的真正利益完全可以兼顾。

② 于己有利的角色偏见。很多时候谈判人员还喜欢固执地从对自己有利的角度分析各种信息。这是商务谈判中普遍存在的现象,它不仅在估价时出现,还延伸到估计自己在谈判中获胜的概率、在冲突中占上风的可能,以及诸如此类的情况。

③ 派系观点。商务谈判人员在对事实进行分析时，会经常犯派系观点的错误。存在派系观点的人对对方的估计非常容易出错，特别是双方处于敌对的情况下。我们常说"旁观者清"，在谈判即将陷入破裂时，对对方的认识常常是倾向负面的。这时谈判者的心理具有一种无意识的机制，使他们倾向于认为自己"更聪明、更诚实、更正直"，同时贬低，甚至诋毁对方。这种心理常常使谈判者认为对方的立场言过其实，并过高地估计实际的矛盾。

（2）克服心理误区的做法　为克服商务谈判中存在的心理误区，我们应尽力做到如下几点。

① 避免仓促上阵。无论与怎样的对手进行谈判，都必须做好准备才行。如果发现双方的谈判十分仓促，对对手知之甚少。这时就应该在对方要求开始谈判时，以实情相告，告知对方自己准备不够充分，暂缓谈判。在此期间，你可以乘此大好时机询问对方处境，即使探查不到对方的处境，也可以从正面或侧面问问他们的背景和历史，并在交流过程中，仔细留意其各种信息。

② 避免找错谈判对象。众所周知，谈判对象的选择要以他是否有决定权为标准。这就要求谈判者在开始谈判前首先掌握对手的基本情况，只有知道对方有权力做出决定时，你才算找对了人。这里通常有一个误区，就是大多数人不愿在谈判开始前向对手提问这样的话题，因为他们认为高级领导阶层就是谈判的合适人选。但是实际上，对谈判来说，同一个级别过高的领导谈判还不如同一个级别低的人谈判，因为高层领导可能并不十分了解所有的谈判细节。所以，谈判者一定要在谈判开始前想方设法了解对手的基本情况，避免找错谈判对象。

③ 避免害怕失去对商务谈判的控制权。害怕失去谈判控制权这种想法本身就是错误的。其实谈判并不在于控制，它的本质是为了找出最佳的解决方案；为了交换意见、求同存异；为了向着双方都认为有价值的目标前进；为了建立良好的关系。所以，如果总是担心失去对谈判的控制权，那么你究竟想要在谈判中得到什么呢？

④ 避免力不从心地进行商务谈判。如果在谈判中开始感到力不从心，那么千万不要让这种感觉放任下去，否则会让你在谈判中出现本可以避免的失误。这时，你应该及时叫停谈判，冷静地思考一下产生这种心态的原因，避免勉强继续谈判。当然，你也可以将这种感觉当作是一个响亮的休息铃。中断，重整思路，想出别的解决方法。当谈判者觉得力不从心时，基本上都是因为准备不足造成的。此时，需要中止谈判。你可以告知对方："你看，这可难住我了，我得再好好研究一下这个问题。"或者说："在这件事上，我还需多收集些情况。"总之，一定要中止，另想办法。

⑤ 避免固执己见。通常谈判者很容易便会陷入固执己见的错误中去，即如果你已经认定了一种解决方法，就不会接受任何别的建议，你会觉得解决方法只能是你提出讨论的那种。更为严重的是，认定在谈判刚开始时提出讨论的解决方式是唯一方式的做法，它往往是错误的。当然，固执己见、钻牛角尖的根源同样是准备不充分造成的。为了避免在谈判中出现固执己见的情况，你可以设定出对谈判目标的限度，在选出你该怎么做，列出所有的可选项，选出你要做的。如果你与现在的谈判对手就某一点达不成协议，那么你也知道该怎样处理。当你通过了这些步骤以后，就不大可能固执己见了。

⑥ 避免总是苛求完美的表达。每一个人都可能有过这样的经历，即使自己认为准备了最充分的表达方式和语言，也总会在事后想起更好的表达方式来。商务谈判中，比起聪明的表达，清楚地表述你的想法才是最重要的。聪明的表达是有趣、令人欣赏和使人满意的，但清楚的表达有助于你获胜。如果第二天早晨醒来以后发现自己表述得不够清楚，只需以澄清来开始下一轮谈判就可以了。

⑦ 避免为别人的错误自责。当情况变得不好时，许多人都会自责，哪怕并不是他们的错。对此，大家一定要抵制这种情绪的出现。想想自己为什么要为与你无关的事而自责呢？这显然

是缺乏自信心的表现。

⑧ 避免游离了初设目标和限度。大多数谈判者在开始谈判时总是喜欢为谈判设定目标及其限度。然而，随着谈判的开展，有些谈判者又很容易将它们忽略，这是因为经过仔细考虑。这些谈判者在谈判开始前将目标定得与实际情况相违背，而在随后的谈判中又过于沉醉其中，导致其忽略了一开始所设定的目标和限度。所以，为了避免这种状况的发生，谈判者应该从实际出发，制定出符合谈判双方利益的目标和限度，并在谈判中始终坚持它。

综上所述，商务谈判者只有在谈判过程中避免上述的情况发生，才能够更好地将谈判进行下去，为自己或公司赢得最大的利益。

### （四）商务谈判情绪的调控

国际心理调查和分析机构 JonMcbey 研究结果表明：谈判破裂（失败）的原因中，66％来自情绪的干扰。人的情绪对人的活动有着相当重要的影响。对于人来说，能够敏锐地知觉他人的情绪，善于控制自己的情绪，巧于处理人际关系的人，才更容易取得事业上的成功。当然，商务谈判情况复杂多变，双方的情绪也随之波动，谈判过于情绪化，无益于谈判。作为谈判的一方，必须对双方的情绪进行有效的调控，使商务谈判能按预期的方向发展。

#### 1. 商务谈判情绪

情绪，是人脑对客观事物与人的需要之间关系的反映。商务谈判情绪，是参与商务谈判各方人员的情绪表现。在谈判桌上，过激的情绪应尽量地避免。当有损谈判气氛、谈判利益的情绪出现之后，应尽量缓和、平息或回避，防止僵局出现导致谈判的流产。例如，当有一方谈判代表觉得对方对他进行了恶意中伤，或者是把对方的某一句话当作是对自己的批评，甚至是人身攻击时，他就会在情绪上做出相应的反应。这时，即使各种主要问题已经接近解决，双方已经在主要实质性问题上达成或接近达成一致，但谈判的局面仍可能会急转直下，有进行不下去，甚至破裂的危险。

#### 2. 商务谈判中调控情绪的技巧

① 在与谈判对手的交往中，要做到有礼貌、通情达理，将谈判的问题与人区分开来。

② 在阐述问题时，侧重实际情况的阐述，少指责或避免指责对方，切忌把对问题的不满发泄到谈判对手个人身上。

③ 当谈判双方关系出现不协调、紧张时，要及时运用社交手段表示同情、尊重，弥合紧张关系，消除敌意。

④ 考虑到对手的尊重需要，即使在某些谈判问题上占了上风，也不要显出我赢了你输了的神情，并在适当的时候给对手台阶下。

⑤ 对于对手无礼的态度、侮辱的言行要适当地反击，以富有修养的针对性的批评、反驳，以严肃的表情来表明自己的态度和观点。

⑥ 在提出我方与对方不同的意见和主张时，为了防止对方情绪的抵触或对抗，可在一致的方面或无关紧要的问题上对对方的意见先予以肯定，表现得通情达理，缓和对方的不满情绪，使其容易接受我方的看法。

⑦ 当对方人员的情绪出现异常时，我方应适当地加以劝说、安慰、体谅或回避，使其缓和或平息。

### （五）心理挫折的行为表现与应对

所谓心理挫折，是指人在追求实现目标的过程中遇到自感无法克服的障碍、干扰而产生的一种焦虑、紧张、愤懑或沮丧、失意的情绪心理状态。在商务谈判中，心理挫折会造成人情绪上的沮丧、愤怒，会引发与谈判对手的对立和对谈判对手的敌意，容易导致谈判的破裂。

**1. 心理挫折的行为表现**

心理挫折虽然是人的内心活动，但它却对人的行为活动有着直接的、较大的影响，并且通过具体的行为反应表现出来。对绝大多数人而言，在感到挫折时的反应主要有以下几种。

（1）攻击行为　在人们感到挫折时，生气和愤怒是最常见的心理状态，这在行为上可能表现为攻击。诸如，语言过火，情绪冲动，易发脾气，挑衅动作等。例如，一个人去一家不讲价商店买东西，非让老板给降价，老板不同意，这个人就挑出商品的瑕疵硬要老板降价，这时老板则因被激怒，说出一些过激的话，如"你买就买，不买就算了"，"我不卖了，你到别的地方买去"，甚至做出一些过激的动作，如推搡等。攻击行为可能直接指向阻碍人们达到目标的人或物，也可能指向其他替代物。

（2）退化　退化，是人在遭受挫折时所表现出来的与自己年龄不相称的幼稚行为。例如，像小孩子一样哭闹、耍脾气，目的是威胁对方或唤起别人的同情。

（3）畏缩　畏缩，是人受到挫折后失去信心，消极悲观，孤僻离群，易受暗示，盲目顺从的行为表现。处于此种状况，人的敏感性、判断力都会下降，最终影响目标的实现。例如，一位刚毕业的律师和一位有名的律师打一场官司，那么这位刚毕业的律师很容易产生心理挫折，缺乏应有的自信，在对簿法庭时，无论是他的谈判力，还是思辨能力，甚至语言表达能力都会受到影响，这实际上就为对手的胜利提供了条件。

（4）固执　固执，是一个人明知从事某种行为不能取得预期的效果，但仍不断重复这种行为的行为表现。在人遭受挫折后，为了减轻心理上所承受的压力，或想证实自己行为的正确，以逃避指责，在逆反心理的作用下，往往无视行为的结果不断地重复某种无效的行为。这种行为会直接影响谈判者对具体事物的判断、分析，最终导致谈判的失败。

**2. 商务谈判中心理挫折的应对方法**

在商务谈判中，无论是什么原因引起谈判者的心理挫折，都会对谈判的圆满成功产生不利的影响。任何形式的心理挫折、情绪激动都必然分散谈判者的注意力，造成反应迟钝、判断力下降，而这一切都会使谈判者不能充分发挥个人潜能，从而无法取得令人满意的谈判结果。因此，谈判者对商务谈判中的客观挫折要有心理准备，应做好对心理挫折的防范和预警，对我方所出现的心理挫折应有有效办法及时加以化解，并对谈判对手出现心理挫折而影响谈判顺利进行的问题有较好的应对办法。

（1）加强自身修养　一个人在遭受客观挫折时能否有效摆脱挫折，与他自身的心理素质有很大关系。一般来说，心理素质好的人容易对抗、弱化或承受心理挫折；心理素质差的人当遇到挫折时，则很容易受挫折的影响，产生心理的波动。因此，一个优秀的谈判者应通过不断加强自身的修养，提高自身的应变能力。

（2）做好充分准备　挫折可以吓倒人，但也可以磨炼人。正确对待心理挫折的关键在于提高自己的思想认识。在商务谈判开始之前，谈判者应做好各项准备工作，对商务谈判中可能出现的各种情况事先应做到心中有数，这样就能及时有效地避免或克服客观挫折的产生，减少谈判者的心理挫折。

（3）勇于面对挫折　常言道："人生不如意事常十之八九"，对于商务谈判来说也是一样的。商务谈判往往要经过曲折的谈判过程，通过艰苦的努力才能达到成功的彼岸。商务谈判者对于谈判中所遇到的困难，甚至失败也要有充分的心理准备，提高抵御挫折打击的承受力,并能在挫折打击下从容应对不断变化的环境和情况,为做好下一步工作打下基础。

(4) 摆脱挫折情境 相对于勇敢地面对挫折而言,这是一种被动地应对挫折的办法。遭受心理挫折后,当商务谈判者无法再面对挫折情境时,可通过脱离挫折的环境情境、人际情境或转移注意力等方式,让情绪得到平复,使之能以新的精神状态迎接新的挑战,如失意时回想自己过去的辉煌。美国著名心理学家戴尔·卡耐基建议人们用忙碌来摆脱挫折情境,驱除焦虑的心理。

(5) 适当的情绪宣泄 情绪宣泄是用一种合适的途径、手段将挫折的消极情绪释放出去的办法。其目的是把因挫折引起的一系列生理变化产生的能量发泄出去,消除紧张状态。情绪宣泄有直接宣泄和间接宣泄两种形式。直接宣泄有大哭、大喊等形式;间接宣泄有活动释放、找朋友诉说等形式。情绪宣泄有助于维持人的心理健康,形成对挫折的积极适应,并获得应对挫折的适当办法和力量。

(6) 学会移情 积极地参与他人的思想感情,意识到自己也会有这样的时候,这样才能实现与别人的情感交流。"己所不欲勿施于人"是移情的最基本要求。

【案例】 林肯制怒

一天,美国陆军部长斯坦顿来到林肯的办公室,气呼呼地告诉林肯,一位少将用侮辱的话指责他,而那位少将所说的并非真有其事。林肯并没有安慰斯坦顿,而是建议斯坦顿写一封内容尖刻的信回敬那位少将。"必要的话,你可以狠狠地骂他一顿。"林肯说。斯坦顿离开后写了一封措辞激烈的信,然后拿给林肯看。"对了,就这样。"林肯高声叫好,"要的就是这种效果!好好教训他一顿,真写绝了,斯坦顿。"当斯坦顿把信叠好装进信封里时,林肯叫住他,问道:"你想干什么?"斯坦顿有些摸不着头脑地说:"寄出去呀。""不要胡闹。"林肯大声说,"这信不能发,快把它扔到炉子里去。凡是生气时写的信,我都是这么处理的,这封信写得好,写的时候你已经消了气,现在感觉好多了吧,那么就把它烧掉,如果还没有完全消气,就接着写第二封吧。"

**分析**:一封内容尖刻的不寄出的信,这就是林肯面对心理挫折时的处理方式,有宽容、有智慧,是一种很好的情绪宣泄方法。

## 小 结

1.在商务谈判的过程中,心理学无时无刻不在起着重要的作用。在谈判者各类行为表现的背后,可能潜藏着影响谈判的心理因素。懂得心理学的谈判者,就会随时根据捕捉到的这些外在的行为反应信息,分析对方的心理状态,及时调节谈判的气氛,促使谈判朝着积极的方向发展。

2.在商务谈判中,谈判者的心理活动总是从彼此积极主动地感知、认识、理解对方的生理特征、心理需要、谈判动机、行为目的开始的。一个懂得谈判心理学的人,可以透过对手不同行为表现的迷雾,捕捉到人的行为所遵循的共同理智的行为规律,把握行为中各种可预测的因素向外传达的某种信号,通过外显的行为分析内在的心理活动,从而在谈判中处于优势地位。

3.从心理学的角度揭示如何在谈判中洞悉人的需求与行为的关系;把握不同气质、性格谈判者的特点;学会利用情绪的作用促成谈判的成功。同时还要学会避免谈判中可能出现的心理误区,克服谈判中所遇到的挫折,提高和培养自身的心理素质,获得谈判的成功与个人的成长。

## 实训任务　个人气质自我测试

以下60个问题可以帮助你大致确定自己的气质类型。请仔细阅读每一道题，根据自己的情况，实事求是地做出选择。如果你认为：很符合自己的情况记2分；比较符合的记1分；介于符合与不符合之间的记0分；比较不符合的记-1分；完全不符合的记-2分。下面开始回答。

1. 做事力求稳妥，不做无把握的事。
2. 遇到可气的事就怒不可遏，把心里话全部说出来才感到痛快。
3. 宁可一个人做事，不愿与很多人在一起。
4. 很快就能适应新环境。
5. 厌恶那些强烈的刺激，如尖叫、噪声、危险镜头等。
6. 和人争吵时，总是先发制人，喜欢挑衅。
7. 喜欢安静的环境。
8. 善于和人交往。
9. 羡慕那种善于克制自己感情的人。
10. 生活有规律，很少违反作息制度。
11. 在多数情况下是乐观的。
12. 遇到陌生人觉得很拘束。
13. 遇到令人气愤的事能很好地自我克制。
14. 做事总是有旺盛的精力。
15. 遇到问题常常举棋不定，优柔寡断。
16. 在人群中从来不觉得过分拘束。
17. 情绪高昂时，觉得干什么都有兴趣；情绪低落时，又觉得什么都没有意思。
18. 当注意力集中到一事物时，不容易受其他事情的干扰。
19. 理解问题总是比别人快。
20. 碰到危险情境，常有一种极度恐惧感和紧张感。
21. 对学习、工作、事业怀有很高的热情。
22. 能够长时间做枯燥、单调的工作。
23. 感兴趣的事情，干起来劲头十足，否则就不想干。
24. 一点儿小事情就能引起情绪波动。
25. 讨厌做那种需要耐心、细致的工作。
26. 与人交往不卑不亢。
27. 喜欢参加热闹的活动。
28. 爱看感情细腻、描写人物内心活动的文学作品。
29. 工作或学习时间长了常感到厌倦。
30. 不喜欢长时间谈论一个问题，愿意实际动手干。
31. 宁愿侃侃而谈，不愿窃窃私语。
32. 被别人认为总是闷闷不乐。
33. 理解问题常比别人慢些。
34. 疲倦时只要休息一下，就能精神抖擞，重新投入工作。
35. 心里的话不愿说出来。
36. 认准一个目标就希望尽快实现，不达目的誓不罢休。
37. 学习、工作一段时间后，常比别人更感到疲倦。

38. 做事有些鲁莽，常常不考虑后果。
39. 老师或师傅讲授新知识、新技术时，总希望他（她）讲慢些，多重复几遍。
40. 能够很快忘却那些不愉快的事情。
41. 完成一件工作总比别人花费的时间多。
42. 喜欢运动量大的体育活动或参加各种文艺活动。
43. 不能很快地把注意力从一件事转移到另一件事上去。
44. 接受一个任务后，就希望迅速完成。
45. 认为墨守成规比冒风险好些。
46. 能够同时注意几件事情。
47. 烦闷的时候，别人很难使自己高兴起来。
48. 爱看情节起伏跌宕、激动人心的小说。
49. 对工作抱着认真、始终如一的态度。
50. 和周围人的关系总是相处不好。
51. 喜欢复习学过的知识，喜欢重复做自己已经熟悉的工作。
52. 希望做变化大、花样多的工作。
53. 童年时会背的诗歌比别人记得清楚。
54. 往往出口伤人，自己却察觉不到。
55. 在体育活动中，常因反应慢而落后。
56. 反应敏捷，头脑机智。
57. 喜欢有条理而不麻烦的工作。
58. 遇到兴奋的事常常失眠。
59. 对新知识接受慢，一旦理解了就很难忘记。
60. 假如工作枯燥无味，马上就会情绪低落。

**自我鉴定结果**

确定气质类型的方法如下：

① 将每题得分填入下表相应的得分栏内。
② 计算每种气质类型的总得分数。
③ 确定气质类型。第一，如果某种气质类型得分高出其他三种类型4分以上，则属于该类气质；如果该类气质类型得分超过其他三种20分，则为典型型；如果该类气质得分在10～20分，则为一般型。第二，两类气质类型得分接近，其差异低于3分，而且高于其他两种类型4分以上，则属于这两种气质的混合型。第三，有三种气质类型的得分接近且均高于第四种，则为这三种气质的混合型。

| 胆汁质 | 题号 | 2 | 6 | 9 | 14 | 17 | 21 | 27 | 31 | 36 | 38 | 42 | 48 | 50 | 54 | 58 | 总分 |
|---|---|---|---|---|---|---|---|---|---|---|---|---|---|---|---|---|---|
| | 得分 | | | | | | | | | | | | | | | | |
| 多血质 | 题号 | 4 | 8 | 11 | 16 | 19 | 23 | 25 | 29 | 34 | 40 | 44 | 46 | 52 | 56 | 60 | 总分 |
| | 得分 | | | | | | | | | | | | | | | | |
| 黏液质 | 题号 | 1 | 7 | 10 | 13 | 18 | 22 | 26 | 30 | 33 | 39 | 43 | 45 | 49 | 55 | 57 | 总分 |
| | 得分 | | | | | | | | | | | | | | | | |
| 抑郁质 | 题号 | 3 | 5 | 12 | 15 | 20 | 24 | 28 | 32 | 35 | 37 | 41 | 47 | 51 | 53 | 59 | 总分 |
| | 得分 | | | | | | | | | | | | | | | | |

# 项目三 商务谈判礼仪

**能力目标**

1. 了解商务谈判的接待礼仪，掌握商务谈判中应注意的礼仪；
2. 了解商务谈判的过程礼仪，灵活运用礼仪细节进行谈判。

 **案例引入　如何处理谈判中的迟到**

　　日本有一家著名的汽车公司在美国刚刚"登陆"时，急需找一家美国代理商来为其销售产品，以弥补他们不了解美国市场的缺陷。当日本汽车公司准备与美国的一家公司就此问题进行谈判时，日本汽车公司的谈判代表因路上塞车迟到了。美国公司的代表紧紧抓住这件事不放，想要以此为手段获取更多的优惠条件。日本公司的代表发现无路可退，于是站起来说："我们十分抱歉耽误了你的时间，但是这绝非我们的本意，我们对美国的交通状况了解不足，所以导致了这个不愉快的结果，我希望我们不要再为这个无所谓的问题耽误宝贵的时间了，如果因为这件事怀疑我们合作的诚意，那么，我们只好结束这次谈判。我认为，我们所提出的优惠代理条件是不会在美国找不到合作伙伴的。"日本代表的一席话说得美国代理商十分惊讶，但美国人也不想失去这次赚钱的机会，于是谈判顺利地进行了下去。

　　**思考：** 日本人的应对方式是否得当？
　　**分析：** 日本代表处理得非常正确，面对美国人的刁难，日本人非常有礼貌地说明情况并道歉，劝说美国人回归谈判本质。所以，无论交易成功与否，注重礼仪都是十分重要的。

　　在任何谈判中，礼仪都是必不可少的，它不仅体现出一个人的素质、涵养，还有利于激发与谈判对手之间的感情，促使谈判顺利进行。优秀的谈判者，不仅要求精通专业知识，掌握社会学、心理学、语言学等方面的知识，还要求通晓礼仪知识，注意谈判形象，恰到好处的谈判礼仪可以弥补纯粹的谈判技术的不足，从而获得意想不到的商业价值。

## 一、商务礼仪的原则

### 1. 遵时守约

国际商务活动中，如果有拜访的话，应该按约定时间到达。提早到达会使主人觉得难堪，迟到则是失礼，万一因突然发生的交通原因或意外不得不迟到时，应当向等候的一方表示歉意；如果临时有重大事情不能出席既定的会议，应清楚诚恳地向对方说明原因，求得对方的谅解，并为由于己方未能出席造成的损失或麻烦做出一定的补救。

### 2. 敬老尊妇

我们一般说的"尊老爱幼"，在国际商务活动过程中，没有说特别年幼的就需要给予保护，但是长辈和女士先行；对同行的年长者或女士，男士应主动帮助其提沉重的物品；进出大门，男士应为年长者和女士开门、关门；进餐时，男士应主动关怀、照料身边的年长者或者女士就餐。

### 3. 举止适度

在国际商务活动过程中，出入公共场合或在会议现场举止得体、态度平和，是体现个人修养的重要方面。例如，不论在商务谈判中讨论有多么热烈，争辩有多么激烈，谈判者的举止都应该有分寸，不要随便询问对方有关隐私的任何问题。

### 4. 随俗防禁

不同的国家、地区、民族，因为不同的历史、文化、宗教等，各有特殊的风俗习惯和礼节。在国际商务活动中出访到这些地方，就必须入乡随俗，理解和尊重当地人的习惯。

## 二、谈判接待礼仪

### （一）商务谈判形象礼仪

#### 1. 商务谈判仪容形象礼仪

（1）头发　在商务谈判中，对于商务人员，首先要保证头发的清爽干净，切不可给人油腻腻的感觉，勤洗头发，注意清理头屑；其次发型选择应讲究保守、传统与庄重，那些前卫、怪异的发型是不可以在任何商务场合中出现的，特别是国际性的商务活动中。

（2）面容　在商务谈判中，作为男士商务人员，主要保证面部清爽干净。另外，除了民族习惯和宗教信仰外，不提倡蓄须。作为女士商务人员，则要求通过恰当的淡妆修饰实现自然、清新、大方的美。

（3）身体　商务人员要注意勤洗澡、勤换衣，以避免身上有尘垢和体味；要注意常修剪指甲，清除指甲中的脏物，不要留长指甲；要注意洁齿，及时清除牙齿间的残留物，清除口腔异味。

#### 2. 商务谈判仪表形象礼仪

商务谈判人员在谈判时应着正装，特别是在国际性商务谈判活动中。这些正装通常主要指西装、套裙，商务谈判人员在选择及穿着正装时要严守礼仪。下面分别就这两种正装的穿着要求及礼节介绍如下：

（1）西装

① 西装的选择。西装是目前世界上最为流行的一种国际性服装。选择西装时，在面料上首选毛料，除非是夏装，最好不要选择不透气、发光发亮的人造纤维；在颜色选择上，最稳重而又安全的多为藏青或是灰黑色，其他如咖啡色、深棕色都不太适合商务谈判场合

穿着。

②西装的穿着。在穿西装之前，首先要将位于上衣左袖袖口上的商标、纯羊毛标志等先行拆除；其次正式穿之前一定要注意熨烫平整，给人以美观、利落、笔挺之感，方能展现西装的整体美。在一般情况下，坐着的时候，可将西装上衣衣扣解开；站起来之后，尤其是需要面对他人之时，则应当将西装上衣的衣扣系上。西装上衣的衣扣也有一定的系法：双排扣西装上衣的衣扣应当全部系上；单排扣上衣讲究"系上不系下"，单排两粒扣西装上衣的衣扣只系上边的那粒衣扣；单排三粒扣西装上衣的衣扣则应当系上面的两粒衣扣，或单系中间的那粒衣扣。另外，穿西装时，最好不要内穿羊毛衫，非穿不可时，则最好穿一件单色薄型的"V"领羊毛衫。穿着西装时要特别注意口袋里少装东西或者不装东西。通常，上衣外侧胸前口袋只放装饰手帕或装饰性胸花；上衣内侧口袋只能用来装钢笔、钱夹或少量名片；上衣外侧下方的两只口袋不放任何东西。

西裤长度要根据自己的腿长进行调整，以前面刚好覆盖脚面、后面到鞋帮的一半处为佳。裤线要笔直。西裤两侧口袋只可放少量纸巾或几把钥匙；裤子后侧两只口袋不可放任何东西，拉好拉链。穿西装一定要配上正装皮鞋，不可穿布鞋、旅游鞋、休闲鞋等。传统地讲，以黑色系带皮鞋为最佳选择。黑色或深色皮鞋必须搭配深色袜子，不可搭配浅色尤其是忌白色袜子。

③领带的选择和使用。领带被人们称为西装的灵魂，选用领带时要注意同西装、衬衫的颜色相配，使领带、西装和衬衫构成立体感较强的套装。

浓、中、淡。淡蓝的西装，藏青色的衬衫，配上普鲁士蓝的领带，恰如"春来江水绿如蓝"，恬静高雅，表现了一个人沉着稳健的气质。

淡、中、浓。与上述相反，以深色西装为中心，过渡到浅色的领带。由深渐浅，既有层次，又有节奏。例如，黄褐色的领带、棕色的衬衫、栗色的西装，浑然一体、浑厚朴实。

淡、浓、淡。以深色的衬衫为中心，与浅色领带和浅色西装相呼应，国外称之为"三明治"，语虽诙谐，却形象地说明了"二浅夹一深"的配色特点。

浓、淡、浓。例如，绀色（紫调浑蓝）西装，配上浓绀色的领带，与灰色调的衬衫形成对比，华而不浮、品格高雅，是中年人的常用色。

④衬衫选取。搭配西装的衬衫应为正装衬衫，以白衬衫为最佳选择。衬衫在穿着过程中要特别注意：一是衣扣要都系好。穿西装所搭配衬衫的所有纽扣都必须系上，只有在穿西装而不打领带的情况下，才可以解开衬衫的领扣。二是袖长要适度。穿西装时，最美观得体的穿法是衬衫的袖口恰好长出2～3厘米，领子高出西装上衣领子1厘米。三是下摆要放好。无论是否穿西装外衣，都要将衬衫下摆均匀放进裤腰之内。四是大小要合身。衬衫以正好合体为佳，不要过大也不可过小。

(2) 套裙　女士商务谈判场合的服装一般以西装、套裙为宜，这是最通用、稳妥的着装。不论年龄大小，一套剪裁合体的西装、套裙和一件配色的衬衣外加相配的小饰物，会使你看起来优雅而自信，给对方留下良好的印象。

①套裙穿着要点。第一，女士套裙所选用的面料讲究匀称、平整、挺括、柔软等，不仅手感要好、质地要好，还要有弹性，不易起毛、起球、起皱。在色彩方面，套裙应以冷色调为主，至多不超过两种色彩。其图案的选取也宜少不宜多，宜简不宜繁。尺寸上以上衣不肥不瘦、不大不小、不绷不紧最为理想；特别要注意裙子的长度，裙子下摆恰好到达穿者小腿肚最为丰满之处为最佳，或者站立时位于膝盖处，就座后裙长则不可短膝盖以上15厘米。第二，凡是出席正式场合，商界女性必须将套裙上衣的衣扣全部扣好，不可当着他人的面随意脱下外套。套裙的上衣最短可以齐腰。商界女性还要注意将着装、化妆与配饰的风格协调

统一起来。

② 鞋袜穿着要点。搭配套裙以深色船型皮鞋为宜，配以肉色连裤丝袜。商务谈判场合不宜穿凉鞋，袜口不可暴露在外。鞋袜自身要相协调，在颜色和款式上也要与服装相配。

③ 衬衫选取。商界女性在出席正式商务场合时，也应穿着正装衬衫。衬衫面料应以柔滑透气的质地为首选，像真丝、麻麻纱、罗布、府绸、涤棉、花瑶等面料。色彩以单色为主，并有意识地将衬衫色与外套色搭配。衬衫在穿着上要注意：一是衬衫不直接外穿。二是要将下摆放入裙内。三是衬衫纽扣全部系好。

④ 内衣。女性在穿着内衣时要特别注意三点：一是内衣不可不穿。二是内衣不可外露。三是内衣不可外透。

⑤ 配饰。配饰指的是人们在着装的同时所选择佩戴的装饰性物品。高贵得体的服装配上适当的装饰品，将更显女性风采。配饰分为服饰和首饰两大类。鞋、帽、围巾、手提包、胸针等属于服饰；耳环、项链、戒指、手链等属于首饰。装饰物的佩戴一定要注意遵循以下几个原则。

A. 配饰宜简宜精。装饰物的佩戴最忌过多、过繁，美加美并不一定等于最美，一次性佩戴首饰不应超过三件，而且场合越正式越应减少配饰。

B. 注意扬长避短。装饰物是起"画龙点睛"作用的，是要通过佩戴装饰物来突出自己的优点，弥补自己的缺点，凸显自己的美感。例如，耳环是女性的主要首饰，佩戴时应根据脸形特点来选配耳环，如圆形脸不宜佩戴圆形耳环，方形脸也不宜佩戴圆形和方形耳环。再如，脖子短而粗的人，不适宜佩戴紧勒脖子的项链，最好选择细长的项链，这样可以从视觉效果上把脖子拉长。个子矮的人，不适宜戴长围巾，否则会显得身材更短小。

C. 留心配饰寓意。很多人并没有意识到首饰的佩戴还有一些特殊寓意，无意中戴错，则有可能在国际往来中出现尴尬场景而导致失礼和误会。

戒指的佩戴可以说是表达一种沉默的语言，往往暗示佩戴者的婚姻和择偶状况。有一种便于记忆的四字词"清热结独"，从食指开始来表明不同手指佩戴戒指的不同含义：戒指戴在食指上，表示无偶或求婚，所谓"清纯"；戒指戴在中指上，表示已有了意中人，正处在恋爱之中，所谓"热恋"；戴在无名指上，表示已订婚或结婚，所谓"结婚"；戴在小手指上，则暗示自己是一位独身者，所谓"独身"。手链的戴法也有不同的寓意，戴在右腕，表示"我未婚"；戴在左腕或左右两腕均戴上，则表明已婚。

## （二）迎来送往礼仪

由于商务谈判类型很多，对商务谈判礼仪的要求也不尽相同，但商务谈判礼仪的一般要求基本是相同的。无论是国际还是国内商务谈判，都要服从商务谈判一般礼仪的要求。

### 1. 迎来送往前的准备

在国际商务谈判中，必然会有主场方和客场方之分。对应邀前来参加谈判的各方人士，在抵达和离开时，都要安排相关人员专门负责迎送。

（1）**掌握迎送客人的背景资料** 首先必须掌握客人的人数、性别、相貌特征，弄清来访者的身份、来访目的，与本组织的关系性质和程度，特殊要求与生活习惯等基本情况。

（2）**确定迎送的相应规格** 根据国际商务谈判的尊重和对等原则，应根据谈判人员的身份、此行的目的和己方与谈判人员的关系确立，对来访的客人应安排与其身份相称、专业对口的相应人员前往机场（车站、码头）迎接。对较重要的客人，亦可根据特殊关系和特殊需要，安排身份较高的人员破格接待，安排较大的迎送场面。另外，交通工具的选择要注意与来宾身份和公司规模相匹配，过于节省和过于炫耀都会令人产生不舒服和不信任的感觉。

(3) 做好迎送的安排　与有关方面联系核实抵达（离开）的班机或车船班次、时间；安排好相应的迎送车辆；指派专人协助办理出入境手续及机票（车船票）和行李提取或托运手续等相关事宜；预先安排好食宿。例如，迎送身份较高的客人，须事先在机场（车站、码头）安排贵宾休息室，准备饮料；如对所迎接的客人不熟悉，须准备迎客牌子，写上"欢迎×××先生（小姐、女士）"及本组织名称。要严格掌握和遵守时间，无论迎送均须考虑交通与天气情况，一般须提前15分钟或半小时到达机场（车站、码头），绝不能让客人等主人。

### 2. 迎来送往中的礼仪

迎来送往中的礼仪看似简单，其实不然。在商务谈判之前，大家初次接触，如果是怠慢的态度，会让对方认为己方没有谈判的诚意与渴望，从而产生抵触情绪；有时只是因为接待人员对对方的礼仪、习惯、民俗不了解，在接待过程中产生误解、不快，从而使对方谈判人员产生抵触情绪，导致谈判夭折。

(1) 介绍　如来者是熟人，则不必介绍，主人主动上前握手或拥抱，互致问候。如来者是生客，互不相知，则应说上些诸如"欢迎您的光临""路上辛苦了"的话表示欢迎或慰问，然后相互介绍。通常首先是自我介绍，并递上名片，接着把前来欢迎的人员一一介绍给来宾，然后再听取来宾的介绍。介绍完毕后应主动帮助客人提行李，但客人自提的贵重小件行李则不必代取。为解除客人的拘谨感，接待人员应主动与客人寒暄，交谈话题宜轻松自然，如问候客人旅途情况，介绍本地风土人情、气候、物产、旅游特色等，客人来访的活动安排，食、住、行等有关建议，以及客人感兴趣和关心的问题。

(2) 献花　献花礼仪一般安排在刚下汽车、飞机等交通工具的时候。如果是政府性的外交需要，己方最好安排活泼可爱的小学生负责欢迎献花；如果是一般性的商务来宾，则由己方的女性工作人员呈上适宜的花束即可。

(3) 迎接与陪同　按照国际交往礼仪，迎接宾客时，一般须有身份相应的人员陪同。如有身份高的主人，宜提前通知对方，并根据情况安排随从或翻译人员。徒步陪同时，应让客人走在右侧，主人走在左侧，并让客人行走略前一点表示尊敬。乘车陪同时如果主宾不同乘一辆车，则应主人的车在前，客人的车在后。如果主客同乘一辆车，主人亲自驾车，客人则安排在主人右侧；如果专职司机驾车，主人坐后排左侧，客人坐后排右侧中间。下车时主人应先下车，然后迅速打开客人座位的侧门请客人下车。

### （三）会场安排礼仪

#### 1. 双边谈判座次的确定

双边谈判多采用长方形或者椭圆形的谈判桌，习惯上，面对门口的座位最有影响力。谈判中，最好的入座方法就是提前按双方职位的高低摆上名牌，谈判双方对号入座。谈判桌座次的排列可以分为以下两种。

(1) 横桌式　横桌式座次排列是谈判桌在谈判室内横放，客方人员面门而坐，主方人员背门而坐。除双方主谈居中就座外，各方的其他人士则应依其身份的高低，各自先右后左、自高而低分别在己方一侧就座。双方主谈者的右侧之位，在国内谈判中可坐副手，而在涉外谈判中则应是译员座位。座位示意图见图2-1。

(2) 竖桌式　竖桌式座次排列是谈判桌在谈判室内竖放。集体排位时以进门时的方向为准，右侧由客方人士就座，左侧由主方人士就座。在其他方面，则与横桌式排座相仿。座位示意图见图2-2。

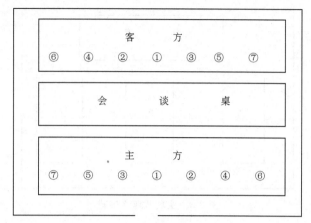

图 2-1　双边谈判横桌式座次排列

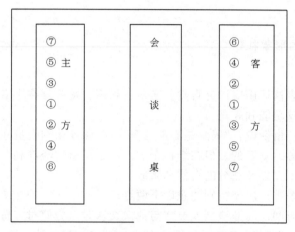

图 2-2　双边谈判竖桌式座次排列

**2. 多边谈判的桌次安排**

多边谈判是指由三方或三方以上人士所举行的谈判。多边谈判的座次排列，主要也可分为两种形式。

（1）自由式　自由式座次排列，即各方人士在谈判时自由就座，而无须事先正式安排座次。

（2）主席式　主席式座次安排为主席面对正门，其他各方人士面对主席而坐。座位示意图见图 2-3。

**3. 谈判场所的安排**

谈判最好能安排两个房间，一间作为主谈室，另一间作为备用室。备用室是双方都可以使用的单独房间，它既可以作为某一方谈判小组内部协商的场所，又可供双方进行小范围讨论之用。备用室最好能靠近主谈室，内部也要配备应用的设备和接待用品。

国际商务谈判注重的是简洁高效，在谈判过程中，要大量运用到科技演示手段，所以电脑、投影仪、显示屏等都是必需的，甚至电源插头的个数、空调的马力大小等都要符合与会谈判者的要求。必要时，还应准备无线话筒、红外线指示笔等工具。

谈判场所应空间宽裕、光源充足，通风不良、空间狭小的场所会使经历长时间谈判的人员感到不适和烦躁，影响谈判效果。谈判场所应该保证安静，隔音效果良好，当谈判中发生

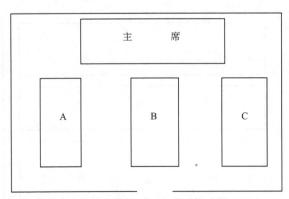

图 2-3 主席式座次安排

争执时,不至于让会场外的人听起来不雅。

## 三、谈判过程礼仪

### (一) 谈判过程的形象礼仪

**1. 表情自然**

商务谈判人员的表情运用应讲究自然、亲切、和蔼、友善。在丰富的表情之中,眼神和微笑的运用则最具礼仪功能和表现力。

(1) 眼神的运用　俗话说:"眼睛是心灵的窗户。"商务谈判人员在谈判过程中的眼神总体上应当是友善、和蔼、宽容的。但在维护企业,甚至国家的经济利益时,眼神中还应适当融入精明强干、不卑不亢以及充分的自信和果敢。

商务谈判人员的眼神运用要特别注意以下两点。

一是协调好注视时间。商务谈判人员在与他人交谈时,为使对方感到舒适,与对方目光相接触的时间要有度。若对对方表示友好,则注视对方的时间应占全部谈话时间的1/3左右;若对对方表示关注,或者是表示兴趣时,则注视对方的时间应占全部谈话时间的2/3左右;若注视对方的时间不到全部谈话时间的1/3,则表示瞧不起对方或对对方没有兴趣;若注视对方的时间超过了全部谈话时间的2/3以上,则表示可能对对方抱有敌意,或为了寻衅滋事。

二是掌控好凝视区域。商务谈判人员在与他人交谈时,目光所落在对方身体的部位要有所区别和调整。通常应使自己的目光局限于上至对方的额头、下至对方衬衣的第二粒纽扣以上、左右以两肩为准的方框中。在这个方框中,分为三种注视方式:其一是公务注视。一般用于洽谈、磋商等场合,注视的区域在对方的双眼与额头之间;其二是社交注视。一般用于社交场合,注视的区域在对方的双眼到唇心之间;其三是亲密注视。一般用于恋人、家人等亲近人员之间,注视的区域在对方的双眼到胸部之间。商务谈判场合采用公务性注视,表示对所有与会者的尊重。社交场合最忌和别人眉来眼去,或者用满不在乎的眼神,这是极不礼貌和缺乏修养的表现。

(2) 微笑的运用　微笑能沟通心灵,给人以平易近人之感,可以消除陌生人初次见面时的拘束感。商务谈判人员的一言一行能否深入人心,能否给初次见面的人留下非常良好且深刻的第一印象,微笑的巧妙运用起着至关重要的桥梁作用。所以,商务谈判人员在谈判过程中要注意微笑要恰到好处,不可故作笑脸,防止生硬、虚伪、笑不由衷,不要微笑后立刻收起笑容。

### 2. 仪态形象

在商务谈判中，对举止的要求是要有风度，要文明，要优雅规范，要站有站姿、坐有坐姿。

（1）坐姿　"坐有坐姿"，符合礼仪规范的坐姿能展现出一个人积极热情、尊重他人的良好风范。入座时先要礼让尊长，不可抢在来宾、长辈、上级或女士前就座，抢座是失态的表现。无论从什么地方走向座位，通常讲究"左进左出"。就座时，应转身背对座位，如距其较远，可将右脚向后移半步，等到腿部接触到座位边缘后，再轻轻坐下。穿着裙装的女性要特别注意，入座前先用双手拢平裙摆后再坐下。无论男女坐下时尽量不发出声音，即便调整坐姿也要悄无声息。坐定后的姿势最能展现一个人的职业修养，要特别注意：在正式场合，或者有尊长在座时，不宜坐满整个座位，通常，只坐满椅子三分之二即可。坐时上身挺直，头部放正，双眼平视前方，或面对交谈对象，身体不宜靠在座位的背部，也不允许仰头靠在座位背上，或是左顾右盼、闭目养神、低头注视地面。坐稳后，双手应掌心向下，叠放于大腿之上，或是放在身前桌面上。不可在尊长、贵客面前高跷"二郎腿"，两腿不可伸向远处。

谈判中，不同的坐姿传递着不同的信息：挺着腰身笔直的坐姿，表示对对方或谈话有兴趣，同时也是一种对人尊敬的表示；弯腰曲背的坐姿，是对谈话不感兴趣或感到厌烦的表示；双手放在中跷起的腿上，是一种等待试探的表示；一边坐着一边双手摆弄手中的东西，表示漫不经心的状态。

（2）站姿　站立是最基本的一种举止，标准的站姿应身体站直，收腹挺胸，头部摆正，两眼平视前方，微收下颌，双腿自然并拢，双脚稍稍分开。男女两性在站姿方面还略有不同，男性站立时，一般应双脚平行，分开幅度不可超过肩宽，标准幅度为一脚长。双手应自然放于身体两侧，双脚不可随意乱动。如果站立时间过久，可以将左脚或右脚交替后撤一步，身体重心分落在另一只脚上，但交换不宜过于频繁。女性站立时，双手自然下垂，叠放或相握两手于腹前，双腿并拢，不宜叉开，可将重心放置于某一只脚上，双腿一直一斜呈"丁"字形，或者将双脚脚跟并拢，脚尖分开，张开的脚尖大致相距10厘米，角度约为45度，呈"V"字形。

在谈判中，不同的站姿会给人不同的感觉：背脊笔直给人充满自信、乐观豁达、积极向上的感觉；弯腰曲背给人缺乏自信、消极悲观、甘居下风的感觉。

### 3. 谈吐

谈判者的谈吐是影响谈判的一个重要因素。总的来说，交谈时表情要自然、表达要具体，要讲普通话。第一，要注意音量，声音过大显得没有修养，说话声音适中会更悦耳动听。第二，慎选内容，言为心声。讨论的问题首先是你的所思所想，你要知道该谈什么，不该谈什么。第三，注意使用礼貌用语。如"您好""谢谢"等。交谈中不能出现伤害对方的言辞，否则会激怒对方。第四，发言之后，应留出一定的时间供对方发表意见，切忌喋喋不休，以自我为中心。对方发言时，不要表现得心不在焉，要善于聆听对方谈话，不要轻易打断别人的发言，即使有不同的观点和看法，也应等对方讲完后再表达。

### 4. 举止文明

在商务谈判场合，谈判者常常代表着国家、企业的形象。对于商界人士而言，举止文明是工作中最基本的要求。举止文明是要求商务谈判人员的一切行为都必须讲究礼仪，并且可以有意识地凭借文明行为去展现自己的文化修养以及职业道德水准。一位有修养的商务谈判人员，在任何情况之下都会时刻关注、检查自身的举止行为，对具体细节要倍加重视。例如，不随地吐痰，不乱扔果皮纸屑，不在谈判区域内大声喧哗；在公众面前刻意约束好自己的小动作，绝对不能在他人面前尤其是不能在谈判桌前挖鼻孔、掏耳朵、剔牙、甩鼻涕、修指甲、抓痒痒；注意养成良好的个人卫生习惯，随身携带纸巾或手绢，不在工作场合及禁烟区随意吸烟；等等。

**5. 行为规范**

商务谈判人员在从事各项工作时，都应举止谦和、认真办事，动作要有规矩，要懂礼节，应努力使自己的行为符合自己的职业要求，不可我行我素，破坏整体形象。

例如，与客商交谈时，双方要保持在同等高度上，除非特殊情况，不能使自己高于对方，处于居高临下的位置。对方如为女士，更应保持一定距离。对方身份如果高于自己，要与其保持稍远距离，并应把较有利的位置谦让给对方。对于初次见面的客商或来访客人，要亲切、自然、得体地与对方交谈，不可表现出"自来熟"，甚至做出一些只有亲近人才会有的亲昵动作。

再如，递物、接物讲究用双手，以示对对方的尊重。同时递送带尖类物品时，如笔类、剪刀类，应将尖部冲向自己递向他人。向领导及尊贵的客人递送文件时应将文件打开，内容正面朝向对方递过去。

## （二）谈判过程的语言礼仪

商务谈判中谈判双方的语言对于谈判的进程与结果都起着举足轻重的作用，商务谈判人员应注意商务谈判的语言禁忌，讲究语言礼仪。

**【案例】** 有一次，英国一家电视台记者采访梁晓声，并要求梁晓声毫不迟疑地回答他的问题，梁晓声点头认可。谁知，记者的问题是："没有'文化大革命'，可能也不会产生你们这一代青年作家，那么'文化大革命'在你看来究竟是好还是坏？"梁晓声一怔，很快意识到自己上当了。但他灵机一动，立即反问："没有第二次世界大战，就没有以反映第二次世界大战而著名的作家，那么你认为第二次世界大战是好还是坏？"

**分析：** 谈判中直接拒绝对方有时会比较失礼，如果能恰当地使用幽默、类比等方法会使拒绝不再尴尬而且也不失风度。

**1. 忌欺诈隐弱**

有些人把商务谈判视为对立性的你死我活的竞争，在具体洽谈时不顾客观事实，依靠谎言或"大话"求得自身谈判优势。例如，一位业务员同一家商店进行推销洽谈，业务员为了促销，在介绍产品质量时声称已经获得优秀称号，商店看样后认为有一定市场，于是双方达成买卖意向。商店后来了解到这种商品并未获得称号，产品虽适销，但商店也怕上当受骗，于是未予签订合同，一桩生意告吹了。可见欺骗性的语言一旦被对方识破，不仅会破坏谈判双方的友好关系，使谈判蒙上阴影或导致谈判破裂，而且也会给企业的信誉带来极大损失。所以，谈判语言应坚持从实际出发，应给对方诚实、可以信赖的感觉。

**2. 忌盛气凌人**

有的谈判者自恃自身地位、资历"高人一筹"，或谈判实力"强人一等"，在谈判中往往盛气凌人，使对方产生对抗或报复心理。所以，参加商务谈判的人员，不管自身的行政级别多高、资历多老、所代表的企业实力多强，只要和对方坐在谈判桌前，就应坚持平等原则，平等相待、平等协商、等价交换。

### 3. 忌道听途说

有的谈判者在谈判时往往利用一些未经证实的信息作为向对方讨价还价的依据，缺乏确凿证据的材料很容易使对方抓住你的谈话漏洞或把柄向你进攻。就个人形象来讲，也会使对方感觉到你不认真、不严谨、不严肃、不值得充分信赖。因此，在商务谈判中更应避免用"据说"之类的字眼。

### 4. 忌攻势过猛

某些谈判者在谈判桌上争强好胜，一切从"能压住对方"的角度出发，说话尖酸刻薄，频繁地向对方发动攻势，在一些细枝末节上也不甘示弱，有些人还以揭人隐私为快事。这些做法极易伤害对方的自尊心。因此，在谈判中说话应委婉，尊重对方的意见和隐私，不要过早地锋芒毕露、急切表现，避免言语过急过猛，伤害对方。

### 5. 忌含糊不清

有的谈判者由于缺乏对双方谈判条件的具体分析，加之自身不善表达，当阐述自身立场、观点或回答问题时，或者语塞，或者含含糊糊、模棱两可，或前言不搭后语、相互矛盾。模棱两可的语言容易给对方留下一种"不痛快""素质不高"的感觉，也容易使对方钻空子，使自己陷入被动挨打的境地。所以，谈判者事前应做好充分的思想准备和语言准备，对谈判条件进行认真分析，把握住自身的优势和劣势，对谈判的最终目标和重要交易条件做到心中有数。同时做一些必要假设，把对方可能提出的问题和可能出现的争议想在前面，这样，在谈判中不管出现何种复杂局面，都能随机应变，清楚地说明自己的观点，准确明了地回答对方的提问。

### 6. 忌以我为主

在商务谈判中，有些人随意打断别人的话；有些人在别人说话时不够专注；有些人自己滔滔不绝、没完没了，而不考虑对方的反应和感受；尤其当洽谈某些交易条件时，只站在自己立场上，过分强调自身需要，不为对方着想，这些做法极易引起对方的反感。所以，谈判者应学会倾听别人谈话，对别人的谈话表现出浓厚兴趣，多进行一些角色互换，语言应委婉，留有商量的余地，这样既表明自己有修养的同时也能更好地了解对方，摸清对方的底细和意图，一举多得。

### 7. 忌枯燥呆板

某些人在谈判时非常紧张，说起话来表情呆板，过分地讲究针对性和逻辑性，这对谈判也很不利。商务谈判不同于某些对抗性很强的政治谈判，它是一种合作性的交往，应该在一种积极、友好、轻松、融洽的气氛中进行。因此，谈判者在谈判开始前应善于营造一种良好的谈判气氛，在谈判过程中也应恰当运用一些比喻，善于开一些小玩笑，使话语生动、形象、诙谐、幽默、有感染力。通过活泼的语言创造并维持一种良好的谈判气氛，这对整个谈判格局及前景会起到重要的促进作用。

## 小 结

1. 在任何谈判中，礼仪都是必不可少的，它不仅体现出一个人的素质、涵养，还有利于激发与谈判对手之间的感情，促使谈判顺利进行。
2. 谈判接待礼仪包括商务谈判形象礼仪、迎来送往礼仪和会场安排礼仪。
3. 谈判过程礼仪包括谈判过程的形象礼仪和谈判过程的语言礼仪。

## 实训任务 谈判礼仪训练

| 实训标题 | 谈判礼仪训练 |
|---|---|
| 实训内容 | 欧洲 A 工程公司到中国与 B 公司谈判出口工程设备的交易<br>任务：<br>1. 为 B 公司制订接待 A 公司的方案<br>2. 做好谈判场所、谈判桌次、座次的安排<br>3. 做好谈判过程中的礼仪 |
| 实训目的 | 通过以上模拟谈判让学生切实了解在谈判整个过程中需要注意的礼仪，切身感受谈判中礼仪的重要性 |
| 实训组织方式 | 以 4 人为一组进行分组，然后每组的组员进行角色分工。两组对应，一组同学是 A 公司，一组同学是 B 公司<br>训练地点：教室 |
| 实训评价标准 | 1. 接待方案符合礼仪标准<br>2. 操作过程中要充分体现商务谈判的原则、态度和语言礼仪，并注意得体的商务形象、恰当的身体姿态和面部表情 |
| 实训评价方式 | 1. 学生进行组内自评、相互评价<br>2. 小组之间互评<br>3. 教师根据学生的表现给出相应评价并点评操作中的共性、个性问题<br>4. 每位同学的成绩由两部分组成：个人自评、相互评价（40%）+小组互评（30%）+教师评价（30%） |

# 项目四
# 商务谈判沟通技巧

**能力目标**

1. 了解商务谈判的沟通技巧，掌握听、说、问、答技巧的具体内容；
2. 熟练掌握商务谈判语言的基本要求，在实际谈判中灵活应用倾听、说话、提问、回答的基本技巧。

 **案例引入　酸牛奶里的苍蝇**

在某购物广场，顾客服务中心接到一起顾客投诉。原因大致是：顾客李小姐从商场购买了 L 牌酸牛奶后，马上去一家餐馆吃饭，吃完饭李小姐随手拿出酸牛奶让自己的孩子喝，自己则在一边跟朋友聊天。突然她听见孩子大叫："妈妈，这里有苍蝇。"李小姐循声望去，看见小孩喝的酸牛奶盒里（当时酸牛奶盒已被孩子用手撕开）有只苍蝇。李小姐顿时火冒三丈，带着小孩就来商场投诉。正在这时，有位值班经理看见便走过来说："你既然说有问题，那就带小孩去医院，有问题我们负责！"李小姐听到后，更是火上浇油，她大声喊道："你负责？好，现在我让你去吃 10 只苍蝇，然后我带你去医院检查，我来负责好不好？"她边说边在商场里大喊大叫，并要去消协投诉，引起了许多顾客的围观。

该购物广场顾客服务中心负责人听到后马上前来处理，他赶快让那位值班经理离开，又把李小姐请到办公室里交谈，一边道歉一边耐心地询问了事情的经过。询问重点：①发现苍蝇的地点（确定餐厅卫生情况）；②确认当时酸牛奶的盒子是撕开状态而不是只插了吸管的封闭状态；③确认当时发现苍蝇是小孩先发现的，大人不在场；④询问以前购买 L 牌酸牛奶有无相似情况。在了解了情况后，商场方提出了处理建议，但由于李小姐对值班经理"你既然说有问题，那就带小孩去医院，有问题我们负责"的话一直耿耿于怀，不愿接受商场的道歉与建议，使交谈僵持了两个多小时之久，依然没有结果。最后顾客服务中心负责人只好让李小姐留下联系电话，提出换个时间与其再进行协商。

第二天，购物广场顾客服务中心负责人给李小姐打了电话，告诉她：商场已与 L 牌酸牛奶生产公司取得联系,希望能邀请李小姐去L牌酸牛奶厂家参观了解(L牌酸牛奶的流水生产线:生产—包装—检验全过程全是在无菌封闭的操作间进行的),并提出,本着商场对顾客负责的态度,如果顾客要求,我们可以联系相关检验部门对苍蝇的死亡时间进行鉴定与确认。由于李小姐接到电话时已经过了气头,冷静下来了,而且也感觉商场顾客服务中心负责人对此事的处理方法很认真、严谨,李小姐的态度一下子缓和了许多。这时商场顾客服务中心负责人又对值班经理的话做了道歉,并对当时李小姐发现苍蝇的地点——并非是环境很干净的小饭店,时间——大人不在现场,酸牛奶盒没封闭、已被孩子撕开等情况做了分析,让李小姐知道这一系列情况都不排除是苍蝇落入(而非酸牛奶本身带有)酸牛奶盒的因素。

通过商场顾客服务中心负责人的不断沟通,李小姐终于不再生气了,最后她告诉商场顾客服务中心负责人:她其实最生气的是那位值班经理说的话,既然商场对这件事这么重视并认真负责处理,所以她也不会再追究了,她相信苍蝇有可能是小孩喝酸牛奶时从空中掉进去的。李小姐说:"既然你们真的这么认真地处理这件事,我们也不会再计较了,现在就可以把购物小票撕掉。你们放心,我们会说到做到的,不会对这件小事再纠缠了。"

**思考:** 购物广场顾客服务中心负责人为什么能成功处理这次酸牛奶事件?

**分析:** 处理顾客投诉是需要有非常认真的态度的工作。处理人当时的态度、行为、说话方式等都会对事件的处理有着至关重要的作用,有时不经意的一句话都会对事情的发展起到导火索的作用。该购物广场顾客服务中心负责人在与顾客沟通时非常注重沟通的技巧,所以最终很好地解决了问题。

沟通是向有关人员传递信息,是人与人之间思想感情的交流。谈判专家指出,谈判技巧的最大秘诀之一,就是善于将自己要说服对方的观点一点一滴地渗进对方的头脑中。商务谈判则是人们运用语言传达意见、交流信息的过程,而谈判中的信息传递与接受则需要通过谈判者之间的听、说、问、答等方式来完成。在很大程度上,语言的应用效用往往决定了谈判的成败。因此,谈判人员必须十分注意捕捉对方思维过程的蛛丝马迹,及时跟踪对方动机,认真倾听对方的发言,注意观察对方的每一个细微动作,综合运用听、说、问、答等方面的技巧,以便准确地把握对方的行为与想法,传递自己的意见与观点,进而达到谈判预期的目的。

## 一、听的技巧

倾听就是用耳听、用眼观察、用嘴提问、用脑思考、用心灵感受,是实现正确表达的基础和前提。商务谈判中不仅要了解对方的目的、意图、打算,还要掌握不断出现的新情况、新问题。因此,谈判人员必须十分注意收集整理对方的情况,力争了解和掌握更多的信息。

### (一) 倾听的类型

按照倾听的目的分类:获取信息式倾听、质疑式倾听、移情式倾听、享乐式倾听。所谓移情式倾听,是在倾听过程中设法从他人的观点来理解他人的感受,并把这些情感反馈回去。

按照倾听的专心程度分类:投入型倾听、字面理解型倾听、随意型倾听、假专心型倾听、心不在焉型倾听。假专心型的倾听者在沟通过程中不做任何努力,因此所获得的信息毫无价值。

按人在听别人说话时注意的程度由浅到深,可以将倾听分为以下六个层次。

第一层:心不在焉。知道对方在说话,耳朵也听见声音,但陷入自己的想象或情绪中,眼神凝滞。

第二层：随口应答。条件反射式的随声附和。

第三层：记住尾巴。如果说话者反问："你听清我刚才说什么了吗？"他会重复最末尾的几个字。

第四层：能够回答问题。已听进大脑，记住了内容，被提问能回忆起来。

第五层：能对其他人讲。当我们不放心对方是否记得自己交代的重要信息时，可以让对方重复一遍，或让他说给周围的人听听看。

第六层：教别人。教师要能够回答学生从各个不同角度提出的问题才有资格教别人，倾听之后能做到这样是最高程度。反过来说，当我们要学习某项知识信息时，把自己看成是老师而不是学生，就会以最积极的姿态去听，效果也最好。

### （二）倾听的障碍

一般人在倾听中常犯的毛病有以下几种。

① 急于发表自己的意见，常打断对方的讲话。

② 当谈论的不是自己所感兴趣的事时，不注意去听。

③ 心中有先入为主的印象。如对某人的看法不佳。

④ 有意避免听取自己认为难以理解的话。

⑤ 一般人听人讲话及思考的速度大约是讲话速度的四倍，所以在听他人讲话时常会分心思考别的事情。

⑥ 容易受外界的干扰而不能仔细地去听。

⑦ 根据一个人的外表和说话的技巧来判断是否听他讲话。

⑧ 急于记住每件事情，反而忽略了重要的内容。

⑨ 当对方讲出几句自己不乐意听的话时，便拒绝再听下去。

⑩ 有的人喜欢定式思维，不论别人说什么，他都用自己的经验去联系，用自己的方式去理解。

### （三）倾听的技巧

倾听可以给对方留下良好的印象，可以使你更真实地了解对方的立场、观点、态度，了解对方的沟通方式、内部关系，甚至是小组内成员的意见分歧，从而掌握谈判的主动权。因此，商务谈判人员应该掌握倾听的技巧。

#### 1. 要专心致志、集中精力地倾听

谈判人员在倾听对方讲话时应做到聚精会神，同时还要以积极的态度去倾听。精力集中听，是倾听最基本、最重要的问题。据统计，一般人的说话速度为每分钟 120～180 个字，而听话及思维的速度则比说话的速度快 4 倍左右。因此，往往说话者的话还没有说完，听话者就大部分能够理解了。这样，听者常常由于精力的富裕而"开小差"，也许恰在这时，讲话人的内容与听话者理解的内容出现了偏差，或是传递了一个重要的信息。因此，我们应当时刻集中精力并用积极的态度去倾听，我们可以主动与讲话者进行目光接触，并做出相应的表情以鼓励讲话者，如可以扬一下眼眉，或是赞同地点点头，或是否定地摇摇头，也可以不解地皱皱眉头，这些动作的配合可以帮助我们集中精力，起到良好的收听效果。作为一名商务谈判人员，应该养成耐心地倾听对方讲话的习惯，这是商务谈判人员良好个人修养的一个标志。

### 2. 要通过记笔记来集中精力

绝大多数人即时记忆并保持的能力是有限的,为了弥补这一不足,应当养成在倾听别人讲话时做笔记的习惯。一方面,记笔记可以帮助自己回忆和记忆,而且也有助于在对方讲完话以后就这些问题向对方提出质询,同时,还可以帮助自己做充分的分析,理解对方讲话的确切含义与精神实质;另一方面,通过记笔记可以给讲话人一个重视其讲话内容的印象,当听话人停笔抬头看看讲话者时,又会对其产生一种鼓励的作用。对于商务谈判来说,一般情况下,信息量都很大,所以一定要动笔做记录,而不能相信自己的记忆力而很少记笔记。因为在谈判的过程中,人的思维高速运转,大脑接收和处理大量的信息,加上谈判现场的气氛又很紧张,对每个议题都必须认真对待,所以只靠记忆是办不到的。实践证明,即使记忆力再好,也只能记住一个大概的内容,有的干脆忘得干干净净。因此,记笔记是必不可少的,也是比较容易做到的用来清除倾听障碍的方法。

### 3. 要有鉴别地倾听对方的发言

通常,人们说话时是边说边想,来不及整理,有时表达一个意思要绕着弯子讲许多内容,也根本谈不上什么重点突出。因此,听话者就需要在用心倾听的基础上,鉴别传递过来的信息的真伪,去粗取精,去伪存真,这样才能抓住重点,收到良好的倾听效果。

**【案例】** "美国汽车推销之王"乔·吉拉德有过一次记忆深刻的体验。一次,某位名人来找他买车,吉拉德推荐了一款最好的车型给他。那人对车也很满意,眼看就要成交了,对方却突然变卦而去。

吉拉德为此事懊恼了一下午,百思不得其解。到了晚上 11 点他终于忍不住打电话给那人:"您好!我是乔·吉拉德,今天下午我曾经向您介绍一款新车,眼看您就要买下,却突然走了。这是为什么呢?"

"你真的想知道吗?"

"是的!"

"实话实说吧,小伙子,今天下午你根本没有用心听我说话。就在签字购车之前,我提到我的儿子吉米即将进入密歇根大学读医科,我还提到他的学科成绩、运动能力以及他将来的抱负,我以他为荣,但是你却毫无反应。"

**分析:** 吉拉德失败的原因是没有用心去听。在沟通过程中,如果不能够认真聆听别人的谈话,也就不能够"听话听音",何谈机警、巧妙地回答对方的问题呢?这也是影响交易的第一大障碍。

### 4. 要克服先入为主的倾听习惯

先入为主的倾听,往往会扭曲说话者的本意,忽视或拒绝与自己心愿不符的意见。这种倾听的方法不是从谈话者的立场去分析对方的讲话内容,而是按照自己的主观框框来听取对方的讲话。其结果往往是所听到的信息变形地反映到自己的脑中,从而导致自己所接收的信息不准确、判断失误,最终造成选择性的错误。所以,在谈判中,必须克服先入为主的倾听习惯,将讲话者的意思听全、听透。

### 5. 不要因轻视对方而抢话、急于反驳而放弃倾听

如果一个人轻视对方,常常会自觉不自觉地表现在行为上,如对对方的谈话充耳不闻,甚至抢话的现象也时有发生。抢话不仅会打乱别人的思路,也会耽误自己倾听对方全部讲话的内容。另外,谈判人员有时也会出现在没有听完对方讲话的时候就急于反驳对方的某些观

点,这样,势必会影响倾听的结果。事实上,如果我们把对方的讲话听得越详细、全面,反驳对方时就越准确、有力。相反,如果对对方谈话的全部内容和动机尚未全面了解时,就急于进行反驳,不仅会显得自己浅薄,而且常常还会使自己陷于被动,对自己十分不利。

6. 不要为了急于判断问题而耽误倾听

在谈判中,当听了对方所讲的有关内容以后,不要急于判断其正误,因为这样会分散我们的精力而耽误倾听其下文。虽然人的思维速度快于说话的速度,但是如果对方还没讲完你就去判断它的正误,无疑会削弱己方听话的能力和质量,从而影响倾听的效果。因此,切不可因为急于判断问题而耽误了倾听。

7. 不要回避难以应付的话题

有时谈判的话题往往会涉及一些诸如政治、经济、技术以及人际关系等方面的问题,可能会令谈判人员一时回答不上来。但在这个时候,切记不可持充耳不闻的态度。因为这样回避对方,恰恰是暴露了本方的弱点。在遇到这种情况时,我们要有信心、有勇气地去迎接对方提出的每一个问题。只有用心去领会对方提出的每个问题的真实用意,才能找到摆脱难题的真实答案。另外,为了培养自己急中生智、举一反三的能力,应多加训练和思考,以便自己在遇到问题时不慌不乱。其实,作为一个倾听者,不管在什么情况下,如果你不明白对方说出的话是什么意思,你就应该用各种方法使他知道这一点。你可以向对方提出问题并加以核实,或者积极地表达出你听到了什么,或者让对方纠正你听错之处。

## 二、说的技巧

商务谈判过程中,说话的技巧十分重要,叙述条理清晰、论点鲜明、论据充分的语言表述,更能让对方信服,达成双方的共识、协调彼此间的目标和利益,从而使谈判圆满成功。

### (一) 谈判语言的基本要求

谈判语言作为一种具体领域的专门性语言,比一般的交际语言层次更高、艺术性也更强。要想掌握并运用好谈判语言,就必须把握谈判语言的运用原则。

1. 表达要准确

谈判语言的准确性原则要求谈判者在谈判中必须审慎讲话,恰如其分地把想要传递的信息传达给对方,使对方正确了解己方的观点、态度、谈判意向和原则等。切不可信口开河、言不及义,让对方有空子可钻,特别是对一些关键性词语,要弄清它的确切含义,避免产生歧义,给任何一方带来损失。

语言表达要真正符合准确性原则并不是一件很容易的事,这里有个故事能做最好的说明。

【案例】 黄公有一个漂亮的女儿,旁人未得见。求婚者纷纷打听,问黄公:"听说你女儿长得十分美丽,已到待嫁年龄?"黄公谦虚,回答说:"哪里,哪里,小女丑陋不堪。"数次之后,黄公之女丑名传遍四方。后来委屈下嫁,得以露面,人们才知不是丑女而委实是个大美人。

分析:这里黄公犯了一个错误,他没有分清求婚者打听信息的具体场合与一般礼节性之间的差别,看上去是自谦,实则是对自己要表达的本意缺乏准确性。

2. 因人而施语

语言交流的针对性是指谈判者要针对不同的谈判对象,采取不同的交流方法,做到因人而施语。

谈判对象由于性别、年龄、职业、文化程度、性格、兴趣等的不同，接受语言的能力、习惯及使用的谈话方式也有很大差异。一般来讲，男性运用语言理性成分较多，喜欢理性思辨的表达方式；女性则偏重情感的抒发，使用情感性号召效果明显；性格直爽的人说话喜欢直截了当，对他们旁敲侧击很难发生效用；性格内向又比较敏感的人，谈话时喜欢琢磨弦外之音，甚至会无中生有地品出些话里没有的意思来。如果在谈判中无视这些个人之间的差异，想怎么说就怎么说，势必难以取得良好的效果。

**3. 语言要贴切得体**

在谈判过程中，语言的运用要讲求贴切、得体、有效。这就是谈判语言表达的适切性。适切性包括以下几个方面的内容。

（1）切己又切人　交际过程的基本环节是表达和理解。说话人把自己的思想感情（意思）组织成话语讲出来，这是表达；听话人从这些话语中明白了对方的思想感情，这是理解。在运用语言进行谈判的过程中，交谈双方都要讲究一个"切己又切人"的原则，否则就会出现表达的失当。

切己，是指谈判者的言谈举止要切合自己的身份、职业、年龄、思想修养等。否则就变成了越轨行为而被人取笑。你是男士，说话就不能娘娘腔、女人气；你是高学历者，就不要满口脏话、粗话、黑话；你是长者，就不要总是嘻嘻哈哈，"老顽童"般。符合身份的言语交际是一个人有无修养及文明程度高低的重要标志。

切人，是指谈判者的语言表达必须切合交际对象的特点。人们常说的语言表达要"看人下菜碟""量体裁衣"，正是切人的具体要求。比如，要想询问一位女性的年龄，如果直截了当地发问是不礼貌的，但把话讲得含蓄婉转一些同样能达到目的，如问"你哪年大学毕业的"，对方一定乐意回答。

（2）合时又合地　语言表达总是在一定的时间、地点、场合中进行的。时间、地点、场合，可以说是语境中的客观因素。要想使语言表达取得好的效果，就应当根据一定的空间条件和场合特点去选择语言的表达手段。确定话语的总体结构、规模和想要传递的适当信息，做到"因时制宜""随机应变"。比如，谈判开局时的话题应该是自然、随意、轻松的；畅谈双方合作的愉快经历时不宜用公文形式的表达；在阐述己方的见解时，为使对方在精神上信赖，不宜用过分的文艺腔调来说明；在以情感方式劝说对方时，不宜用过多的说理口吻去交流。在语言表达中，如果做到了合时又合地，那么就既能实现有效的沟通，又能避免矛盾的产生。

【案例】　一位顾客到菜场买茄子，称完交款以后，他又偷偷多拿了两个茄子，然后转身就走。售货员很机灵，只见她两手一拍叫住了那位顾客："哎呀！请您慢走一步。我刚才可能算错了账，多收了您的钱，这都是我的错！劳驾您把东西再拿回来称称吧！"那位顾客别无选择，只得把茄子重新称过，把钱补上。

分析：这位售货员在特定的时间和场合下，运用机智巧妙的语言表达，既制止了偷拿现象，又避免了与顾客的公开争吵，可谓一举两得。

（3）切旨又切境

① 切旨。是指讲话要与实际的目的相吻合，不能侃之千言，离题万里，或牛头不对马嘴地瞎说一通。谈判中的语言表达要紧紧围绕目的而发，语言可以灵活，目的不能背离。这就是谈判中所谓的语言表达的切旨。

② 切境。是指语言表达必须真诚、热情，并掌握好分寸，不矫揉造作，不虚伪。"言出心声，动之以情，是任何消极对立的观点都难以招架的。"要想动之以情，首先自己要富有诚意。听话者的反应总是同讲话者的言谈分不开的，你不冷不热，他就半心半意；你轻率言之，他便视为儿戏。这些都说明了"切境"的重要性。

（二）说话的技巧

说话是一门艺术，也是一种技巧。谈判人员必须掌握和灵活运用说话的技巧，只有这样才能在商务谈判中被对方接受，实现良好沟通并最终取得谈判的成功。所以，我们应从实际出发，灵活掌握有关说话的技巧。

### 1. 开场陈述至关重要

谈判双方刚刚坐在一起，难免会感到拘谨。因此，人们通常都采用一些适当的入题方法，以便消除或缓解这种尴尬的状态，轻松地开始会谈。比如，人们可以从目前流行的事物或有关新闻、旅行见闻等题外话入手，也可以从介绍己方谈判人员或是从介绍本公司生产、经营、财务状况入手。此外，开场陈述还要做到以下几点。首先，要开宗明义，明确本次谈判所要解决的主要议题，并表明己方的基本立场。既可以回顾双方以前合作的成果，也可以展望或预测今后双方合作中可能出现的机遇或障碍，还可以表示己方可采取何种方式以便为双方共同获得利益做出贡献。其次，应以诚挚和轻松的方式来表达自己的观点，以创造一种协调、友好、积极向上的洽谈气氛。"好的开始是成功的一半"就是这个道理。

### 2. 简洁通俗、客观真实

首先，谈判中说出来的话要尽可能简洁、通俗易懂，切忌在叙述本方的观点时，使用隐喻或专业性过强的语句和词汇。因为叙述的目的在于让对方听了立即就能理解，以便对方准确、完整地理解己方的观点和意图。在叙述阶段，人们只阐述自己的立场，不管对方的观点如何，也不涉及对方的问题。其次，叙述基本事实时，应本着客观、真实的态度进行叙述，不要夸大事实的真相，也不要缩小本来的实情。这样对方就比较容易相信己方。一旦己方对事实真相加以修饰的行为被对方发现，哪怕是一点点破绽，也会大大降低己方的信誉，从而使己方的谈判实力大为削弱。

【案例】 有一个秀才去买柴，他对卖柴的人说："荷薪者过来！"卖柴的人听不懂"荷薪者"是什么意思，就愣在那，不敢朝秀才走过去。秀才只好自己走上前去问："其价如何？"卖柴的人听不太懂这句话，但是听懂了一个字——价，于是就告诉秀才价钱。秀才接着说："外实而内虚，烟多而焰少，请损之。"卖柴的人因为听不懂秀才的话，担着柴转身要走。

见卖柴人要走，想到这么冷的天，没有柴怎么取暖？秀才急了，一把抓住卖柴人的柴担，说："你这柴表面上看起来是干的，里头却是湿的，烧起来肯定会烟多火焰小，请减些价钱吧！"

**分析**：这个故事说明，面对不同的谈判对象，谈判者必须细心区别、深入了解。从对方的实际情况出发，寻找适合其特点的谈话方式和语言材料。这样，才能保证谈判双方的正常交流，从而获得理想的沟通效果。

### 3. 主次分明，生动具体

为了方便对方的记忆和理解，在叙述时应尽量分清主次，这样就可以使对方愉快轻松地倾听己方的叙述，这样的叙述效果才会比较理想。另外，为了使对方获得最佳的倾听效果，在叙述时应注意生动而具体，要避免令人乏味的平铺直叙和抽象的说教，要特别注意运用生动、活灵活现的生活用语，具体而形象地说明问题。有时还可以运用一些演讲者的艺术手法，声调抑扬顿挫，以此吸引对方的注意，使对方全神贯注地倾听己方的发言。

**4. 措辞得当，富有弹性**

在叙述时应力求准确无误，力戒含糊不清，前后不一致。有时候，在谈判的过程中难免会发生尖锐、激烈的争论。在这种情况下，要尽量用缓和的语言表达自己的观点，不仅语调要柔和，而且措辞要得当，适合场面的需要。应当避免使用某些极端的语言，以免刺伤对方的自尊心，引起对方的反感，否则，很可能带来尴尬的场面，影响谈判的进展。

【案例】 有一家玻璃器皿店的李经理在同买主王先生谈判时说："如今生意实在难做，我费了九牛二虎之力才弄到货，花费我不少时间才找到仓库，运输途中我的货损坏不少，现在银根收紧，市场看跌，我已降了价，您才买这么一丁点儿，您让我怎么办？"

王先生说："难搞不难搞那是你的事，我只要这么多，价钱嘛，我们要重新商量。"

最后，双方未能谈妥，李经理白忙一场。

思考：假如您是李经理该如何处理？

**5. 注意语调、语速、声音、停顿和重复**

（1）语调　不同的语调可赋予同一句话以不同的含义，也可以表达说话人不同的思想感情。例如，"这个价格不错"，若以平常的语调讲，就是一个肯定的评价，表达了说话人对这一价格的同意或赞赏。但若以高调带拖腔的方式来说，则是一个带有否定性的评价，表达了说话人对该价格的不满。谈判者可以通过语调的变化显示自己的信心、决心、不满、疑虑和遗憾等思想感情。同时，也应善于通过对方不同的语调来洞察对方肯定、赞赏、否定、不满等感情的变化。

（2）语速　谈判者说话的目的是让对方听懂并记住，因此语速要适中，尤其不要太快，特别是在有翻译人员在场的情况下更应如此。说得太快会使对方既听不清也记不住，不仅达不到说话者预期的目的，还可能使对方产生你不尊重他的感觉。因此，如果你想让对方注意你的谈话，就要把语速放平稳，心平气和地、流畅地说。

（3）声音　谈判者声音的高低强弱，也是影响谈判效果的重要因素之一。声音过高、过响，震耳欲聋，不会使人感到亲切；声音过低、过弱，也不会让人感到振奋。因此，谈判者应合理使用声音的强弱，最好是有高有低，抑扬顿挫，要让对方感到自然舒适。

（4）停顿和重复　在谈判中，谈判者在阐述观点、发表意见的时候，如果突然停顿或有意识地重复某几句话时，往往能起到意想不到的效果，它可以引导对方对停顿前后的内容和重复的内容进行回顾和思考，以加深双方的理解和沟通。另外，停顿有时还可给对方提供抒发己见的机会，从而打破沉默，活跃谈判桌上的气氛。

**6. 发现错误要及时纠正**

谈判人员在叙述的过程中，有时候会由于种种原因而出现叙述上的错误，谈判者应及时加以纠正，以防造成不应有的损失。有些谈判者发现自己叙述中有错误时，碍于面子，就会采取顺水推舟、将错就错的做法，这是应当坚决避免的。因为这样做往往会使对方产生误解，从而影响谈判的顺利进行。还有的谈判人员，当发现自己叙述中有错误时，便采取事后自圆其说、文过饰非的做法，结果不但没能"饰非"，反而愈描愈黑，对自己的信誉和形象都有损无益，更重要的是可能会失去贸易合作伙伴。

**7. 重复叙述有时很有必要**

在商务谈判叙述的过程中，时常会遇到对方不理解、没听清楚或有疑问等情况，这时，对方可能会用有声语言或肢体语言来向己方传递这样的信息。这就要求谈判人员在叙述的同时，应注意观察对方的眼神、表情等，如果察觉对方有疑问或不解的信息传出，就应放慢语速或重复叙述。如果对方持笔记录己方所述内容时，叙述的速度就更要掌握好，必要时，关键之处要适当重复叙述。如果经过复述对方还不理解，就要耐心地加以解释，即使对方误解己方的原意，也不要烦躁，仍要耐心地进行引导和解释。

### 8. 适时转移话题

当谈判者在面对精明的谈判对手时，往往会面临其步步逼问的情况，此时，为了避开不利于己方的话题，回避某些问题，说出不便于直接说出的与对方不同的意见和观点，谈判者可以选择折中迂回的方法转移话题，将问题引向对己方有利的方面，换一个角度阐述问题。

谈判者如果发现对方对当前话题感到愤怒或羞愧不语时，应该注意察言观色，及时将话题转移到对方感兴趣的问题上，以缓和气氛。当谈判者面对对己方不利的问题时，应主动避开其锋芒，不可纠缠于原话题之上，应及时地将话题转移到有利于己方的问题上来，从而在新问题上向对方发起进攻。当谈判者面对不好回答的问题时，可以答非所问或不回答问题，谈一些题外话，冲淡一下主题，改变原定的程序和计划，提出一个对方不能马上接受的方案，提议某些问题必须调查后才能讨论等，以此来拖延时间和转移话题。但是，在转移话题时应注意一定要以理服人、以礼待人。

## 三、问的技巧

在商务谈判中，向对方发问或接受对方的提问，是必不可少的。提问是一个打开对方话匣子的最好方法，是谈判双方有效沟通的方式之一。通过巧妙而恰当的提问可以摸清对方的需要、掌握对方的心理，还可传递信息、表达自己的感情、引起对方的思考，从而达到探求情报、获取信息、引导话题、继续谈判的目的。但并不是问得越多越好，巧妙地、恰到好处地、适当地向对方提问，才能取得良好的提问效果。

### （一）提问的类型

#### 1. 封闭式的提问

这是指在特定的领域中带有特定的答复（"是"或"否"）的提问。"您是否认为售后服务没有改进的可能？""贵方第一次发现包装破损是在什么时候？"这样的提问可以使提问者获得特定的资料，而答复这种问题并不需要太多的思索即能给出答案。

#### 2. 澄清式的提问

通常，这是针对对方的答复，重新提出问题，以便对方进一步澄清或补充原先答复的一种提问。例如，"您刚才说这笔交易还可以再商量，这是不是意味着该商品的价格还有下浮的空间？"这种提问可以确保谈判双方进一步沟通，而且还是针对对方的话语进行信息回馈的有效方法，是双方密切配合的理想方式。

#### 3. 强调式的提问

这种提问旨在强调自己的观点和立场。例如，"我们怎能忘记你我双方之间过去几年友好而愉快的合作呢？""按照贵方的要求，我们的观点不是已经很清楚了吗？"

#### 4. 探索式的提问

探索式的提问是针对对方的答复，要求引申或举例说明，以便探索新问题、新方法的方式。"你们说可以按期交货,有什么可以作为保证?""如果我们采用第二套方案结果会怎样?"这种方式的提问不但可以进一步探求更为充分的信息,而且还可以显示提问者对对方答复的重视。

### 5. 借助式的提问

这是借助第三者的意见来影响或改变对方观点的提问方式。例如,"张先生,您对这个问题是怎么看的呢?""张先生是怎么说的?"采用这种提问方式,应当注意这里的第三者必须是对方所熟悉而且最好是他们十分尊重的人,这样一般会对他们产生很大的影响力。但如果向一个对方不熟悉的人或谈不上尊重的人提出这样的问题,则可能会引起对方的反感。

### 6. 强迫选择式的提问

这种提问旨在将本方的意见抛给对方,让对方在一个规定的范围内进行选择回答。"请对方注意,我们从其他供应商那里都可以得到2％～5％的佣金。""只有今天可以,上午还是下午?"按理说,在提出这一问题之前,提问者应先得到对方将付佣金的承诺。但是这种提问却将这一前提去掉,直接强迫对手在给出的狭小范围内进行选择,可见其咄咄逼人。使用这种提问方式要特别慎重,一般应在己方掌握充分的主动权的情况下使用,否则很容易出现僵局,甚至导致谈判的破裂。即使选用这种提问方式,也要尽量做到语调温柔,措辞得体,以免给人留下专横跋扈、强加于人的不良印象。

### 7. 开放式的提问

这是一种让对方可以自由地用自己的语言来回答和解释的提问方式,可以帮助谈判人员去了解一些情况和事实。比如,"您对我公司的印象如何?""您对当前的销售状况有什么看法?"由于开放式的提问不限定答复的范围,答复者可以畅所欲言,提问者也可以得到广泛的信息。

【案例】 甲问:"您对这种饮料有什么不满意的地方呢?"对方第一次回答:"不好喝。"甲追问:"您还有什么不满意的呢?"对方第二次回答:"包装不好。"甲追问:"您还有没有不满意的呢?"对方第三次回答:"没有了。"

乙问:"您对这种饮料有什么不满意的地方呢?"对方第一次回答:"不好喝。"乙追问:"您指的'不好喝'是指什么呢?"对方第二次回答:"太甜了,有些腻。"乙追问:"除了太甜了,有些腻外,您还有没有其他不满意的呢?"对方第三次回答:"包装不好。"乙追问:"包装哪些地方不好呢?"对方第四次回答:"颜色太红了。"乙追问:"您还有没有其他不满意的呢?"对方第五次回答:"没有了。"

分析:甲通过追问,完整地了解了对方目前面临的问题。但是,并没有真正了解问题背后的详情。乙则从"不好喝""包装不好"这一般化的回答中,了解到了对方对饮料的具体要求,全面详细地了解了对方的问题。

### 8. 婉转式的提问

这是指在没有摸清对方虚实的情况下,采用婉转的语气或迂回的方法,在适宜的场合和时机向对方提出问题。例如,"这种产品的功能还不错吧?您能评价一下吗?"如果对方有意,他定会接受;如果对方不满意,他的拒绝也不会使己方难堪。

### 9. 诱导式的提问

这种提问旨在开渠引水,对对方的答案给予强烈的暗示,使对方的回答符合己方预期的目的。例如,"贵方如果违约是应该承担责任的,对不对?""我们谈到现在,我看给我方的折扣可以定为3％,您一定会同意的,是吗?"这类提问几乎是使对方毫无选择余地而按提问者所设计好的答案进行回答。

10. 协商式的提问

这是指为使对方同意己方的观点,采用商量的口吻向对方提问。例如,"您看是否可以分三批交货?""您看佣金定为3％,是否合适?"这种提问,语气平和,对方容易接受,即使对方没有接受你的条件,但是谈判的气氛仍能保持融洽,双方仍有继续合作的可能。

此外,还有证明式的提问(要求对方做出证明或解释)、多层次的提问(一个问句包括多种内容),等等。

### (二)提问的时机

#### 1. 在对方发言停顿、间歇或完毕之后

在对方发言的时候,一般不要急于提问。因为打断别人的发言是不礼貌的,容易引起别人的反感。在对方发言时,己方要认真倾听,即使发现了对方的问题,很想立即提问,也不要打断对方,可先把发现的和想到的问题记下来,待对方发言完毕之后再提问。这样不仅反映了己方的修养,而且能全面、完整地了解对方的观点和意图,从而可以避免操之过急,曲解或误解对方的意图。

当然,如果对方的发言冗长、不得要领,或是纠缠细节、离题太远而影响谈判的进程,那么,你可以借对方发言停顿或间歇时提问。这是掌握谈判进程、争取主动的要求。比如,当对方发言停顿时,你可以借机提问:"您刚才说的意思是……"或"细节问题我们以后再谈,请谈谈贵方的主要观点好吗?"

#### 2. 在议程规定的辩论时间

重要复杂的谈判,一般都事先商定谈判的议程,设定辩论时间。在双方各自介绍情况或阐述的时间里也不宜向对方提问。只有在辩论时间中,双方才可以自由提问,进行辩论。在这种谈判中,通常要做好准备,可以设想对方可能出现的几种方案,准备己方的对策,然后再提问。在辩论的开始阶段,要做好记录,最好是归纳出双方的分歧,再进行提问。不问便罢,一问就要问到点子上。

#### 3. 在己方发言的前后

在谈判中,当轮到自己发言时,可以在谈自己的观点之前,针对对方的发言进行提问,不必要求对方回答,而是自问自答。这样可以争取主动,防止对方接过话茬,影响自己发言。例如,"您刚才的发言要说明什么问题呢?我的理解是……对这个问题,我谈几点看法。"在充分表达了自己的观点之后,为了使谈判沿着自己的思路发展从而主导这场谈判,通常还可以进一步提出要求,让对方回答。例如,"我们的基本观点和立场就是这些,您对此有何看法呢?"

#### 4. 要注意对方的心境

谈判者受情绪的影响在所难免。因此,应随时留心对方的心境,在己方认为适当的时候提出相应的问题。例如,对方心境好的时候,常常会轻易地满足己方所提出的要求,而且会变得粗心大意,透露一些相关的信息。此时,抓住机会,提出问题,通常会有所收获。

### (三)提问的技巧

#### 1. 预先准备好问题

谈判之前应当对预计要提出的问题进行充分的准备,最好能准备一些对方不能够迅

速想出适当答案的问题，以期收到意想不到的效果。同时，预先进行准备，也可以预防对方反问。有些有经验的谈判人员，往往是先提出一些看上去很一般，并且比较容易回答的问题，而这个问题恰恰是随后所要提出的比较重要的问题的前奏。这时，如果对方思想比较松懈，突然面对所提出的较为重要的问题时往往会措手不及，从而收到出其不意的效果。因为对方在回答无关紧要的问题时就已经暴露了他的思想，这时再让对方回答重要的问题，对方只好自成体系、自圆其说，按照原来的思路来回答问题，而这个问题或许正是我们所需要的。

### 2. 不要强行追问

如果对方的答案不够完整，甚至回避不答，这时不要强行追问，而是要有耐心和毅力等待时机的到来再进行提问。这样做，既可表示对对方的尊重，同时再继续回答问题也是对方的义务和责任，因为时机成熟，对方自然不会推托。

此外，如果必要的话，人们还可以在适当的时候将一个已经发生的并且答案也是己方所知道的问题提出来，验证一下对方的诚实程度及其处理问题的态度。同时，这样做也可以给对方一个暗示，即我们对整个交易的行情是了解的，有关的信息我们也是充分掌握的，进而帮助我们考虑下一步的打算及决策。

### 3. 避免提出那些可能会阻碍对方让步的问题

商务谈判中所提出的问题应时刻围绕着谈判的主题，以及谈判的顺利进行来展开。提问时，不仅要考虑自己的退路，同时也要考虑对方的退路，要把握好时机和火候，切忌不要提出那些可能会阻碍对方让步的问题，否则就会影响谈判的效果，对谈判的顺利进行产生不利的影响。

### 4. 提出问题后应闭口不言，等待对方回答

商务谈判中，当人们提出问题以后，通常应闭口不言，如果这时对方也是沉默不语，则无形中给对方施加了一种压力。由于己方提出了问题，对方就必须以回答问题的方式来打破沉默，或者说打破沉默的责任应当由对方承担。

### 5. 态度要诚恳，言辞应简短

当直接提出某个问题而对方不感兴趣，或是不愿进行回答时，我们可以换一个角度并且用十分诚恳的态度来问对方，以此来激发对方回答问题的兴趣。通常，这样做可以使对方乐于回答，也有利于双方感情上的交流以及谈判的顺利进行。另外，在上午谈判的过程中，所提出的问题句式越简短越好，而由问题引出的回答则是越长越好。因此，我们应尽量用简短的句式来向对方提问。

### 6. 一般不应提问的问题

（1）**不应提出带有敌意的问题**　不应抱着敌对的心理进行谈判，应尽量避免那些可能会刺激对方产生敌意的问题，否则，就会损害双方的关系，最终会影响交易的成功。

（2）**不应提出有关对方生活、工作方面的问题**　对于大多数国家和地区的人来说，回避个人生活和工作方面的问题已经成为一种习惯。比如，对方的收入、家庭情况、女士的年龄、对方国家的政党以及宗教等问题都是应当回避的。

（3）**不要直接指责对方品质和信誉方面的问题**　因为这样做不仅会使对方感到不快，而且还会影响彼此之间的真诚合作，甚至还会引起对方的不满和怨恨。如果我们发现对方在某些方面不够诚实时，我们可以把已经掌握或了解到的真实情况告诉对方，对方自然就会明白我们的用意了。

（4）不要为了表现自己而故意提问　为了表现自己而故意提问很容易引起对方的反感，特别是不能提出与谈判内容无关的问题，以显示自己的"好问"。故作卖弄的结果往往会弄巧成拙，被人蔑视。

谈判人员应明白，理论上掌握了上述提问的技巧，并不意味着在谈判中一定能很好地提问，还需在实践中不断地总结提高，才能真正得心应手，左右逢源。

## 四、答的技巧

商务谈判是由一系列的提问和回答构成的，巧妙而得体的回答与善于提问同样重要，谈判中回答问题不是一件容易的事情。因为谈判者对回答的每一句话都负有责任，都将被对方理所当然地认为是一种承诺。这就给回答问题的人带来一定的精神压力。因此，一个谈判者水平的高低，在很大程度上取决于其回答问题的水平。回答的真正艺术在于知道该说什么和不该说什么。

### （一）回答问题的原则

#### 1. 让自己获得充分的思考时间

一般来说，对问题答复的好坏与思考的时间成正比。在谈判中，提问者提出问题，很自然会给答话人带来一种压力，似乎非马上回答不可，否则可能会给对方一个缺乏准备的感觉。正因为如此，有些提问者会不断地追问，迫使你在对问题没有进行充分思考的情况下仓促作答。另外，对问题回答得好坏，并不是看你回答速度的快慢。作为答复者应保持清醒的头脑，沉着稳健，不慕所谓"对答如流"的虚荣，也不必顾忌对方的催问，而应当让自己获得充分的思考时间。你可以通过点支香烟、喝一口水、调整一下自己坐姿和椅子、整理一下桌子上的资料或翻一翻笔记本等动作来考虑一下对方的问题，之后再作答。这样做既显得自然、得体，又可以让对方看得见，从而减轻、消除对方的上述那种感觉。当然，也不能间隔时间太长。

#### 2. 不要全盘托出

通常，面对对方的提问，不要"全盘托出"，不能毫无保留地回答，你的"底牌"不能轻易地亮出。在谈判中，有的问题不值得回答，有些问题只需做出局部回答，如果你老老实实地"全盘托出"，就难免暴露自己的底细，使己方处于被动的地位。同时，当你"全盘托出"之后，对方不需继续提问就获得了对他们有用的信息，这样就失去了对方向你继续反馈和与你进行进一步交流的可能。

#### 3. 不要随便回答

谈判者为了获取信息，占据主动，往往会利用提问的方式来获取他所需要的信息，因此对方的问话中有时会深藏杀机，如果贸然回答，很可能会掉入对方设置的陷阱。所以，在不了解问话的真正含义之前不要随便回答，以免把不该说的事情说了出来。在谈判中，答话一方的每一句话都近似于一句诺言，如果已经说出，在一般情况下很难收回。因此，对问题一定要考虑充分以后，字斟句酌，慎重回答。

#### 4. 尽量减少对方的追问

提问者常常会采取连续提问的方式，环环相扣，步步紧逼，使答话者陷于被动，而落入他们的圈套。因此，谈判者在答复时尽量不要留下话柄，以免让对方抓住某些东西继续提问，要尽量遏制对方的进攻，使对方找不到继续追问的借口。例如，在答复中，用"我们考虑过，情况没有你说的那么严重"；"现在讨论这个问题还为时过早"等回复，可以有效地抑制对方的追问。

**5. 要有针对性地回答**

通常，回答问题要有针对性，要明确、具体。不要在回答中含糊其词，让对方捉摸不定。这就需要认真倾听对方的谈话，摸清对方提问的目的，然后进行分析、判断，最后做出有利于自己的答复。此外，还应根据对方提问的类型、对方的态度、你对对方的印象和期望值等各个方面有区别地进行回答。

## （二）回答问题的技巧

通常，不同的人针对同样的问题会有不同的回答，不同的回答又会产生不同的效果，特别是由于商务谈判中的提问往往千奇百怪、五花八门，而且多为对方处心积虑、精心设计之后而提出来的，可能有谋略、有圈套。因此，回答问题必须运用一定的技巧。

**1. 针对提问者的真实心理答复**

谈判者提问的动机往往是多种多样的，或者说有着不同的目的。有时提问者为获取非分的效果，便有意识地含糊其词，使所提问题的模棱两可，让回答者判断失误。如果我们在没有弄清对方的动机和目的之前，就贸然进行回答，往往是效果不佳，甚至会出现漏洞，使对方有机可乘。我们只有周密思考，准确判断对方的意图，才可能做出高水平的回答。例如，如果对方在谈判中提的问题是"请您谈谈产品价格方面是如何考虑的"，我们应首先弄清对方要了解价格的哪一方面的问题再酌情回答，是对方觉得价格太高，还是对不同规格产品的价格进行探询。如果对方是因为己方报价格太高，那么我们就可以依据对方这一真实心理，回答价格为什么并不算高。可是如果我们想当然地告诉对方价格的计算方法、成本的高低，就可能落入对方的陷阱，给对方压价提供了理论依据。

**2. 避正答偏，顾左右而言他**

有时，对于对方提出的问题可能很难直接从正面回答，但又不能以拒绝的方式来逃避问题。这时，谈判高手往往用"答偏"的办法来回答，即在回答这类问题时，故意避开问题的实质，而将话题引向歧路，借以破解对方的进攻。比如，可以跟对方讲一些与所提问题既有关系而又没有实际关系的问题。说了一大堆话，看上去回答了问题，其实并没有回答。经验丰富的谈判人员往往在谈判中运用这一方法。此法似乎头脑糊涂，其实这种人高明得很，对方也拿他们没有办法。

【案例】 一个西方记者问："请问，中国人民银行有多少资金？"

周恩来总理委婉地说："中国人民银行的货币资金嘛，有18元8角8分。"当他看到众人不解的样子时，解释道："中国人民银行发行面额为10元、5元、2元、1元、5角、2角、1角、5分、2分、1分的10种主辅人民币，合计为18元8角8分。"

**分析：** 周恩来总理举行记者招待会，介绍我国的建设成就。这位记者提出这样的问题，有两种可能性。一种是嘲笑中国穷，实力差，国库空虚；另一种是想刺探中国的经济情报。周恩来总理在外交场合的回答，显示出的幽默风度，令人折服。

**3. 以问代答**

以问代答是用来应付那些一时难以回答或不想回答的问题可采用的方法，即把对方踢过来的球再踢回去。例如，在谈判进展不是很顺利的情况下，一方问道："你对合作的前景怎么看？"对方可采用以问代答的方式："那么，你对合作的前景又是怎么看呢？""至于……，那就取决于您的看法如何了。"这时双方自然会认真加以思考，对于打破窘境会起到良好的作用。商务谈判中，运用以问代答的方式回答问题有时是非常有效的。

【案例】 戴尔·卡耐基举过这样一个例子：一家公司的总工程师通知西屋电气公司说，不准备订购他们的发动机了，理由是发动机的温度过高。西屋电气公司的推销员前去交涉，他就是从提问开始进行说服的。

推销员说："我同意你的意见，如果发动机太热，不应该买它。发动机的温度不应该超过国家规定的标准。"

对方答："是"。

"有关规定说，发动机的温度可以高出室内温度华氏72度，对吗？"

对方说："对"。

"厂房有多热？"

对方答："大约华氏75度。"

"75度加上72度是147度，是不是很烫手呢？"

对方答："是的。"

"那么我提议，不要把手放在发动机上面，不是一个好办法吗？"

对方想了想说："你说的不错。"

接着，他叫秘书过来，为下个月开了一张3.5万美元的订单。

**分析：** 西屋电气公司的推销员与对方进行沟通时，先是强调同意对方的意见，然后用提问的方式让对方不断地说"是""是的"，帮对方找到了问题所在，最终赢得了对方的认可。

### 4. 将提问的范围缩小后进行不彻底的回答

将所提出问题的范围有意缩小后回答或者不做正面答复或对答复的前提加以修饰和说明。例如，对方询问己方产品质量如何，己方不必介绍产品所有的质量指标，只需回答其中几个主要指标，从而造成质量很好的印象即可。如对方询问己方某种产品的价格，如果己方的价格本来就较高，直接回答可能招致被动。所以，应先避开对方的注意力，可以先介绍能够支持价格的有利因素，如服务方式、质量特性等。比如，"我相信产品的价格会令你们满意的，请允许我先把这种产品的几种性能做一个说明，我相信你们会对这种产品感兴趣的……"

### 5. 将问题的范围扩大后进行回答

在谈判过程中，对对方提出的问题如照实回答会有损己方的形象、泄露商业机密或是涉及无聊的话题，就可以将问题的范围扩大后进行回答，这样就可以回避难以回答的问题。比如，对方询问技术费是多少，就可以回答整个合同的价格如何适当，技术费所占的比例如何合理，等等。

### 6. 可采取不确切的方式回答

有时候面对毫无准备的问题，人们往往不知所措，或者即使能够回答，但由于某种原因而不愿回答。在这种情况下，可以这样回答："对这个问题，我虽没有调查过，但曾经听说过……"或"贵方的问题提得很好，我曾经在某份资料上看过有关这一问题的记载，就记忆所及，大概是……"这样对那些为了满足虚荣心及自己也不明确提问目的的提问者常能收到较好的效果。另外对于某些问题，可以模棱两可、富有弹性地回答，不把话说死。例如，"对类似的问题，我们过去是这样处理的……""对这个问题，那要看……而定。"

#### 7．"重申"和"打岔"

对于一些棘手的问题，要求对方再次阐明其所问的问题，实际上是为己方争取思考时间的好方法。在对方再次阐述时，我们可以根本不去听，而只是考虑如何做出回答。当然，这种心理不应让对方察觉到，以防其加大进攻的力度。有经验的谈判者常先安排某人在谈判的节骨眼上打岔，以赢得己方思考一时难以回答而又必须回答的问题，比如"有紧急文件需要某先生出来签字"，或"外面有某某先生的电话"。有时回答问题的人自己可以借口去洗手间方便，等等。

#### 8．找借口拖延答复

在谈判中，当对方提出问题而你尚未考虑出满意答案并且对方又追问不舍的时候，你可利用资料不全或需要请示等借口来拖延答复。例如，"对您所提问的问题，我没有第一手资料来做答复，我想您是希望我们为您做详尽而圆满的答复的，但这需要时间，您说对吗？"不过延迟答复并不是拒绝答复，因此，谈判者还需进一步思考如何来回答问题。

#### 9．礼貌地拒绝不值得回答的问题或干脆保持沉默

对于某些不值得回答的问题，可以礼貌地加以拒绝。例如，在谈判中，对方可能会提一些与谈判主题无关或基本无关的问题，回答这种问题不仅是浪费时间，而且会扰乱你的思路，甚至有时对方有意提一些容易激怒你的问题，其用意在于使你失去自制力。回答这样的问题，只会损害自己的利益，可以一笑了之。对于那些不便回答的问题，还可以采取沉默的方式，有时同样可以得到奇妙的效果。因为你的沉默，往往会给对方一种无形的压力，使对方感到不安。为了打破沉默，有时对方只好中止自己的要求，或是提出新的方案，或是自己转移话题。当然，使用沉默这种方式一定要十分慎重。因为，有时这样做就会显得不太礼貌，或者让人觉得软弱可欺，甚至可能意味着放弃发言权。

#### 10．委婉地进行回答

在谈判中，当你不同意对方的观点时，不要直接使用"不"这个具有强烈对抗色彩的字眼，而应适当运用"转折"技巧，巧用"但是"，先予以肯定、宽慰，再委婉地表示否定的意思来阐述自己不可动摇的立场，这样就会赢得对方的同情和理解。例如，"我完全懂您的意思，也赞成您的意见，但是……""我理解您的处境，但是……""我也明白价格再低一点更好，但是……"

### 小结

1．在商务谈判中应熟练掌握多种沟通技巧，实现有效沟通，提高商务谈判的效果。

2．倾听就是用耳听、用眼观察、用嘴提问、用脑思考、用心灵感受，是实现正确表达的基础和前提。

3．商务谈判过程中，说话的技巧十分重要，从实际出发，灵活掌握有关说话的技巧。

4．提问时要注意十种不同的提问类型和六种提问技巧的应用。

5．回答问题时应注意五条原则和回答问题技巧的应用。

## 实训任务　商务谈判沟通技巧训练

| 实训标题 | 商务谈判沟通技巧训练 |
|---|---|
| 实训内容 | 一次,某公司的谈判人员拜访一位客户,具体对话如下:<br>谈判人员问:"什么时候决定订购我们的产品啊?"<br>客户说:"对不起,我们还没有进行讨论。"<br>谈判人员说:"这么久了,能不能这两天就讨论呢?"<br>客户说:"这是我们自己的事情,我们愿意什么时候讨论就什么时候讨论!"<br>这位谈判人员并不气馁,又谈起了别的话题:"某某客户已经与我们合作了,你们也应该与我们合作。"<br>客户生气地说:"某某客户是个小公司,我们是大公司,请你不要拿小公司与我们比较。"<br>任务:<br>1.在与客户的沟通中,该谈判人员的不足主要有哪些<br>2.角色分工撰写谈判脚本,并进行模拟谈判<br>请为该谈判人员设计更好的沟通方法,由学生分组扮演商务谈判的双方,进行商务谈判情景模拟 |
| 实训目的 | 掌握商务谈判中听、说、问、答的技巧的综合应用 |
| 实训组织方式 | 以4人为一组进行分组,然后每组的组员进行角色分工。两组对应,一组同学是某公司谈判人员,一组是客户<br>训练地点:教室 |
| 实训评价标准 | 1.脚本内容的合理性<br>2.谈判过程语言技巧的应用情况<br>3.最终是否实现了双赢 |
| 实训评价方式 | 1.学生进行组内自评、相互评价<br>2.小组之间互评<br>3.教师根据学生的表现给出相应评价并点评操作中的共性、个性问题<br>4.每位同学的成绩组成:个人自评、相互评价(40%)+小组互评(30%)+教师评价(30%) |

# 项目五 商务谈判的流程

**能力目标**

1. 能够根据商务谈判的需要组建有效的谈判团队，做好背景调查并制订谈判方案；
2. 能运用商务谈判开局、磋商、结束三个不同阶段的谈判策略和技巧进行谈判。

## 案例引入　一个美国人与一家日本公司

一位美国人前往东京参加一次为期 14 天的谈判，他少年得志，斗志昂扬。这次，他一心想大获全胜。在出发之前，他做了大量准备工作，包括看了一大堆关于日本人的精神、心理、文化传统方面的书。

飞机着陆后，2 位等候已久的日本商人把他送上了一辆大轿车。美国人舒服地靠在轿车后面的丝绒沙发上，日本人则僵硬地坐在两张折叠椅上。美国人友好地说："过来一起坐吧，后面能坐下。"

日本人回答："哦，不，您是重要人物，您需要好好休息。"

美国人颇感得意。

轿车开着。日本人问："您会讲日语吗？"

"不，不会，"美国人回答，"不过，我带了一本日文字典。"

日本人又问："您是不是一定要准时搭机回国？我们可以安排这辆轿车送您去机场。"

美国人想："日本人真是考虑得周到。"于是顺手掏出回程机票交给日本人，好让轿车准时去接他。实际上，这么一来，他已让日本人知道他拥有多少时间，而他根本不知道日本人这方面的情报。

日本人没有立即开始谈判，而是盛情招待他。从皇宫神庙、文化、花道、茶道到用英语讲授佛教的学习班等，日本人总是将日程表排得满满的。每当美国人问及何时开始谈判，日本人总是喃喃地回答："时间有，有时间。"

直到第十二天,才开始谈判,因为要去打高尔夫球而早早结束了。第十三天又开始谈判,也因为晚上又有安排而早早结束。第十四天早上,谈判重新开始,正谈到紧要关头,送美国人去机场的那辆轿车到了。美日双方在轿车中继续谈判。到达机场前,协议达成,美国人答应了日本人很多条件。

**思考**:美国人为什么败在日本人手里?

**分析**:日本人之所以能够在谈判中获胜,是因为他们知道美国人拥有多少时间,知道他无法空手而回,知道他无法向上级汇报这14天的经历,也知道他不能改变归期。

## 一、商务谈判的准备阶段

商务谈判一般要根据谈判的类型、重要性、复杂程度、时间长短及对方谈判人员的情况等因素决定己方的谈判人员,并确定首席代表。

### (一)商务谈判的组织准备

要实现谈判的预期目标,提高谈判效率,谈判团队的构成起着决定性的作用。在组团时要掌握以下原则。

**1. 结构合理**

结构合理,是指商务谈判团队的人员阵容中,年龄结构、知识结构和性格结构需要根据具体项目的大小、内容和难易程度来加以确定,做到年龄互补、知识互补和性格互补。这是商务谈判团队构成的基本原则。

**2. 规模适度**

规模适度,是指商务谈判团队要根据谈判对手的特点、项目的重要程度来配备谈判人员的人数,少而精的谈判团队往往容易发挥出谈判人员的最大潜能,易于集中意见,能够随机应变地应对谈判。

① 大型项目的谈判团队往往由团长(组长)、商务人员、技术人员、财务人员、律师(法律顾问)、翻译人员等若干人员组成。在谈判全过程中,参谈人员也非一成不变,随着各个阶段内容的不同,谈判人员可以随时变更。例如,在谈判开始阶段,负责起草协议的律师就无须到场;在协议阶段,技术人员、财务人员已完成使命;至于专家们可以作为谈判顾问而不是正式成员的身份出席谈判。

② 小型项目的谈判小组的最佳规模往往为4人左右。

③ 货物贸易合同的谈判往往是单枪匹马进行。

**3. 分工明确**

谈判人员的分工,除了谈判团队的负责人外,最重要的是还需确定主谈人和辅谈人,及其在谈判中的地位、职责。

(1)谈判团队负责人　谈判团队负责人是谈判团队的核心,直接关系谈判的成败,其必须具备自信心、决策能力、观察判断力、组织协调沟通能力、激励能力等。

负责人的职责是:代表本方利益组织谈判,负责上传下达,充分调动他人的积极性、主动性和创造性,发挥他人的能力、智慧和作用。

(2)主谈人　在商务谈判的全过程(或某一阶段或针对某个具体议题),以主谈人的立场和观点为主进行谈判。主谈人必须具备广泛的知识、丰富的谈判经验、思维敏捷、善于分析和决断、较强的应变和表达能力、驾驭谈判进程的能力、熟悉相关专业技术,能与谈判团队中的其他成员团结协作,默契配合。

主谈人的职责是：代表本方做正式发言，全面负责谈判事宜，确定谈判方案，协调谈判的筹备工作，通过谈判策略和技巧的实施以实现谈判目标，调动积极性形成合力，及时汇报，组织谈判文件的记录、起草、修订和签署（需经授权）。

谈判团队负责人与主谈人都是谈判能否达到预期目标的关键人物。在大型商务谈判活动中，谈判团队负责人往往也是商务谈判全过程的主谈人。

（3）辅谈人　辅谈人也称陪谈人，是指陪同、配合、协助主谈人进行谈判的其他所有谈判人员（如商务人员、技术人员、财务人员、律师或法律顾问、翻译人员等）。

辅谈人的职责是：做好主谈人的助手和参谋，参与谈判方案的制订，必要时适时提醒主谈人，为主谈人提供必要的补充发言（通常需经主谈人同意），参与谈判文件的记录、起草、修订和签署。

（4）主谈人的变更　在商务谈判中，并非在谈判的全过程中自始至终、一成不变地都由一人担当主谈人，特别是在大型的商务谈判中，往往在某一阶段，甚至某个具体议题的谈判中，指定一个临时的主谈人。比如：

① 商务条款谈判时，以商务人员作为主谈人，技术、财务和法律等人员则处于辅谈人的地位。

② 技术条款谈判时，则以技术人员作为主谈人，商务、财务和法律人员则处于辅谈人的地位。

（5）谈判人员的配合　在商务谈判活动中，团队负责人、主谈人、辅谈人等成员间的配合对于谈判是否取得成功至关重要，有时甚至可以起到决定性的作用。但是，谈判团队成员间的配合，绝不是一朝一夕可以达到的，往往需要长期的磨合。

特别是在谈判过程中，本方的一切重要的和关键的观点、评价、意见和结论都必须由主谈人向对方表述，辅谈人不得随意谈论和发表个人的观点，特别是不能谈论和发表与主谈人不一致的意见。

在主谈人发言时，一个称职的辅谈人应该自始至终以言谈或举止等尽可能的方式予以支持，如可以采用口头语言、肢体语言、纸条、文件、图片、实物等方式。

当对方刁难、攻击主谈人时，辅谈人可以及时向对方予以反驳，使主谈人摆脱困境，维护主谈人的地位，加强主谈人的谈判威望；当谈判内容涉及辅谈人所熟知的专业问题时，辅谈人可以及时向对方提出详尽、充足的论据。

（二）商务谈判的背景调查

商务谈判会不同程度地受政治、经济、文化、科技等社会环境因素的直接或间接影响，也会受到不同谈判对手性格、脾气、知识、经验等的影响。

**1. 商务谈判环境的分析**

（1）政治法律　一国的政治制度、政治的稳定程度、政府对经济的干预程度、有关经济的政策和法规、产业政策扶持与倾斜、加入国际公约与否（如环保绿色包装、野生动植物保护、海洋运输）等，都直接或间接地影响行业或企业的发展、影响到企业相关产品的经营与销售、影响到产品营销的商业谈判。对此，商务人员应具备一定的预测、判断和处理能力，以便商务谈判、商品营销能适应市场和环境，而投资谈判可能还会涉及员工聘用、福利待遇、社会保险、医疗保险等。

（2）社会文化　谈判人员的价值观念、审美情趣、民族风俗、宗教信仰、消费习惯、教育背景、社交礼仪等文化背景会有不同程度的差异，这些差异或多或少会对商务谈判的风格产生一定的影响，特别是那些来自不同地区或国家的谈判人员。因此，在同他们进行商务谈判时,需要对对方的这些文化因素的背景有所了解,只有这样商务谈判才会容易进行,并可能得到意想不到的收获。

(3) 商业习惯　商业习惯主要表现为:不同(国别)企业的决策程序的差异、律师与法律顾问的介入、商业贿赂的认定、谈判的忌讳(如一个项目同时选择、接触若干家公司进行谈判,以选择最优条件达成协议,并有意透露给对方以施压)、国际谈判的常用语种、起草合同或文件的语种(有时两种)、法律效力等。

如我国对印度、巴基斯坦的出口谈判中,他们的进口商有拦腰砍价的恶习;成交后的支付又往往要求分期付款以逃避进口关税。

(4) 财政金融　对于涉外谈判活动,谈判的结果会使得资产形成跨国流动,这种流动与谈判双方的财政金融状况密切相关。往往涉及汇率变化的影响、该国外债情况、外汇储备情况、货币是否可以自由兑换(外汇管制与否)、付款银行的资信状况、税收的法规等。

(5) 科学技术　作为生产要素的科学技术,使得性价比高的新产品层出不穷,显然再好的推销员也难以把伪劣产品卖给别人。市场营销的教材称:要把冰块卖给因纽特人、要把皮鞋卖给非洲人,有没有可能实现,至少提出来就是有极大的难度。所以,科学技术的发展水平及新技术的应用推广也一定会对商务谈判产生较大的影响。

发达国家的科技在全球处于领先水平,这些国家的商务谈判代表往往在谈判中仗着自己的科技实力,表现出强硬、财大气粗、理直气壮、心高气浮等共性。例如,波音与空中客车的大型客机是卖方市场,订单已经排到3年以后,所以,采购大型客机的商务谈判的主动权必定由欧美人掌控。

【案例】　中海油某公司欲从澳大利亚某研发公司(以下简称C公司)引进"地层测试仪",双方就该技术交易在2000—2002年举行了多次谈判。地层测试仪是石油勘探开发领域的一项核心技术,掌控在国外少数几个石油巨头公司手中,如斯伦贝谢、哈利伯顿等。他们对中国实行严格的技术封锁,不出售技术和设备,只提供服务,以此来占领中国广阔的市场,赚取高额垄断利润。澳大利亚C公司因缺乏后续研究和开发资金,曾在2000年之前主动带着他们独立开发的、处于国际领先水平的设备来中国寻求合作者,并先后在中国的渤海和南海进行现场作业,效果很好。

中方于2000年年初到澳方C公司进行全面考察,对该公司的技术设备很满意,并就技术引进事宜进行正式谈判。考虑到这项技术的重要性以及公司未来发展的需要,中方谈判的目标是出高价买断该技术。但C公司坚持只给中方技术使用权,允许中方制造该设备,技术专利仍掌控在自己手中。他们不同意将公司赖以生存的核心技术卖掉,委身变成中方的海外子公司或研发机构。双方巨大的原则立场分歧使谈判在一开始就陷入僵局。

中方向C公司表明了立场之后,对谈判进行"冷处理",回国等待。迫于资金短缺的巨大压力,C公司无法拖延谈判时间,在2000—2002年,就交易条件多次找中方磋商,试图打破僵局。由于种种原因,中澳双方最终没能达成协议,谈判以失败告终。

**分析**:中澳双方在这一石油技术领域有着很好的合作前景,C公司拥有世界领先的技术,但缺乏资金和市场;中方有广阔的市场,丰裕的资金,但缺乏核心技术。虽然双方都极尽努力地去化解僵局,但因谈判目标上的巨大差异和利益冲突,双方的谈判无果而终。在僵持阶段,双方只是重申己方立场和要求,澳方谈技术转让的条件,而中方是"一口价",即买断技术所有权。双方从各自的立场观点出发,试图说服和改变对方,而不愿换位思考,站在对手的立场上寻找双赢的解决方案。双方都立场坚定,既不被对方小恩小惠的让步所打动,也不做出实质性让步,僵局演变为死局。

(6) 紧急事件　紧急事件有时会对商务谈判活动以及履约产生重大影响,也必须引起重视。紧急事件包括各种天灾与人祸,如交通堵塞、气候突变、自然灾害(包括地震、旱涝、冰雪-大雪封路)、战争、罢工、示威、传染病("非典"使得远红外测温仪、消毒液生产厂家成为卖方市场)。

**2. 商务谈判对手的分析**

只有了解和掌握谈判对手的情况,做到知己知彼,才有可能有针对性地制订本方的谈判策略和实施谈判技巧,从而实现百战不殆。

(1) 对手信息的采集

① 互联网——网络的搜索引擎可以方便快捷地查阅国内外的各种公司信息、产品信息和市场信息等。

② 传播媒体——通过广播、电视、报纸杂志、专业书籍、广告等获取各种环境信息、竞争对手信息和市场行情信息。

③ 统计资料——各国政府或国际组织(如UN、WTO、CCC)的各类统计年鉴、国际信息咨询公司、各大企业的统计数据和各类报表等。

④ 专门机构——商务部、农业农村部、贸促会、商会、各类银行、进出口公司、公司驻外机构、使领馆、中间商(经销商、代理商)等。

⑤ 会议——通过参加各种商品交易会、展览会、订货会、联谊会、专题研讨会等获取相关资料。

(2) 谈判对手的调查、了解与分析　通常,要调查、了解和分析谈判对手的总体实力、合法资格、资信(资本、信用)情况、谈判权限、谈判目的、履约能力、谈判时限等。

① 谈判对手的总体实力——谈判对手的发展规模、行业地位和声誉、市场占有率、技术水平等。

② 谈判对手的合法资格——如果参加商务谈判的对手是独立承担民事责任的企业组织,还必须具有法人资格,在工商部门注册登记(企业名称、企业性质、营业场所、注册资本、法人代表、营业范围等)。

③ 谈判对手的资信状况——对谈判对手的资产、债务、支付能力、产出能力、担保状况、谈判代表资格、签约资格等情况要加以了解。

④ 谈判对手的谈判目的——当对手是卖方时,要了解对手是要清仓、推存货、推新产品、占领市场,还是寻求代理商或经销商。

⑤ 谈判对手的权限——一般不与没有决策权的人谈判,如果谈判对手对关键性条款无权决定,最终只能是议而不决,只会浪费时间,而且往往造成被动局面,导致己方被迫让步。

⑥ 谈判对手的履约能力——了解谈判对手在以往经营活动中的表现,包括对方的经营历史、产品的市场声誉、与银行的财务往来状况和其他单位交易关系等。

⑦ 谈判对手的时间限制——谈判时限往往是决定谈判最终结果的重要因素。时间对哪一方紧迫,就不可能允许他有更多的选择机会,心理上造成被动局面导致丧失主动权,谈判结果往往会对其不利。在时间上了解对方的谈判时限,对于己方如何选择谈判策略、使用谈判技巧都具有相当重要的作用。

⑧ 谈判对手的其他情况——主谈人与辅谈人的背景、关系、资历、能力、性格、心理类型、个人作风、爱好与禁忌等。

【案例】 1987年6月,济南市第一机床厂厂长在美国洛杉矶同美国卡尔曼公司进行推销机床的谈判。双方在价格问题的协商上陷入了僵持的状态,这时我方获得情报:卡尔曼公司原与台湾地区商家签订的合同不能实现,因为美国对日本、韩国等国和中国台湾地区提高了关税,使得台湾地区商家迟迟不肯发货。卡尔曼公司又与自己的客户签订了供货合同,对方要货甚急,卡尔曼公司陷入了被动的境地。我方根据这个情报,在接下来的谈判中沉着应对,卡尔曼公司终于沉不住气,购买了150台中国机床。

分析:在商务谈判中,不仅要注重自己方面的相关情报,还要重视对手的环境情报,只有知己知彼知势,才能获得胜利。

### (三) 商务谈判方案的制订

商务谈判活动要达到预期目的,不仅取决于谈判中的策略和技巧,还有赖于谈判前充分细致的准备工作。因此,在商务谈判之前,要根据谈判的主要目的和具体要求事先拟订书面的商务谈判方案。具体包括以下内容。

#### 1. 谈判主题

商务谈判计划必须有明确的主题,这是商务谈判活动围绕的中心内容,在整个商务谈判活动中,谈判团队的各项工作都要围绕谈判主题而开展。

#### 2. 谈判目标

谈判目标是依据谈判主题确定谈判要达到的具体目标。谈判目标分为三个层次:最低限度目标、可接受目标和最优期望目标。有时还需针对总体谈判目标和阶段性目标分别制订,必要时还需判断对方的谈判目标。

#### 3. 谈判地点

谈判地点的选择将直接影响到谈判人员的心理、情绪、谈判结果、谈判技巧的运用及谈判效率。谈判者应该充分利用地点的选择,使其有利因素为自己所用。谈判按地点可分为主场谈判、客场谈判和中立地谈判。

(1) 主场谈判

① 谈判者在自己熟悉的环境中感到亲切、自然,较少有心理障碍,容易在心理上形成一种安全感和优越感。

② 谈判者在通信、联络、信息等方面占据优势,谈判人员可以随时向领导和专家请示、咨询和帮助,还可以方便地获取各种信息资料,因此,在谈判中能够保持灵活的态度。

③ 由东道主身份所带来的谈判空间环境的主动权会使东道主在处理各种谈判事务时都显得比较主动。

主场谈判弊端:如在谈判进入关键阶段,客方在谈判中遇到困难或准备不足,往往会以资料不全或无权决定,需请示等借口而终止谈判。

(2) 客场谈判 在客场谈判中最需要注意的是:必须保持沉着、冷静,牢记使命,不要过分接受款待或娱乐活动,以防止丧失戒备、泄露机密,注意保持谈判的主动权。

(3) 中立地谈判 选择中立地谈判通常为谈判双方关系不融洽,彼此信任程度不高时所采用。中立地点对谈判双方来说均无东道主的优势,有助于创造一种冷静的气氛,在不受其他因素干扰的情况下,双方进行交流沟通,便于消除误会,达成协议。

#### 4. 谈判议程

谈判议程即议事日程,是商务谈判各项议题洽谈的时间先后次序。谈判议程包括谈判议题、时间分配和先后次序。议事日程的安排要做到统筹兼顾、全盘考虑，因为谈判议事日程不是由谈判的某一方单方面说了算，而是要由双方协商决定，它体现了互利性。同时还要注意，在一次谈判中，不要列出太多的问题，议事日程应简单明确，以保证谈判效率。

谈判议题安排的原则是将对本方有利的而对方有可能做出让步的议题排在前面，时间尽可能长些，而对本方不利的或本方需要做出让步的议题放在后面，时间尽可能短些。

5. 谈判基本策略

谈判桌上风云变幻，任何事情都会发生，而谈判又是有时间限制的，不容许无限期地拖延谈判议程。这就要求我们在谈判之前应对整个谈判过程中双方可能做出的一切行动做正确的估计，并选择相应的策略。

6. 模拟谈判

模拟谈判可以使己方主谈人获得实际性经验，取得重大成果；模拟谈判过程是事先控制过程；模拟谈判过程是训练主谈人应变能力的过程，是培养和提高谈判人员素质的理想方法。

## 二、商务谈判的开局阶段

商务谈判的开局阶段，对谈判过程起着至关重要的作用，它往往显示双方谈判的诚意和积极性，关系到谈判的格调和发展趋势，一个良好的开局将为谈判成功奠定基础。

### （一）营造良好的谈判气氛

谈判气氛受多种因素的影响，谈判的客观环境对谈判的气氛有重要影响。例如，双方面临的政治、经济形势，风俗文化，力量的对比，以及谈判时的场所、天气、时间、突发事件等。

1. 礼貌、尊重的气氛

谈判双方在开局阶段要营造出一种尊重对方，彬彬有礼的气氛。出席开局阶段的谈判可以有高层领导参加，以示对对方的尊重。谈判人员的服饰仪表要整洁大方，无论是表情、动作，还是说话语气都应该表现出尊重、礼貌。

2. 自然、轻松的气氛

商务谈判开局初期常被称为"破冰"期，谈判人员在开局阶段首先要营造一种平和、自然、轻松的气氛。例如，随意谈一些题外的轻松话题，松弛一下紧绷着的神经，不要过早地与对方发生争论。语气要自然平和，表情要轻松亲切，尽量谈论中性话题，不要过早刺激对方。

3. 友好、合作的气氛

开局阶段要使双方有一种"有缘相知"的感觉，双方都愿意友好合作，都愿意在合作中共同受益。因此，谈判双方实质上不是"对手"，而是"伙伴"。基于这一点，营造友好合作的气氛并不仅仅是出于谈判策略的需要，更重要的是双方长期合作的需要。因此，要求谈判者真诚地表达对对方的友好愿望和对合作成功的期望。此外，热情的握手、热烈的掌声、信任的目光、自然的微笑都是营造友好合作气氛的手段。

4. 积极进取的气氛

谈判毕竟不是社交沙龙，谈判者都肩负着重要的使命，要付出巨大的努力去完成各项重要任务，双方都应该在积极进取的气氛中认真工作。谈判者要准时到达谈判场所，举止端庄、服饰整洁、精力要充沛,充满自信,坐姿要端正,发言要响亮有力,要表现出追求进取、追求效率、追求成功的决心,不论有多大分歧,有多少困难,相信一定会获得双方都满意的结果。谈判就在这样一种积极进取、紧张有序、追求效率的气氛中开始。

**【案例】** 美日的贸易逆差

1994年,美国全年贸易逆差居高不下,约1800亿美元,其中,对日本的逆差居首位,达660亿美元,而这中间60%的逆差生成于进口的日本汽车中,日本汽车大量进入美国市场,1年约400万辆。于是就有了1995年美日汽车贸易谈判。美国谈判者认为,日本汽车市场不开放,而日方却认为本国政府未采取任何限制措施,为了使谈判顺利进行,日方在谈判正式开始前就致力于改善谈判气氛。日本汽车制造业协会出钱在《华尔街日报》做广告,广告标题是"我们能多么开放呢?"接着用文字说明:"请看以下事实,一、对进口汽车,零件无关税;二、对美国汽车实行简便的进口手续;三、美国汽车免费上展台;四、销售商根据市场需求决定卖什么车。"之后又总结出美国车在日本销售不好的原因:日本汽油昂贵,所以日本人只能买省油的小汽车,而美国出口的是大型车。广告最后得出结论:自由贸易才是成功之路。日本汽车制造业协会做过市场调查,看过报纸的人都认为日本讲得有道理,从而形成了谈判的良好气氛。

**分析:** 日本人在谈判前在报纸上做的广告,营造了利于日本一方的舆论气氛,为谈判的成功奠定了基础。

### (二)商务谈判开局策略

谈判开局策略,是谈判者谋求谈判开局有利形势和实现对谈判开局的控制而采取的行动方式或手段。营造适当的谈判气氛实质上就是为实施谈判开局策略打下基础。商务谈判开局策略一般包括以下几个方面。

**1. 协商式开局策略**

协商式开局策略,是指以协商、肯定的语言进行陈述,使对方对己方产生好感,创造双方对谈判的理解充满"一致性"的感觉,从而使谈判双方在友好、愉快的气氛中展开谈判工作。

协商式开局策略比较适用于谈判双方实力比较接近、双方过去没有商务往来的经历,第一次接触,都希望有一个好的开端。要多用外交礼节性语言、中性话题,使双方在平等、合作的气氛中开局。比如,谈判一方以协商的口吻来征求谈判对手的意见,然后对对方意见表示赞同或认可,以促成双方达成共识。要表示充分尊重对方意见的态度,语言要友好礼貌,但又不刻意奉承对方。姿态上应该是不卑不亢,沉稳中不失热情,自信但不自傲,把握住适当的分寸,顺利打开谈判局面。

**2. 坦诚式开局策略**

坦诚式开局策略,是指以开诚布公的方式向谈判对手陈述己方的观点或意愿,以尽快打开谈判局面。

坦诚式开局策略比较适合双方过去有过商务往来,而且关系很好,互相了解较深,将这种友好关系作为谈判的基础。在陈述中可以真诚、热情地畅谈双方过去的友好合作关系,适当地称赞对方在商务往来中的良好信誉。由于双方关系比较密切,可以省去一些礼节性的外交辞令,坦率地陈述己方的观点以及对对方的期望,使对方产生信任感。

坦诚式开局策略有时也可用于实力不如对方的谈判者。己方实力弱于对方,这是双方都了解的事实，因此没有必要掩盖。坦率地表明己方存在的弱点，使对方理智地考虑谈判目标。这种坦诚也表达出实力较弱一方不惧怕对手的压力，充满自信和实事求是的精神，这比"打肿脸充胖子"大唱高调掩饰自己的弱点要好得多。

### 3. 慎重式开局策略

慎重式开局策略，是指以严谨、凝重的语言进行陈述，表达出对谈判的高度重视和鲜明的态度，目的在于使对方放弃某些不适当的意图，以达到把握谈判的目的。

慎重式开局策略适用于谈判双方过去有过商务往来，但对方曾有过不太令人满意的表现，己方要通过严谨、慎重的态度，引起对方对某些问题的重视。例如，可以对过去双方业务关系中对方的不妥之处表示遗憾，并希望通过本次合作能够改变这种状况，可以用一些礼貌性的提问来考察对方的态度、想法，不要急于拉近关系，注意与对方保持一定的距离。这种策略也适用于己方对谈判对手的某些情况存在疑问，需要经过简短的接触摸底。当然，慎重并不等于没有谈判诚意，也不等于冷漠和猜疑，这种策略正是为了寻求更有效的谈判成果而使用的。

### 4. 进攻式开局策略

进攻式开局策略，是指通过语言或行为来表达己方强硬的姿态，从而获得谈判对手必要的尊重，并借以制造心理优势，使谈判顺利进行下去。这种进攻式开局策略只有在特殊情况下使用。例如，发现谈判对手居高临下，以某种气势压人，有某种不尊重己方的倾向，如果任其发展下去，对己方是不利的，因此要变被动为主动，不能被对方气势压倒。采取以攻为守的策略，捍卫己方的尊严和正当权益，使双方站在平等的地位上进行谈判。进攻式策略要运用得好，必须注意有理、有利、有节，不能使谈判一开始就陷入僵局。要切中问题要害，对事不对人，既表现出己方的自尊、自信和认真的态度，又不能过于咄咄逼人，使谈判气氛过于紧张，一旦问题表达清楚，对方也有所改观，就应及时调节一下气氛，使双方重新建立起一种友好、轻松的谈判气氛。

## 三、商务谈判价格磋商阶段

商务谈判价格磋商阶段是商务谈判的实质性阶段，是谈判双方斗智斗勇比实力的阶段。谈判策略的复杂性在这个阶段体现得最充分。

### （一）影响价格的因素

商务谈判涉及的交易对象不同，其价格的影响因素也有差别。商品价格的决定因素与服务价格的决定因素有区别。影响商品价格的主要因素有以下几个方面。

#### 1. 商品成本

一般情况下，成本是成交价格的最低界限。成交价低于成本，供应商不仅无利可图，而且有亏损。

#### 2. 供求关系

在市场经济条件下，价格是由供求关系决定的。市场供给是指市场上商品的供应量。市场需求是指消费者有支付能力的需求。市场上某种商品的供求基本保持平衡，该商品的价格会趋于稳定。如供过于求，其价格就会下降；如供不应求，其价格则会上升。

#### 3. 市场竞争环境

市场竞争环境可分为完全竞争、完全垄断、垄断竞争和寡头垄断四种模式。不同的市竞争环境对价格的形成产生不同的影响。

（1）完全竞争　完全竞争，是指市场上不存在任何垄断势力，买卖双方可以完全自由地从事各种经济活动的市场竞争环境。完全竞争市场具有如下特点。

① 有许多买主和卖主，各自的商品购销量均有限。

② 买主和卖主都可以完全自由地参与交易活动，对市场信息有充分了解。

③ 商品的成交价格和数量是在多次交易中自然形成的。

④ 各种生产要素都能自由流动。

（2）完全垄断　完全垄断，是指某种商品的销售完全由一个卖主单独控制的市场环境。完全垄断市场有如下特点。

① 商品极其缺乏弹性或完全无弹性。

② 商品的专用性很强且无替代品。

③ 只有独一无二的卖主。

④ 交易的价格和数量完全由垄断者决定。

（3）垄断竞争　垄断竞争，是介于完全竞争与完全垄断之间的市场环境。垄断竞争市场具有如下特点。

① 有许多买主和卖主。

② 不同卖主所提供的商品存在差别。

③ 少数卖主在一定时间内处于优势地位。

④ 买卖各方在市场活动中都受到一定限制。

（4）寡头垄断　寡头垄断，是指由少数几家大企业控制并操纵某种商品生产和销售的市场环境。在寡头垄断市场上，价格不是由市场供求状况决定的，而是由几家大企业以其共同利益为基础通过协议和契约来决定的。

**4. 相关服务**

商品的销售一般都伴有相关的服务，比如设备安装调试、人员培训、产品维修、零部件供应、技术咨询，等等。

**5. 消费心理**

消费者在确定自己愿意对某商品支付多高的价格时，心理因素的影响十分明显。

**（二）报价策略**

报价，不仅仅局限于商品的价格，而是泛指谈判一方向谈判对方提出的所有要求，包括商品的质量、数量、价格、包装、运输、保险、支付、商检、索赔、仲裁等各项交易条件，其中价格条款最为显著，地位最为重要。

具体来说，报价有以下几种策略。

**1. 报价起点策略**

（1）作为卖方开最高的价，作为买方出最低的价　这是报价的首要原则。卖方报价起点要高，即"开最高的价"；买方报价起点要低，即"出最低的价"。这种做法已成为商务谈判中的惯例。同时，从心理学的角度看，谈判者都有一种要求得到比他们预期得到的更多的心理倾向。实践证明，若卖方开价较高，则双方往往能在较高的价位成交；若买方出价较低，则双方可能在较低的价位成交。

（2）报价必须合乎情理　报价要报得高一些，但绝不能漫天要价、毫无控制，同时也必须合乎情理，要能够讲得通。如果报价过高，又讲不出道理，对方必然会认为你缺少谈判的诚意，或者中止谈判扬长而去；或者以其人之道还治其人之身，相对地来个"漫天杀价"；或者一一地提出质问，你无以应对，反而使自己丢脸，丧失信誉，并且会很快被迫让步。在这种情况下，有时即使你已将交易条件降到比较公平合理的水平上，对方仍会认为尚有"水分"继续穷追不舍。

### 2. 报价时机策略

先后报价都有利有弊，而且"利"与"弊"都和一定的条件相联系。实际谈判中的"先入为主"与"后发制人"，也都不乏成功的范例。关于先后报价孰优孰劣，要根据特定条件和具体情况灵活掌握。一般地说，应注意以下几点。

第一，如果对方是"行家"，自己不是"行家"，以后报价为好。

第二，如果对方不是"行家"，自己是"行家"，以先报价为好。

第三，双方都是"行家"，则先后报价已无实质性区别。

第四，在高度竞争或高度冲突的场合，先报价有利。

第五，在友好合作的谈判背景下，先后报价无实质性区别。

另外，商务性谈判的惯例是：①发起谈判者与应邀者之间，一般应由发起者先报价；②投标者与招标者之间，一般应由投标者先报价；③卖方与买方之间，一般应由卖方先报价。

### 3. 报价表达策略

报价无论是采取口头或书面方式，表达都必须十分肯定、干脆，似乎不能再做任何变动或没有任何可以商量的余地。而"大概""大约""估计"一类含糊的词语都不适宜在报价时使用，因为这会使对方感到报价不实。另外，如果买方以第三方的出价低为由胁迫时，你应明确告诉他"一分钱，一分货"，并对第三方的低价毫不介意。只有在对方表现出真实的交易意图，为表明至诚相待，才可以在价格上开始让步。

### 4. 价格解释策略

在谈判一方（通常是卖方）报价后，另一方（通常是买方）可要求其做价格解释。所谓价格解释，就是对报价的内容构成、价格的计算依据、价格的计算方式所做的介绍或解释。报价方在进行报价解释时，也应该注意遵守言简意赅的原则，即不问不答、有问必答、答其所问、简短明确。

不问不答，是指对对方不主动提及的问题不主动回答，不能因怕对方不理解而做过多的解释和说明，以至于言多有失。

有问必答，是指对对方提出的所有问题都要一一回答，并且要迅速、流畅。如果吞吞吐吐、欲言又止，就容易引起对方的疑虑，因而提高警惕，穷追不舍。

答其所问，是指仅就对方所提问题做出解释说明，不做画蛇添足式的多余答复。实践证明，在一方报价之后，另一方一般要求报价方对其价格构成、报价根据、计算方式等问题做出详细解释。因此，报价方在报价前要就这些问题的解释多加准备，以备应用。

简短明确，就是要求报价方在进行价格解释时做到简明扼要、明确具体，以充分表明自己的态度和诚意，使对方无法从价格中发现破绽。

### 5. 价格分割策略

价格分割策略是一种心理策略。卖方报价时，采用这种技巧，能制造买方心理上的价格便宜感。价格分割策略包括两种形式。

（1）用较小的单位报价　用小单位报价比大单位报价会使人产生便宜的感觉，更容易使人接受。

(2) 用较小单位商品的价格进行比较　用小商品的价格去类比大商品会给人以亲近感，容易拉近与消费者之间的距离。

### 6. 采用心理价格策略

人们在心理上一般认为9.9元比10元便宜，而且认为零头价格精确度高，给人以信任感，容易使人产生便宜的感觉。像在心理上被人们认为较小的价格叫作心理价格。

### 7. 中途变价策略

中途变价策略，是指在报价的中途，改变原来的报价趋势，从而争取谈判成功的报价方法。所谓改变原来的报价趋势，是指买方在一路上涨的报价过程中，突然报出一个下降的价格，或者卖方在一路下降的报价过程中，突然报出一个上升的价格来，从而改变了原来的报价趋势，促使对方考虑接受己方的价格。

### 8. 报价差别策略

由于购买数量、付款方式、交货期限、交货地点、客户性质等方面的不同，购销价格也不同。这种价格差别，体现了商品交易中的市场需求导向，在报价策略中应重视运用。例如，对老客户或大批量购买的客户，为巩固良好的客户关系或建立起稳定的交易联系，可适当实行价格折扣；对新客户，有时为开拓新市场，也可适当给予折让；对某些需求弹性较小的商品，可适当实行高价策略等。

**【案例】**　美国有位谈判专家想在家中建个游泳池，建筑设计要求非常简单：长30英尺（1英尺＝0.3048米），宽15英尺，有温水过滤设备，并且6月1日前完工。谈判专家对游泳池的造价及建筑质量等方面是个外行，但这难不倒他。在极短的时间内，他不仅使自己从外行变成了内行，而且还找到了质量好、价钱便宜的建造者。

谈判专家先在报纸上登了个想要建造游泳池的广告，具体写明了建造要求，结果有A、B、C三位承包商来投标，他们都递交了承包的标单，里面有各分项工程所需的器材、费用及工程总费用。谈判专家仔细地看了这三张标单，发现所提供的温水设备、过滤网、抽水设备、设计和付款条件都不一样，总费用也有差距。

接下来的事情是约这三位承包商来他家里商谈，第一个约定早上9点钟，第二个约定9点15分，第三个则约在9点30分。第二天，三位承包商如约而来，他们都没有得到主人的马上接见，只得坐在客厅里彼此边交谈着边等候。

10点钟的时候，主人出来请第一个承包商A先生进到书房去商谈。A先生一进门就宣称他的游泳池一向是造得最好的，好游泳池的设计标准和建造要求他都符合，顺便他还告诉主人B先生通常使用陈旧的过滤网，而C先生曾经丢下许多未完成的工程，并且他现在正处于破产的边缘。接着又换了B先生进行商谈，从他那里主人又了解到其他人所提供的水管都是塑胶管，他所提供的才是真正的铜管。C先生告诉主人的是，其他人所使用的过滤网都是品质低劣的，并且往往不能彻底做完，拿到钱之后就不管了，而他则绝对做到保质保量。

谈判专家通过静静的倾听和旁敲侧击的提问，基本上弄清楚了游泳池的建筑设计要求及三位承包商的基本情况，发现C先生的价格最低，而B先生的建筑设计质量最好。最后，他选中了B先生来建造游泳池，而只给C先生提供的价钱。经过一番讨价还价之后，谈判终于达成了一致。

**分析**：谈判专家利用不同承包商之间竞争的关系，在自己不是"专家"的情况下，通过后报价、价格解释等策略成功取得了谈判的成功。

### (三) 讨价还价策略

讨价，是指谈判中的一方首先报价之后，另一方认为离自己的期望目标太远，而要求报价方改善报价的行为。

一般情况下，谈判的一方报价以后，另一方不会无条件地全部接受所报价格，而是相应地做出这样或那样的反应。谈判中的还价，实际上就是针对谈判对手的首次报价，己方所做出的反应性报价。还价以讨价作为基础。

【案例】 一天傍晚，两个中年男子走进我们的展厅，我和他们打招呼，他们只顾自己说话，没有理我，甚至没看我一眼。我安静地跟在他们后面，仔细听他们的谈话。

从他们的谈话中我听出来，一个是甲方老板，而另一个背包的应该是乙方供货装修的，准备装修酒店，要找深色砖，铺过道大厅用。

他们在HQ款产品跟前停了好一会儿。背包的顾客开门见山地问："这款砖的工程价是多少？"

我回答说："工程价格要根据您所需要的数量来定，请问……"

"400平方米。"他干脆地回答，拦住了我的问题。

"我们最少的工程量为500平方米，工程价是230元。您400平方米不能算作工程，不过您的眼光真不错，这款产品是我们本月推出来的最新产品，目前也只有我们这一家有货，它特别显档次。"我想绕开价格问题。

"那也太贵了吧！"他保持着说话简短、急速的风格，音调不减。

我回答说："是稍微贵了一些，不过HQ砖是采用纳米抛光的最新工艺，致密度和光泽度都很高，而且防污、防滑性特别好！"

"还能便宜吗？"他似乎有点儿不耐烦。

"我们的砖不论从厂家规模，还是产品质量，在业内都是得到专家与用户认可的，但是价格却是中等价位。所以这已经是最低的了！不过，我可以申请工程价给您。"我做出了主动让步，以表姿态。

他脸一沉："我信吗？我做砖的时间比你的年龄还要大！"

他说完转身就走。这下我更确定了，他是乙方供应商，包工包料的。经验告诉我，他们肯定会回来买，因为甲方老板看上的砖，乙方不好改变方案；这款砖只有几家名牌厂家有，但从花色逼真与价格方面，我们很有优势。他们现在不买，多半是因为他们还不着急用。

过了几天，乙方的一个人过来了，态度缓和了一些，他要求降低价格，我没同意，他匆忙喝掉我端上的茶，又匆忙离去。看来他确实接受不了这个价格。

第二天，甲方老板和乙方同时过来。乙方偷偷向我说他只能接受180元左右的产品。在这种情况下，我向甲方老板推荐了价格更便宜的HL产品。

"这款砖与HQ款的做工工艺都是一样的，只是HQ款的色料贵一点儿，所以价格高了上去。事实上，HL款仿石材逼真，铺起来更显高档大气。"

乙方也帮着说："嗯！这款的平整度挺好的！"

最终这一单以较高的价格成交。

**分析**：这个案例中的客户是相当蛮横的，"我做砖的时间比你的年龄都要大"，客户说这句话的目的是什么呢？他要说的是："你别把我当傻瓜，我比你内行得多！"当然，他说这话多半也是向甲方做个姿态。遇到这样的阵势,毫无经验的导购要么会把产品的底价马上告诉顾客,要么会去向上级领导申请最低价,毕竟这也算是一个不小的单子,这就中了顾客的圈套。但这位导购没有被顾客的气焰吓倒。为什么?因为导购明白两点:甲方看上了这款产品,你乙方不好更改;我们的产品很有竞争优势,你终究会再来的。

### 1. 投石问路策略

要想在谈判中掌握主动权,就要尽可能地了解对方的情况,尽可能地了解和掌握当己方采取某一步骤时,对方的反应、意图或打算。投石问路策略就是了解对方情况的一种战略战术。运用此策略的一方主要是在价格条款中试探对方的虚实。例如,一方想要试探对方在价格上有无回旋的余地,就可提议:"如果我方增加购买数量,你们可否考虑优惠一下价格呢?"这样,买方就可以根据卖主的开价,进行选择比较,讨价还价。

### 2. 抬价压价策略

这种策略技巧是商务谈判中应用最为普遍、效果最为显著的方法。通常,谈判中没有一方开价,另一方就马上同意,双方拍板成交的,都要经过多次的抬价、压价,才互相妥协,确定一个一致的价格标准。所以,谈判高手也是抬价、压价的高手。

抬价的作用还在于:卖方能较好地遏制买方的进一步要求,从而更好地维护己方利益。压价可以说是对抬价的破解。如果是买方先报价格,可以低于预期目标进行报价,留出讨价还价的余地;如果是卖方先报价,买方压价,则可以采取多种方式。

### 3. 目标分解策略

在对方报价时,价格水分较大,如果我们笼统地在价格上要求对方做机械性的让步,既盲目,效果也不理想。比较好的做法是,把对方报价的目标分解,从中寻找出哪些是我们需要的,价格应是多少;哪些是我们不需要的,哪一部分价格水分较大。这样,讨价还价就有利得多。

### 4. 价格诱惑策略

价格诱惑策略,就是卖方利用买方担心市场价格上涨的心理,诱使对方迅速签订购买协议的策略。因此,买方一定要慎重对待价格诱惑,必须坚持做到:第一,计划和具体步骤一经研究确定,就要毫不动摇地去执行,排除外界的各种干扰。所有列出的谈判要点,都要与对方认真磋商,决不随意迁就。第二,买方要根据实际需要确定订货单,不要被卖方在价格上的诱惑所迷惑,买下一些并不需要的辅助产品和配件,切忌在时间上受对方期限的约束而匆忙做出决定。

## (四)让步策略

**【案例】** 很久以前,俄国的某个乡村里,住着一位很聪明的人。有一天,一个忧心忡忡的女人来向他诉苦。因为她的公婆要来和他们同住,而她和丈夫以及两个小孩所住的小茅屋里却没有多余的空间,但又不能让他们露天而宿,所以只好请他们勉强住进那本已十分拥挤的小茅屋来。可是没过多久,她就感到非常难过和局促不安了,她哭着问这个聪明人:"我该怎么办呢?"

聪明人摸着胡子,沉思了一会儿,然后问她:"你有没有一头母牛呢?"她回答说:"有的,但这和我的困境有什么关系呢?"他接着说:"把这头母牛牵到你的小茅屋里住一个礼拜,然后,再来找我。"她半信半疑地听从了他的吩咐,因为他一向是以聪明闻名的。

一个礼拜后,这个妇人又来见这个聪明人。"事情愈来愈糟了,"她哭着说,"我的处境比以前更悲惨了。每当这头母牛稍微转动一下，屋里的 6 个人就得跟着移动位置，更不用说想睡觉了。"这个聪明人摸着胡子，又沉思了一会儿，向她说："你有没有养鸡呢？"她回答说："有的，但这和我的困境又有什么关系呢？"聪明人接着说："把你养的鸡也带到你的小茅屋里住一个礼拜，然后再来找我。"这个妇人比上回更迟疑了，不过她还是听从了这个聪明人的吩咐。一个礼拜后，她歇斯底里地回来说："你发疯了，你的建议愈来愈糟糕，我的小茅屋根本就住不下去了！鸡飞牛跳的，两个老的咳嗽个不停，两个小的在汤里发现了鸡毛，我和我那口子也打起架来，这一切都是你搞出来的。"这个聪明人仍旧摸着胡子，想了一会儿，说："你回家后，把那头母牛牵出屋外，一个礼拜后再来找我。"她心里想：这个人实在是有点儿傻。但是，她终于还是决定听从他的吩咐。

一个礼拜后，她又回来找他，这个聪明人问她说："你这回觉得怎么样呢？"她回答说："说起来实在奇怪，自从把牛牵出屋外后，我觉得稍微好过点儿了。"

这个聪明人再度摸着胡子，想了一会儿，说："关于你的困境，我终于想到一个解决的办法了，把你养的鸡也赶出屋外。"这个妇人赶出这些鸡后，就和她的丈夫、两个小孩以及她的公婆非常安乐地生活在一起了。

**分析：** 在商务谈判的过程中，在准确理解对方利益的前提下，努力寻求双方各种互利的解决方案是一种正常渠道达成协议的方式。但在解决一些棘手的利益冲突问题时，如双方就某一个利益问题争执不下，例如，房东与承租人之间的房租问题；在国际贸易中的交货期长短问题；最终的价格条款的谈判问题等，恰当地运用让步策略是非常有效的工具。

### 1. 如何运用让步策略

（1）互惠式的让步　互惠式的让步，是指以己方的让步换取对方在某一问题上的让步。能否争取到互惠式的让步与我们在商谈谈判议题时所采取的方式有关。采用纵向式商谈的方式，双方往往会在某一个议题上争执不下，或者最后只是某一方单方面的让步；横向式商谈把各个议题联系在一起，双方可以在各议题上进行利益交换，以达到互惠式的让步。

（2）丝毫无损的让步　丝毫无损的让步，是指在谈判过程中，当谈判的双方就某一个交易条件要求对方做出让步，其要求的确有些理由，而对方又不愿意在这个问题上做出实质性的让步时，采取这样一种处理办法，即首先认真倾听对方的诉说，并向对方表示：我方充分地理解您的要求，我们也认为您的要求有一定的合理性。但是，就我方目前的条件而言，因受种种因素的限制，实在难以接受您的要求。我方保证在这个问题上我方给予其他客户的条件，绝对不比给你们的好，希望你们能够谅解。如果不是什么大的问题，对方听了上述一番话之后，往往会自己放弃要求。

（3）予之远利，取之近惠　我们可以通过强调保持与我方的业务关系将能给对方带来长期的利益，而本次交易对是否能够成功地建立和发展双方之间的这种长期业务关系是至关重要的，向对方说明远利和近利之间的利害关系。如果对方是一个精明的商人，是会取远利而弃近惠的。对己方来讲，只是给对方一个期待的满足，并未付出什么现实的东西，却获得了近惠。

**【案例】** 美国有位大富翁詹姆斯经营旅馆、戏院、自动洗衣店颇有章法，他出于某种需要决定再投资一本杂志。经内行人介绍，他看中了杂志出版界的大红人鲁宾逊。鲁宾逊本人恃才傲物，瞧不起其他同行，更别提外行人了。很多出版商愿意出一大笔钱，也无法把他和杂志弄到手。精于谈判之道的詹姆斯首先对鲁宾逊进行了全面而细致的调查，发现鲁宾逊除了傲人的才华外，还拥有一个非常幸福的家庭，他非常爱家，现在已经对独立承担竞争性很强的杂志没有兴趣，此外，为了节省开支，他必须得整日泡在办公室处理公事。对此，他早已感到乏味之至。有了这些信息，詹姆斯在谈判一开始就坦率地承认自己对杂志一窍不通，非常需要鲁宾逊这种人才，然后他把一大笔数目的支票和公司股票放在鲁宾逊面前，告诉他公司的发展前景非常可观。他为了把鲁宾逊从繁杂的公务中解脱出来，为鲁宾逊物色了一批人才专门为他处理杂事，让鲁宾逊能全力以赴只管杂志的编辑工作。这些条件一下子就打动了鲁宾逊。实际上，詹姆斯只花了其他出版商的十分之一的钱就将鲁宾逊和他的杂志弄到了手。

**分析：** 詹姆斯通过分析对方的需求，有的放矢，达到了最好的谈判效果。

### 2. 迫使对方让步的策略

（1）"情绪爆发"策略　在谈判过程中，当双方在某一个问题上相持不下时，或者对方的态度、行为欠妥或者要求不太合理时，我们可以抓住这一时机，大发脾气，严厉斥责对方无理，有意制造僵局，让对方感觉我们没有谈判的诚意。情绪爆发的烈度应该视当时的谈判环境和气氛而定。但不管怎样，烈度应该保持在较高水平上，甚至拂袖而去，这样才能震撼对方，产生足够的威慑作用和影响。

（2）吹毛求疵策略　吹毛求疵策略也称先苦后甜策略，是一种先用苛刻的虚假条件使对方产生疑虑、压抑、无望等心态，以大幅度降低对手的期望值，然后在实际谈判中逐步给予优惠或让步；由于对方的心理得到了满足，便会做出相应的让步。该策略由于用"苦"降低了对方的期望值，用"甜"满足了对方的心理需要，因而很容易实现谈判目标，使对方满意地签订合同，己方也会从中获取较大利益。

（3）车轮战策略　车轮战策略，是指在谈判桌上的一方遇到关键问题或与对方有无法解决的分歧时，借口己方不能决定或找其他理由，转由他人再进行谈判。这里的"他人"或者是上级，或者是同伴、合伙人、委托人、亲属、朋友。不断更换己方的谈判代表，有意延长谈判时间，消耗对方的精力，促使其做出大的让步。

（4）分化对手　在磋商阶段，谈判双方都逐渐了解了彼此的交易条件和立场，这时，每个谈判人员都会自觉或不自觉地就双方讨价还价的问题进行反思。当一方内部存在分歧时，如果这一方的谈判小组组长不能有效地控制和结束这种分歧，而使之表面化、外在化的话，另一方就可以积极地开展"统战"工作，分化对方。

（5）红白脸策略　红白脸策略又叫软硬兼施策略、好坏人策略或鸽派鹰派策略。

在谈判初始阶段，先由唱白脸的人出场，表现得傲慢无理，苛刻无比，强硬僵死，立场坚定，毫不妥协，让对手产生极大的反感。当谈判进入僵持状态时，唱红脸的人出场，表现出体谅对方的难处，以合情合理的态度照顾对方的某些要求，放弃己方某些苛刻的条件和要求，做出一定的让步，扮演一个"红脸"的角色。实际上，做出这些让步之后，所剩下的那些条件和要求，恰恰是原来设计好的必须全力争取达到的目标。

（6）利用竞争，坐收渔利策略　该策略取自"鹬蚌相争，渔翁得利"，比喻双方争执，让第三方得利。这里就是利用卖者之间的竞争，使买者得利。该策略成功的基础是制造竞争，制造和利用竞争永远是谈判中逼迫对方让步的最有效的武器和策略。当谈判的一方存在竞争对手时，其谈判的实力就会大为减弱。在谈判中，我们应该有意识地制造和保持对方的竞争局面。有时，对方实际上并没有竞争对手，但我们可以巧妙地制造假象来迷惑对方，以求逼迫对方让步。

(7) 蚕食策略　蚕食策略是指一方在争取对方一定让步的基础上，再进一步提出更多的要求，以争取己方利益。这一策略的核心是一点一点地要求，积少成多，以达到自己的目的。

有时也称它为"蚕食策略"，意思就是像蚕吃桑叶一样步步为营。有人也把它形象地比喻为"切意大利香肠"。

(8) 先斩后奏策略　先斩后奏策略亦称"人质策略"。这在商务谈判活动中可以解释为"先成交，后谈判"，即实力较弱的一方往往通过一些巧妙的办法使交易已经成为事实，然后再在举行的谈判中迫使对方让步。

"先斩后奏"策略的实质是让对方先付出代价，并以这些代价为"人质"，扭转己方实力弱的局面，让对方通过衡量已付出的代价和中止成交所受损失的程度，被动地接受既成交易的事实。

(9) 声东击西策略　就军事战术上讲，声东击西是指当敌我双方对阵时，我方为更有效地打击敌人，造成一种从某一面进攻的假象，借以迷惑对方，然后攻击其另一面，这种战术策略同样适用于谈判。在谈判中，一方出于某种需要而有意识地将会谈的议题引到并不重要的问题上以分散对方的注意力，达到己方的目的。实际的谈判结果证明，只有更好地隐藏真正的利益需要，才能更好地实现目标，尤其是在己方不能完全信任对方的情况下更是如此。

(10) "最后通牒"策略　在谈判双方争执不下，对方不愿做出让步以接受己方交易条件时，为了逼迫对方让步，己方可以向对方发出"最后通牒"。其做法通常是：给谈判规定最后的期限，如果对方在这个期限内，不接受己方的交易条件达成协议，则己方就宣布谈判破裂并退出谈判。

(11) 针锋相对策略　在商务谈判中我们经常会发现有一些类似于"铁公鸡"似的谈判对手，他们往往报价很高，然后在很长的时间里拒不做出让步。如果你按捺不住自己，就会做出让步，然后他们就会设法迫使你接着做出一个又一个的让步。面对这一类谈判对手唯一有效的办法是，针锋相对，以牙还牙。

**3. 让步中阻止对方进攻的策略**

(1) 权力有限策略　一个权力有限的谈判者要比大权独揽的谈判者处于更有利的地位，因为他的立场可以更坚定些，可以更果断地对对方说"不"。当对方有力进攻，而己方无充分理由驳斥时，以某种客观因素或条件制约而无法满足对方的要求为由，可以阻止对方进攻，而对方就只能根据己方所有的权限来考虑这笔交易。

商务谈判中，经常运用的限制因素有权力限制、资料限制、其他方面的限制。

(2) 不开先例策略　不开先例策略，是谈判一方拒绝另一方要求而采取的策略方式。当一方向对方提出最优惠政策时，对方承担不起，这时对方就可以"不开先例"挡回其过分要求。如果买方提出的要求使卖方为难，卖方可向买方解释，如果答应了他的要求，对卖方来说就等于开了一个先例，以后对其他买主要采取同样的做法，这不仅对卖方来说无法负担，而且对以前的买主也不公平。

(3) 疲劳战术策略　在商务谈判中，有时会遇到锋芒毕露、咄咄逼人的谈判对手。他们以各种方式表现其居高临下、先声夺人的挑战姿态。对于这类谈判者，疲劳战术是一个十分有效的策略。这种战术的目的在于通过许多回合的拉锯战，使这类谈判者疲劳生厌，以此逐渐磨去锐气；同时也扭转了己方在谈判中的不利地位，等到对手筋疲力尽、头昏脑涨之时，己方即可反守为攻，促使对方接受己方条件。

(4) 休会策略　休会是谈判人员比较熟悉并经常使用的基本策略，是指在谈判进行到某一阶段或遇到某种障碍时,谈判双方或一方提出中断会议,休息一会儿的要求,以使谈判双方人员有机会恢复体力、精力和调整对策,以推动谈判的顺利进行。

从表面上看,休会是满足人们生理上的需求,恢复体力和精力,但实际上,休会的作用已远远超出了这一含义。它已成为谈判人员调节、控制谈判过程,缓和谈判气氛、融洽双方关系的一种策略技巧。

(5) 以退为进策略　这个策略从表面上看,谈判一方退让妥协或委曲求全,但实际上退却是为了以后更好地进攻,或实现更大的目标。在谈判中运用这一策略较多的形式是,谈判一方故意向对方提出两种不同的条件,然后迫使对方接受条件中的一种。如"我方出售产品享受优惠价的条件是批量购买 2000 件以上,或者是预付货款 40%,货款为两次付清"。一般情况下,对方要在两者之间选择其一。

(6) 以弱求怜策略　以弱求怜策略也称恻隐术,是一种装可怜相、为难相的做法,以求得对方的同情,争取合作。一般情况下,人们总是同情弱者,不愿落井下石将之置于死地。

(7) 亮底牌策略　亮底牌是在谈判进入让步阶段后实行的策略。谈判一方一开始就拿出全部可让利益,做一次性让步,以达到以诚制胜的目的。这种让步策略一般在己方处于劣势或双方关系较为友好的情况下使用。在采用这种让步策略时,应当充分表现出己方的积极坦率,以诚动人,用一开始就做出最大让步的方式感动对方,促使对方也做出积极反应,拿出相应的诚意。

## (五) 化解僵局的策略

来自不同的企业、不同的国家或地区的谈判者,在商务谈判中,双方观点、立场的交锋是持续不断的;当利益冲突变得不可调和时,僵局便出现了。打破谈判僵局的策略主要有以下几种。

### 1. 用语言鼓励对方打破僵局

当谈判出现僵局时,你可以用话语鼓励对方,或者叙述旧情,强调双方的共同点。就是通过回顾双方以往的合作历史,强调和突出共同点和合作的成果,以此来削弱彼此的对立情绪,以达到打破僵局的目的。

### 2. 采取横向式的谈判打破僵局

当谈判陷入僵局,经过协商而毫无进展,双方的情绪均处于低潮时,可以采用避开该话题的办法,换一个新的话题与对方谈判,以等待高潮的到来。横向谈判是回避低潮的常用方法。由于话题和利益间的关联性,当其他话题取得成功时,再回来谈陷入僵局的话题,便会比以前容易得多。

### 3. 寻找替代的方法打破僵局

"条条大路通罗马",在商务谈判上也是如此。谈判中一般存在多种可以满足双方利益的方案,而谈判人员经常简单地采用某一方案,而当这种方案不能为双方同时接受时,僵局就会形成。谁能创造性地提出可供选择的方案——当然,这种替代方案一定要既能有效地维护自身的利益,又能兼顾对方的利益要求——谁就掌握了谈判的主动权。

### 4. 运用休会策略打破僵局

休会策略是谈判人员为控制、调节谈判进程,缓和谈判气氛,打破谈判僵局而经常采用的一种基本策略。它不仅是谈判人员恢复体力、精力的一种生理需求,而且是谈判人员调节情绪、控制谈判过程、缓和谈判气氛、融洽双方关系的一种策略技巧。

#### 5. 利用第三者调停打破僵局

在政治事务中，特别是国家间、地区间的冲突，由第三者出面做中间人进行斡旋，往往会获得意想不到的效果。商务谈判也完全可以运用这一方法来帮助双方有效地消除谈判中的分歧。当谈判双方严重对峙而陷入僵局时，双方信息沟通就会发生严重障碍，互不信任，互相存在偏见，甚至敌意，这时由第三者出面斡旋可以为双方保全面子，使双方感到公平，信息交流可以变得畅通起来。

#### 6. 更换谈判人员或者由领导出面打破僵局

谈判中出现了僵局，并非都是双方利益的冲突，有时可能是谈判人员本身的因素造成的，这时可以征得对方同意，及时更换谈判人员，消除不和谐因素，缓和气氛，有可能轻而易举地打破僵局，保持与对方的友好合作关系。

在有些情况下，如协议的大部分条款都已商定，却因一两个关键问题尚未解决而无法签订合同，这时，我方也可由地位较高的负责人出来参与谈判，表示对僵持问题的关心和重视。

#### 7. 从对方的漏洞中借题发挥打破僵局

谈判实践告诉我们，在一些特定的形势下，抓住对方的漏洞小题大做，会给对方一个措手不及。这对于突破谈判僵局会起到意想不到的效果，这就是所谓的从对方的漏洞中借题发挥。

#### 8. 利用"一揽子"交易打破僵局

所谓"一揽子"交易，即向对方提出谈判方案时，好坏条件搭配在一起，像卖三明治一样，要卖一起卖，要同意一起同意。

#### 9. 有效退让打破僵局

达到谈判目的的途径是多种多样的，谈判结果所体现的利益也是多方面的，有时谈判双方对某一方面的利益分割僵持不下，就会轻易地让谈判破裂，这实在是不明智的。只要在某些问题上稍做让步，而在另一些方面就能争取更好的条件。

#### 10. 适当馈赠打破僵局

谈判者在相互交往的过程中，适当地互赠些礼品，会对增进双方的友谊、沟通双方的感情起到一定的作用，也是普通的社交礼仪。西方学者幽默地称之为"润滑策略"。

#### 11. 场外沟通打破僵局

谈判会场外沟通亦称"场外交易""会下交易"等。它是一种非正式谈判，双方可以无拘无束地交换意见，以达到沟通、消除障碍，避免出现僵局之目的。对于正式谈判出现的僵局，同样可以用场外沟通的途径直接进行解释，以消除隔阂。

#### 12. 以硬碰硬打破僵局

当对方通过制造僵局，给己方施加太大压力时，妥协退让已无法满足对方的欲望，应采用以硬碰硬的办法向对方反击，让对方自动放弃过高要求。比如，揭露对方制造僵局的用心，让对方放弃所要求的条件，也可以己方离开谈判桌，以显示己方的强硬立场。

【案例】云南省某发电厂就6号机组脱硫改造项目于2002年跟丹麦S公司签订了一系列脱硫改造合同。改造后的检验结果显示，烟囱排放气体未达到合同所承诺的技术指标。该发电厂于2004年与S公司为此事进行交涉，要求对方进行经济赔偿。在索赔正式谈判中，双方在责任问题上各执一词，谈判出现了僵局。S公司采取了"打擦边球"的策略，试图推卸责任，并把赔偿金额压到最低。合同要求脱硫率是90%，脱硫率瞬间值达到了这一指标，甚至还高于90%。但我方要求的是长期值而不是瞬间值，对方试图以瞬间值逃脱一定责任，而我方则以平均值说明问题。我方经长期统计，平均值仅有80%左右，远远没有达到合同要求。在脱硫剂石灰上，丹麦的国家制度规定石灰原料由国家提供，而我国则由企业自己提供。S公司认为，脱硫率低是我方未提供合适的石灰造成，我方应付一定的责任。最后，双方达成一致协议：一方面，S公司派遣相关人员继续进行技术改造；另一方面，对方就无法实现的合同技术指标部分进行赔偿。

**分析：** 责任归属问题是索赔谈判的关键，只有分清了责任，谈判双方才能根据损害程度就赔偿范围、金额等进行协商。我方在处理僵局时，以合同条款为依据进行责任区分，并尊重对方的感情，倾听对手的意见，通过沟通，发现分歧所在，双方以真诚合作的态度去商讨使双方都满意的解决方案。采用有效的退让策略，使索赔问题在友好的谈判气氛中得到解决。

## 四、商务谈判的结束与签约阶段

成交是商务谈判的最终成果，也是商务谈判的根本目标。虽然商务谈判双方经过前面各个阶段的交锋，克服了许多障碍和分歧，但只是为成交铺平了道路，商务谈判人员还须经过一番努力以促使对方下定决心，采取具体的成交行动。

### （一）商务谈判结束信号的识别

成交信号，是指商务谈判的各方在谈判过程中所传达出来的各种希望成交的暗示。对大多数商务谈判人员而言，如何在第一时间识别对方发出的成交信号，在对方发出此类信号时能往成交的方向引导，并最终促成成交，成为所有成功谈判的"必杀技"。

**1. 成交的语言信号**

在谈判过程当中，谈判对手最容易通过语言方面的表现流露出成交的意向，经验丰富的谈判人员往往能够通过对对手的密切观察及时、准确地识别对手通过语言信息发出的成交信号，从而抓住成交的有利时机。

（1）某些细节性的询问表露出的成交信号　比如，他们向你询问一些比较细致的产品问题，向你打听交货时间，向你询问产品某些功能及使用方法，向你询问产品的附件与赠品，向你询问具体的产品维护和保养方法，或者向你询问其他老客户的反映、询问公司在客户服务方面的一些具体细则，等等。

（2）某些反对意见表露出的成交信号　比如，他们对产品的性能提出疑问，对产品的某些细微问题表达不满；等等。如果一时无法准确识别，那么不妨在及时应对反对意见的同时，对他们进行一些试探性的询问以确定对手的真实意图。

【案例】

客户："这种材料真的经久耐用吗？你能保证产品的质量吗？"

谈判人员："我们当然可以保证产品的质量了！我们公司的产品已经获得了多项国家专利和各种获奖证书，这一点您大可以放心。购买这种高品质的产品是您最明智的选择，如果您打算现在要货的话，我们马上就可以到仓库中取货。"

客户："不，不，我还是有些不放心，我不能确定这种型号的产品是否真的如你所说的那么受欢迎……"

谈判人员："这样吧，我这里有该型号产品的详细资料，购买这种型号产品的人确实很多，而且很多老客户还主动为我们带来了很多新客户，如……这下您该放心了吧，您对合同还有什么疑问吗？"

**分析**：客户提问了质量等细节性问题，这就是成交的语言信号。

#### 2. 成交的行为信号

有时，对手可能会在语言询问中采取声东击西的战术，比如他们明明希望产品的价格能够再降一些，可是他们却会对产品的质量或服务品质等提出反对意见。这时，谈判人员很难从他们的语言信息中有效识别成交信号。在这种情形下，谈判人员可以通过对手的行为信息探寻成交的信号。

比如，当对方对样品不断抚摸表示欣赏之时，当他们拿出产品的说明书反复观看时，在谈判过程中忽然表现出很轻松的样子时，当对方在你进行说服活动时不断点头或很感兴趣地聆听时，当他们在谈判过程中身体不断向前倾时，等等。

#### 3. 成交的表情信号

比如，当对手的眼神比较集中于你的说明或产品本身时，当对手的嘴角微微上扬、眼睛发亮显出十分兴奋的表情时，或者当对手渐渐舒展眉头时，等等。

【**案例**】 在一次与客户进行谈判的过程中，刚开始我发现那位顾客一直紧锁着眉头，而且还时不时地针对产品的质量和服务提出一些反对意见。对他提出的问题我都一一给予了耐心、细致的回答，同时我还针对市场上同类产品的一些不足强调了本公司产品的竞争优势，尤其是针对顾客比较关心的服务品质方面着重强调了本公司相对完善的顾客服务系统。在我向对手一一说明这些情况的时候，我发现他对我的推荐不再是一副漠不关心的模样，他的眼睛似乎在闪闪发亮，我知道我的介绍说到了他的心坎儿上，于是我便趁机询问他需要订购多少产品，客户告诉了我他们打算订购的产品数量，我知道这场谈判很快就要成功了……

**分析**：销售人员及时捕捉"眼睛似乎在闪闪发亮"这一表情信号，最终成功交易。

#### 4. 成交的进程信号

转变洽谈环境，主动要求进入洽谈室或在谈判人员要求进入时，非常痛快地答应，或谈判人员在合同书写内容做成交付款动作时，对方没有明显的拒绝和异议。向谈判人员介绍自己同行的有关人员，特别是谈判的决策人员。如主动向谈判人员介绍"这是我的太太"，"这是我的领导×××"等。

### （二）商务谈判结束阶段策略

谈判到了最后阶段，双方已经有了成交的意向，这时我们如何把握时机，促使谈判成交呢？主要包括以下策略。

#### 1. 最后期限法

谈判中，由于利益的对立，谈判人员都承担着心理上的压力，逃避压力是人的本能，逃避的方法就是拖延时间，如果谈判代表只是对方的雇员而与谈判利益无关时，这种拖延更是常见，最后会不了了之或指望其他因素变化。对此，最后期限常常能起到积极的作用。最后期限实质上就是给对方一个时间压力,在限定的时间内不能结束,那么谈判破裂的责任就在于谈判人员了。这样,谈判人员就会积极主动地寻求解决方案,主观上就会更加积极努力,从而有利于达成谈判协议。谈判实践也证明最后期限的作用,很多重大的谈判,都是在期限的前夕才完成的。

### 2. 暗示法

暗示的概念常常被人们误用,暗示并非婉转的、间接的提示,而是非对抗状态下的诱导行为,即在对方并没有意识到的情况下,按照暗示者的意图做出行为,行为结束后,被暗示者仍然处于未知的状态。所以说,暗示也是一种高级的诱导。

### 3. 只剩站票法

只剩站票法又称为 SRO(Standing Room Only)促成法,起源于美国百老汇的门票销售,就是利用顾客"物以稀为贵"的心理促成交易。例如,"这是精心制作的样品,只有这一件,你不要没有关系,不过明天我不能保证还会在这里了。""今天是优惠的最后一天,明天价格全部回升到原来正常的水平。"

### 4. 场外交易法

谈判桌上的长时间争论,对立的气氛很浓,为了面子,为了舆论,为给上级一个交代,双方会相持不下。此时,双方尽管也想结束谈判,达成协议,但是都非常疲惫、厌倦、缺乏创意,在谈判桌上是难有作为了。场外交易则能够在一个比较轻松的、私人的场合中完成所有的谈判问题,达成协议,圆满地结束谈判。

### 5. 最后让步法

这是针对磋商阶段遗留的最后一两个有分歧的问题,需要通过最后的让步来促使双方达成协议。做最后的让步时,要注意两方面的问题:让步的时间和让步的幅度。

【案例】 一位法国人,他家有一片小农场,种的是西瓜。他在家里经常有人来电话,要订购他们的西瓜,但每一次都被他拒绝了。有一天,来了一位男孩,他说要订购西瓜,被农场主人回绝了,但男孩却不走,主人做什么,他都跟着走,在主人身边,专谈自己的故事,一直谈了个把小时。主人听完男孩的故事后,开口说:"说够了吧?那边那个大西瓜给你好了,一个法郎。""可是,我只有10生丁。"男孩说。"10生丁?"主人听了便指着另一个西瓜说:"那么,给你那边那个较小的绿色的瓜好吧?""好吧,我就要那个,"小男孩说,"请不要摘下来,我弟弟会来取,两个礼拜以后,他来取货。先生,你知道,我只管采购,我弟弟负责运输和送货,我们各有各的责任。"

**分析**:男孩虽然遭到明确无误的拒绝,但谈判并没有结束,男孩通过融洽关系,"我只有这些钱"和造成既定事实后追加有利的成交条件的办法,保证了终点目标的实现。此案例的关键点是:卖主明确拒绝后,男孩却没有收到"最后期限已到"的信息,而且将谈判成功地继续了下去。但是,如果真的存在那个"最后期限"的话,结局恐怕就截然不同了。

## (三)商务合同的签订

商务合同,是指当事人在商务活动中为了实现一定目的而设立、变更、终止民事权利义务关系的协议,也称契约。其主要内容包括当事人的名称(或姓名)和住所、标的、数量、质量、价款或者报酬、履行期限、地点和方式、违约责任和争议的解决方法等。

## 小结

1. 商务谈判的流程分为四个阶段,即准备阶段、开局阶段、价格磋商阶段和结束签约阶段。

2. 商务谈判的开局阶段要注意营造良好的谈判气氛。商务谈判开局策略有协商式开局策略、坦诚式开局策略、慎重式开局策略、进攻式开局策略。

3. 商务谈判价格磋商阶段主要讲了影响价格的因素、报价策略、讨价还价策略、让步策略、化解僵局的策略。

4. 商务谈判的结束与签约阶段介绍了商务谈判结束信号的识别、商务谈判结束阶段策略及商务合同的签订。商务谈判结束阶段策略包括最后期限法、暗示法、只剩站票法、场外交易法、最后让步法。

## 实训任务　电石价格谈判训练

| 实训标题 | 电石价格谈判训练 |
| --- | --- |
| 实训内容 | 日本某公司向中国某公司购买电石。此时,是他们间交易的第五个年头,去年谈价时,日方压了中方30美元/吨,今年又要压20美元/吨,即从410美元压到390美元/吨。据日方讲,他们已拿到多家报价,有430美元/吨,有370美元/吨,也有390美元/吨。据中方了解,370美元/吨是个体户报的价,430美元/吨是生产能力较小的工厂供的货。供货厂的厂长与中方公司的代表共4人组成了谈判小组,由中方公司代表为主谈人。谈判前,工厂厂长与中方公司代表达成了价格共同的意见,工厂可以在390美元成交,因为工厂需订单连续生产。中方公司代表讲,谈判不能对外说,价格水平我公司会掌握。公司代表又向其主管领导汇报,分析价格形势;主管领导认为价格不取最低,因为我们是大公司,讲质量,讲服务。谈判中可以灵活,但步子要小。若在400美元以上拿下则可成交;拿不下时把价格定在405~410美元,然后主管领导再出面谈。请工厂配合<br>任务:<br>请依据材料内容,制订一份谈判方案并进行模拟谈判 |
| 实训目的 | 掌握谈判方案的写作方法和谈判策略的运用 |
| 实训组织方式 | 以4人为一组进行分组,然后每组的组员进行角色分工。两组对应,一组同学是日本公司谈判人员,一组同学是供货厂与中方某公司代表组成的中方谈判人员<br>训练地点:教室1 |
| 实训评价标准 | 1.谈判方案的制订<br>2.谈判策略的运用<br>3.谈判过程表现<br>4.合同内容的准确性等 |
| 实训评价方式 | 1.学生进行组内自评、相互评价<br>2.小组之间互评<br>3.教师根据学生的表现给出相应评价并点评操作中的共性、个性问题<br>4.每位同学的成绩由两部分组成:个人自评、相互评价(40%)+小组互评(30%)+教师评价(30%) |

# 实战篇

| 项目六 |
| 销售谈判 |

### 能力目标

1. 能运用销售谈判内容、过程、技巧分析谈判案例；
2. 能运用销售谈判知识进行销售谈判。

 **案例引入　农民跨国"商战"卖泥鳅**

　　赣榆区墩尚镇银河村泥鳅养殖大户张家敏的出名缘于他的跨国"商战"。早在2010年，一个韩国老板看中了银河村适合泥鳅生长的自然条件，投资兴建了一个泥鳅养殖场，前些年养泥鳅失败的张家敏在养殖场里替韩国老板打工。通过一年的摸索，他发现泥鳅生病很正常，只要加强疾病预防就行了。张家敏还从韩国老板那里得知，在国内才卖10元一公斤的泥鳅在韩国能卖到160元一公斤。张家敏下决心再养一次泥鳅。2012年，张家敏养了6亩，年底15吨泥鳅全部卖到韩国，价格每公斤30元，一年净赚10万元。

　　尝到甜头后，张家敏于2014年养了40亩泥鳅，在他的带动下，全村泥鳅养殖面积一下增加到400亩，一半以上的村民做起了泥鳅发财梦。可是到了年底卖泥鳅的季节，泥鳅产量猛增到300吨，6个收购泥鳅的韩国经销商趁机把价格压到14～16元一公斤，而如果要保证养殖户的利润，泥鳅的价格必须达到每公斤17元。为每公斤一元钱的差价，双方都不让步，交易进入到了僵持阶段，张家敏劝说养殖户都不要急。

　　为了摸清韩国泥鳅市场的真实情况，张家敏悄悄以1.2万元月薪聘请韩国的一个客商担任经纪人，天天帮自己收集泥鳅的价格信息。这位客商主要通过了解韩国各大港口的泥鳅报关价格，再根据市场上的零售价、批发价，综合后及时发回中国。韩国人很喜欢吃泥鳅，一

81

年的市场容量达1.3万吨,当时的泥鳅供不应求,价格正在上涨,而不是经销商所说的下跌。得到这个宝贵的信息后,张家敏让各位养殖户一定要坚守价格底线按兵不动,同时与韩商进行了再次谈判,韩国经销商终于沉不住气了,同意以每公斤17元收购。此后,村里每天都有1万公斤泥鳅源源不断地卖往韩国。就这样,一场泥鳅价格危机化险为夷。这一回让张家敏赚了100多万元,让全村养殖户赚了300多万元。

**思考:** 张家敏为什么能取得销售谈判的成功?

**分析:** 张家敏通过给韩国老板打工了解到韩国消费者很喜欢吃泥鳅,泥鳅在韩国的售价也很高,然后开始带领村民养殖泥鳅。当其与韩国经销商的谈判陷入僵局后,他通过了解韩国泥鳅的市场需求状态和价格信息,最终赢得了谈判的胜利,所以销售谈判的核心就是价格谈判。

销售谈判,是指销售人员与商品采购人员以商品或服务为客体,就商品或服务的买卖条件所进行的谈判磋商。销售方的目的是能以最高的价位、最低的成本销售产品,谈判结束后双方签订销售合同。

## 一、销售谈判的主要内容

销售谈判的主要内容涉及商品或服务的品质、数量、包装、运输、价格、货款结算、支付方式、保险、商品检验及索赔、仲裁和不可抗力等条款。

### (一) 商品的品质

商品品质是交易双方最关心的问题,也是谈判的主要问题。商品品质是指商品的内在质量和外观形态,其内在质量具体表现在商品的化学成分、生物学特征及其物理、机械性能等方面;其外在形态具体表现为商品的造型、结构、色泽、味觉等技术指标或特征。

在谈判中商品品质常用的表示方法有以下几种。

**1. 样品表示法**

样品是最初设计加工出来或者从一批商品中抽取出来的、能够代表交易商品品质的少量实物。可由买卖的任一方提供,经双方确认,买卖双方就应该供应或接收与样品一致的商品。一般样品要一式三份,买卖双方各持一份,另一份送给合同规定的商检机构或其他公证机构保存,以备买卖双方发生争议时作为核对品质之用。

**2. 规格表示法**

规格是反映商品的成分、含量、纯度、大小、长度、粗细、等级等品质的技术指标,凭规格买卖是商品交易活动中大多采用的方法。

**3. 标准表示法**

商品标准,是指经政府机关或有关团体统一制定并公布的规格或等级。有国际标准、国家标准和行业标准等,遵循哪个标准来进行交易,由双方协商确认。

### (二) 商品的数量与重量

商品交易的数量也是谈判的主要内容。成交商品数量的多少,不仅关系到卖方的销售计划和买方的采购计划能否完成,而且与商品的价格有关,购买的数量多,价格可以有一定的优惠。

对于商品的重量,谈判时双方要明确重量的计算方法是按毛重还是按净重计算,毛重是商品和包装物的总重量,净重是商品本身的重量,以免交货时出现纠纷。在商品交易中,大部分是按净重计价的。

### (三) 商品价格

商品价格是商务谈判的核心内容，直接影响着交易双方的经济利益。商品价格是否合理是决定商务谈判成败的重要条件。商品价格一般受商品成本、商品质量、成交数量、供求关系、竞争条件、运输方式、结算方式和价格政策等多种因素的影响，谈判中只有深入了解市场情况，掌握实情，切实注意上述因素的变动情况，才能取得谈判的成功。

**1. 按品质论价格**

一般来说，品质好的商品或服务，其价格相对就较高，谈判的议价能力就比较强。所以，谈判人员谈判前应对商品品质货比三家，确定其合理的价格。

**2. 商品数量的多少是讨价还价的一个筹码**

目前，大多数买卖双方均有批量定价。一般来说，商品数量多，价格就低；数量少，价格就高。

**3. 受市场供求状况的影响**

商品供大于求时，价格就下跌；商品供小于求时，价格就会上涨。谈判前应对商品在市场上现在、将来的需求状况进行分析，判断市场供求变化趋势和签约后可能发生的价格变动，来确定商品交易价格，并要确定对价格发生变动的处理办法。

**4. 受货款的结算与支付方式的影响**

在商务谈判中应注意货款结算支付的方式、期限、地点等，这直接关系到交易双方的利益，甚至影响双方的生存与发展，所以与商品价格有着密切的关系。结算支付方式有先货后款和先款后货两种，各种付款方式的安全等级不同，所以销售方应权衡各种情况争取更有利的付款方式。

### (四) 商品包装

包装具有宣传商品、保护商品、便于储运、方便消费的作用。近年来，随着消费升级的加速，包装的档次越来越高，包装也是商品交易的重要内容。在商品交易中，除了散装货和裸体货外，绝大多数商品都需要包装。包装有运输包装、销售包装、专用包装、通用包装等。谈判双方根据商品特性，需要对包装的种类、材料、规格、形式、装潢设计、运装标志等问题进行磋商。

### (五) 商品的运输

在商品交易中，卖方向买方收取货款是以交付货物为条件的，所以运输方式、运输费用以及交货地点依然是商务谈判的重要内容。

**1. 运输方式**

选择合理的运输方式决定了商品能否多快好省地到达目的地，应考虑以下因素：一是要根据商品的特点、运货量大小、自然条件、装卸地点等方面的具体情况；二是要根据各种运输方式的特点，通过综合分析加以选择。

**2. 运输费用**

运输费用的计算标准有：按货物重量计算、按货物体积计算、按货物件数计算、按商品价格计算等。另外，费用还会因为运输中的特殊原因增加其他附加费。

**3. 交货时间**

谈判中应根据运输条件、市场需求、运输距离、运输工具、码头、车站、港口、机场等设施，以及货物的自然属性、气候条件做综合分析，明确装运、交货地点，装运、交货的具体截止日期。

### （六）保险

保险可以用来补偿因意外事故或自然灾害所造成的经济损失，商品保险需要明确双方的保险责任。

### （七）争议处理

在商品交易中，买卖双方常常会因彼此的权利和义务引起争议，并由此引起索赔、仲裁等情况的发生。为了使争议得到顺利的处理，买卖双方在洽谈交易中，对由争议提出的索赔和解决争议的仲裁方式，事先应进行充分谈判，并做出明确的规定。此外，对于不可抗力及其对合同履行的影响结果等，也要做出规定。

## 二、销售谈判的过程

销售谈判大致可划分为三个阶段：计划与准备阶段、谈判阶段和成交阶段。

### （一）计划与准备阶段

在每一次销售谈判之前做好充分的计划与准备，是取得良好谈判结果的基石。谈判准备包括了解对方的意图、确立己方和对手的地位、确定关键问题之所在、制定谈判战略和战术以及合理地组织。

#### 1. 确定谈判目标

首先，从宏观方面来确定双方以后关系走向的目标，是建立（解除）长期合作关系还是一次性交易；其次，根据对谈判双方主客观因素的分析，设定本次谈判的最优目标、现实目标和最低目标，其中最低目标是通常所说的底线，是最低要求，也是谈判方必定要达到的目标。如果达不到，就可以离开谈判桌结束谈判。具体定下价格、质量、服务、运送、规格、支付等要求并写在合同上，而不是跟对方说"你尽量……"。

#### 2. 确立谈判的原则

原则、论点或立场是不能被讨论的，确立原则可以从整体上控制对方的思路，管理对方的期望值，利用原则保护自己劣势的方面。

例如，本公司对所有分销商都采用一样的销售条件，不会为某一家另设别的条款，从而控制一些分销商提出其他的条件。

#### 3. 分析对手情况

双方互有需求，谈判才会发生；满足双方需求，谈判才会双赢。所以满足双方需求是谈判的重点。谈判的准备工作不能仅仅考虑自己的要求和需要，同时也要考虑对方的要求和需要，而且要站在对方的角度来考虑其需要、目标等问题，并仔细考虑和推测这些问题，分析对方的方案、评估价格、运送、规格、付款和任何与你的要求有出入的地方，这样就能更好地把握谈判的进程与方向。

#### 4. 制订谈判策略

评估双方相对实力和弱点，制订谈判策略是谈判准备工作的重要组成部分。要列出双方可能会在哪些问题上存在分歧，对每个问题要定出最佳方案、目标方案以及最坏的方案，并对于每个问题都要有可靠的资料加以支持,从而制订相应策略。比如,对方可能会提哪些问题?我们应如何回答这些问题?我们是否有足够的事实数据和信息来支持我方的立场?如果没有,应增加哪些信息?

### 5. 其他方面的准备

(1) 专业知识的准备 对自己产品要有100%的了解和绝对的信心。

(2) 精神体能上的准备 把自己的情绪调节到最佳状态,确保精力充沛。

(3) 谈判队伍的准备 组成谈判小组,进行合理的分工和充分的沟通。例如,由谁来主谈?由谁来提问?提什么样的问题?由谁来回答对方的问题?由谁来缓和紧张气氛,以表示对他人的关心?

(4) 定出谈判的议程 要预先确定哪些问题要讨论以及会议的流程。

(5) 物质上的准备 谈判场地的准备以及产品样品、宣传资料、合同、收据以及相关证件等。

## (二) 谈判阶段

销售谈判的核心是价格谈判,简单地讲就是讨价还价,最终确定双方都满意的价格,分为报价和讨价还价两个阶段。

### 1. 报价

在实际的销售过程中,当你不知道对方的底牌时,往往会过高地估计对手的谈判姿态,先报价时就不敢太苛刻,要求自然就放低了,开出的价码有可能会落在争价的区域外,一旦如此,谈判者一上场就已经失去了谈判的主动权。避免这种情况发生的一条黄金法则是:报价一定要高于实际想要的价格,给谈判留下议价空间。同时我们在报价时要理直气壮,要能说出依据,只有这样客户才会认为你没有虚报,当成交之后,客户就会获得一种巨大的满足感和成就感。

### 2. 讨价还价

讨价还价就是买卖双方在各自的开价与底线之间与对方进行谈判,如图6-1所示。价格谈判其实就是一场心理博弈。销售谈判中,刚开始客户要求让价时,己方不要回应起始价,应该避开不谈,己方要说出一些依据来肯定公司的价格制定得非常合理,尽量挖掘出对方对价格有异议的原因,然后一个个解决,不要陷入和对方争执价格的旋涡里面。

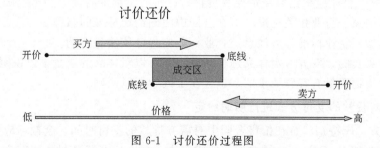

图 6-1 讨价还价过程图

另外,谈判中讨价还价也要循序渐进地降价,一步步地退让,这样让客户感觉到每一次的降价都是销售方在牺牲自身的利益,客户通过自身的努力获得了低廉的价格,就会有一种满足感和成就感。

### （三）成交阶段

销售谈判中双方经过一定时间的讨价还价，基本上在一定程度上达成了统一的意见，客户在最终做出决策时，往往会流露出一些成交信息，若此时销售人员能及时、准确地识别客户的成交信号，抓住时机提议就能有效促成协议的签署，并最终达成交易。在销售谈判过程中，促成交易、及时成交是最重要的一步，也是销售谈判的最后阶段，这时不要说太多题外话，要按谈判达成的协议准备销售合同立刻签约，不要拖延，以免夜长梦多。

**【案例】** 某办公用品公司的销售员到 S 科技公司办公室去推销碎纸机。S 科技公司的办公室主任在听完产品介绍后摆弄起样机，自言自语道："东西倒是挺合适，只是办公室这些小年轻毛手毛脚的，只怕没用两天就坏了。"销售员一听，马上接着说："这样好了，明天我把货运来的时候，顺便把碎纸机的使用方法和注意事项给大家讲讲。这是我的名片，如果使用中出现故障，请随时与我联系，我们负责维修。主任，如果没有其他问题，我们就这么定了。"

**分析：** 本案例中办公用品公司的销售员能及时捕捉到 S 科技公司办公室主任想购买的信号，最终促成了交易。

销售合同确定了交易双方的权利义务，是一种法律文本。其中，销售方最基本的权利是请求买方交付货物或服务的款项；买方的基本权利是请求销售方交付货物并取得货物的所有权。销售合同的主要条款是销售合同的重心，它决定了合同签订双方的义务和权利，决定了销售合同是否有效和是否合法，是当事人履行合同的主要依据。在签订合同的过程中，一定要对合同所具备的主要条款逐一审明，详尽规定，使之清楚、明确。

#### 1. 应注意对货物的基本信息进行明确约定

在销售合同中，作为销售方，应注意对供货的基本信息进行准确和详细的约定。
① 名称（品名）、型号、品种等表述应完整规范，不要用简称。
② 规格应明确相应的技术指标，如成分、含量、纯度、大小、长度、粗细。
③ 花色，如红、黄、白要表述清楚。
④ 供货的数量要清楚、准确，计量单位应当规范，一般采用公制计量。

#### 2. 应注意对货物质量标准进行明确约定

作为销售方，企业应根据自身情况及货物特性将质量标准与需方约定明确：
① 如参照国家、行业相关标准等应在合同中明确约定标准的名称。
② 如果是参照企业标准，应注意该企业标准应为已依法备案的。
③ 凭样品买卖的，双方应对样品进行封存，并可以对样品的质量予以说明。
④ 双方对货物质量有特殊要求的，也应在合同中予以明确。

#### 3. 应注意对货款的支付方式进行明确约定

作为销售方，应特别注意在销售合同中对需方货款的支付时间、金额（应明确是否为含税价）进行明确约定。建议在合同中约定要求需方支付一定金额预付款或定金（不能超过合同总金额的 20%），销售方才予以发货，或者在合同中约定销售方收到需方支付的货款全款后发货。

#### 4. 应注意对质量检验时限进行明确约定

为保障销售方的合理利益，一般应在销售合同中对需方进行产品检验的时间进行限制规定，即在限定时间内如需方未提出质量问题，则视为检验合格。同时，在机械设备的销售中，同时建议约定需方在质量检验（验收）合格之前，不得使用产品，否则，视为验收合格，供方对此后的质量问题不再承担责任。

**5. 应注意对违约责任进行明确约定**

（1）延期付款责任　作为销售方，应在合同中明确需方延期付款的违约责任，同时还应根据供货情况对需方货款的支付进程、期限等进行必要的控制，如需方出现货款延迟支付、差额支付等情况，应视情况追究其违约责任，降低风险。

（2）违约金　违约金的数额不应过高亦不宜过低，过高可能会有被仲裁机构或法院变更的风险，过低则不利于约束买受人。

**6. 其他事项**

企业可以根据货物实际情况对产品包装要求、包装物回收、运输方式及费用承担、装卸货责任、商业秘密保守、诉讼管辖地等约定清楚，以降低合同履行风险，并尽可能保障作为销售方的合法、合理利益。

各自在销售合同上签字，谈判宣告结束。签订销售合同是一种法律行为，合同的内容、形式、程序及手续都必须合法，要遵守平等互利、协商一致、等价有偿的原则和诚实守信的原则。销售合同的双方当事人，应诚实遵守合同的规定，积极履行合同，稳定地开展工作，为提高自己的信誉而努力，尤其是销售方要及时跟踪合同的执行情况，促使客户尽快打预付款，执行订单。

## 三、销售谈判的技巧

### （一）三大战略

**1. 避谈本方立场，先试探对方观点**

这通常用于对方很想达成协议，而自己又缺乏足够信息的情况。

**2. 直接讲出己方的最理想方案**

这通常用于己方已了解对方方案的情况下。

**3. 讲出己方的最理想方案，紧接着讲出己方的目标方案**

这通常用于当己方处在弱势但又有能力说服对方的情况。

### （二）销售谈判实战技巧

**1. 探寻客户需求**

销售就是帮助客户分析情况、解决问题的过程；这个过程包含了解需求、建立需求、满足需求和发展关系。探询客户需求是所有销售阶段中最重要的环节。销售人员一定要牢记：在没有完全、清楚地识别及证实客户的明确需求之前，请不要推介你的产品。

【案例】王经理今天接待了一位非常重要的客户，谈完工作之后，客户要去机场了，时间比较紧。王经理想请客户吃饭，一来表示对客户的感谢，二来也体现对客户的尊重。于是决定在送客户去机场的路上，找个饭庄吃饭。王经理开着车，路上的饭庄不多，开了一段距离之后，看到一个东北菜馆，客户是东北人，也是迎合客户的喜好，于是，王经理把车停到此东北菜馆的门口。这家饭店的规模不错，侍应生也非常热情，跑过来帮忙开车门，看到这样的情形，他们决定就在这里吃饭吧。出于惯例，王经理问道："请问你们的饭店都有哪些特色呢？"侍应生非常熟悉也很熟练地说："我们饭店主要有三个特色：一是比同行便宜30%；二是量大，像您二位，两盘菜就够吃了；三是本店现在所有菜品，全部八折。"听后王经理尴尬地离开了。

**分析：** 这个饭店的侍应生按照自己的思维方式，想当然地认为任何一个顾客都喜欢"便宜量大"的饭馆，根本没有探寻顾客的需求，结果到手的鸭子给飞了。

那么，如何成功探寻客户的需求呢？一般探寻客户需求的好方法就是询问，运用一系列专业的提问方法，将无关信息一层层剥离，发现有价值的信息并追究下去，最终找到客户的需求。

（1）了解客户的现状　我们要了解客户的真正需求，首先要从他的基本现状入手。在这个阶段，主要设计一些开放式的问题，如"您最近在忙些什么？""您现在使用的是什么牌子的产品？""贵公司的生意怎么样？""贵公司的竞争对手是谁"等。

（2）对现状是否满意　通过对现状的了解之后，我们可通过继续的询问了解其对现状是否有不满意的地方，从而激发客户的需求。比如，"您对目前使用的产品有什么意见？""您为什么对这件事感兴趣？""您对某厂家提供的服务是否满意？""贵公司与竞争对手相比有哪些优势？"等。

（3）问题的改进状态　当客户已经发现问题严重之后，我们需要继续地提问使他下定解决问题的决心，以便采取下一步行动。"如果这个问题不及时解决会……？""如果竞争对手比贵公司更早采用这项技术会……？"等。

（4）提出具体的解决方案　向客户提出解决问题的更好方案，从而使我们了解客户更具体的需求，并有针对性地介绍我们的产品。

（5）引导客户做决策　如果客户已经接受了你的改善建议，你就需要引导客户做决策，不要坐等客户自己把订单说出口。

**2. 强调自己产品的优点，塑造产品的价值**

采用差异化、做对比和紧缺法等方法，进行产品的展示、资料的介绍和案例成果的分享，强调自己产品的优点、价值及高附加值，来调动客户的情绪，化解客户的价格谈判，让其再次感觉物有所值。

【**案例**】　抓住产品卖点来销售

"德青源"鸡蛋结束了中国鸡蛋几千年"三无"产品（无标准、无生产日期、无品牌）的历史，推动并参与制定了中国第一部鸡蛋标准，开创了中国鸡蛋品牌之先河。"德青源"生态鸡蛋目前在北京品牌鸡蛋市场占有率高达68%，是消费者最信赖的鸡蛋品牌。他们通过提升蛋鸡饲养过程的技术和标准化生产，从原材料采购、蛋鸡养殖、环境控制、兽医防疫、废弃物处理、蛋品加工等各个环节严格控制，保证了鸡蛋品质，并在每枚鸡蛋上都打上了"身份证"——一种无毒的彩色喷码。公司通过其编码可以查出每枚鸡蛋的各种信息，甚至追溯到产蛋的母鸡的生长情况。通过这种精心设计和制作，形成了品牌，抓住了消费者对绿色环保生产过程需求的独特卖点，将自然资源与品类资源等独有的农业优势发挥到了极致，受到消费者欢迎。

**分析：** "德青源"鸡蛋抓住了消费者对绿色环保产品需求的独特卖点，从而受到消费者的欢迎。

任何一位客户预购产品时首先考虑的都是产品品质怎么样。那么，销售人员向客户介绍产品时可以有以下几种方法。

（1）直接讲解法　这种方法节省时间，很符合现代人的生活节奏，很有优越性。在讲解时要注意重点，讲解的内容应易于客户了解。销售人员直接明了地向客户介绍产品，会让客户觉得这个销售人员的工作很有效率，还懂得替客户着想，节省客户的时间和精力，很容易被客户接受。

（2）间接介绍法　可以举些使用产品的实例，说明它体现了哪些效用、优点及特点。不直接向客户讲解，可以使客户感到轻松和容易接受，所以间接的办法得到了广泛的应用。虽然是间接介绍产品的效用、优点及特点，但销售人员应该记住，介绍时始终不能脱离销售这个主题，不然就起不到应有的作用了。要注意的是举例不能乱说一通，要真实、实事求是。和直接介绍相比，间接介绍产品会花费更多一点的时间和精力，但是可能会更容易被客户接受。所以，间接介绍产品也不失为一种很好的方法。

（3）借助名人法　运用这种方法时一定要是真人真事，否则后果不堪设想。利用一些有名望的人来说明产品，事实上就是利用一种"光环效应"。当人们觉得某个人有威望时，就会相信他所做的决定、所买的产品。但是，如果销售人员在运用这个办法时不尊重事实，自己胡编乱造，那不仅起不到宣传作用，还很可能会让客户觉得你是在欺骗他，从此再也不信任你了。

（4）实际示范法　像摆地摊卖玻璃刀的人那样，一刀一刀地切割玻璃，使购买者一目了然看到它好用，自然会愿意购买。实际上运用这种方法等于直接向客户介绍了产品的效用、优点及特性，有时效果会更好，因为它符合客户的心理。有时销售人员还可以请客户尝试，因为客户更相信客户，而且客户亲自使用了产品，更会相信产品的好处。

（5）展示解说法　展示解说法与实际示范法有共同之处，就是都将产品展示在客户面前。所不同的是，实际示范法只用实际示范使客户相信，展示解说法则是边展示边解说。生动的描写与说明加上产品本身的魅力，更容易使客户产生购买欲望。因此在展示产品时要特别注意展示的步骤与艺术效果，注意展示的气氛。

（6）文图展示法　当有些产品不便于直接演示时，最好使用这种方法。因为这种方法既方便又生动、形象，给人以真实感。这里不但要注意展示的真实性、艺术性，还要尽量使展示图文并茂，这样销售效果会更好。在很多时候，销售人员可以利用一些文字与图片的色彩和画面来吸引客户的目光。只要销售人员展示得好，就会让客户感到满意。

（7）资料证明法　一般产品的销售往往用这种方法，因为证明材料最容易令客户信服，如某产品获××奖，或经过××部门认定等资料，最具说服力。如果能在洽谈、演示之中不知不觉地使客户了解证明资料，效果会更好。

**3. 有条件地让步**

让步的模式透露着你的讯息，一些急于成交的销售人员常为向客户表示友好，还没等对方开口，就迫不及待地把价格降下来了，这样就丧失了谈判的主动权，所以任何时候都不要主动让步。即使对方要求让步，己方也应该做有条件的让步，向客户索要一些交换条件，如可以换产品给折扣、多买多给折扣、改变付款方式有折扣；己方在价格上做了让步，必须让对手在付款条件上做出让步，或要求其订购更多数量的产品，或购买其他互补性、交叉性产品；己方不愿在价格上让步时，可向对方多提供一项额外服务。

同时逐渐缩小让步幅度，应让对方知道让步已逐步接近底价，每一次的让步都使己方损失惨重；让步的次数也应尽可能少（2~3次），这样，既可以得到回报，又可以阻止对方无休止的要求。

例如，下面哪种情景更让你高兴？

情景A：你走在马路上，捡了20美元。

情景B：你走在马路上，捡了10美元。第二天，在另外的地方，又捡了10美元。

上面两个情景中，你捡的钱数是一样的，然而，大多数人会说情景B会让他们更高兴。更为一般和广泛的研究显示，虽然人们希望一次收到所有的坏消息，但我们的确更愿意分次听到好消息。这个发现表明，同样的让步行为进行多次让人接受起来更好。例如，你在谈判买一套房子，卖方的要价和你最初给的价格差距太大，你最多愿意将价格提高4万美元。如果你先让3万美元，然后再让1万美元，这样的效果比你一次性让4万美元要好。

### 4. 虚设上级领导

当不想让步又想留余地时，可将苛刻的要求推给虚设领导以获取回旋余地，这个领导应该是一个模糊的实体，而不是一个具体的个人。

### 5. 声东击西

在谈判之前，先列出一长串的要求给对方，如价格、付款条件、订单最低量、到货时间、包装等，而且仿佛己方非常在意这些问题与要求，坚持己方要坚持的条件，仅对无关紧要的条件做让步，使对方增加满足感。

### 6. 不均摊差价

销售谈判时人们很可能发生被"五五对半折中"所吸引。一般情况下，谈判双方的要价范围都不会重叠。怎样折中呢？不可避免地，总有一方会提出高的降低，低的升高，在差距的中点就会合了，这就是真正的折中。大部分人认为折中很公平，其实未必。

**【案例】** 假设李明最初只肯出18万元的费用，最后逐步升到了18.7万元；而你给的最初的价格是19.2万元，然后降到了19万元，最后是18.8万元。然后你建议大家"折中"，最后以18.75万元成交，双方都觉得很公平。其实这种分法并不公平，李明总共让了7500元，而你只让了4500元。

**分析：** 在谈判中就算双方让的数目都一样，由于个人情况不同，也不一定折中的价格就是一个对双方都公平的价格。所以在谈判中喊价高一些，往往可以让步小一些。那些提议折中的谈判者经常是已经处在一个有利的位置上，所以在接受折中方案之前，应该首先确定折中是否对己方有利。

### 7. 红脸白脸策略

红脸白脸策略是指在销售谈判过程中，以两个人分别扮演"红脸"和"白脸"的角色，使谈判进退有节奏，效果更好。白脸是强硬派，在谈判中态度坚决，寸步不让，咄咄逼人，几乎没有商量的余地。红脸是温和派，在谈判中态度温和，与"白脸"积极配合，尽力撮合双方合作，达成于己方有利的协议。

**【案例】** 徐经理在听了李某的几句简单介绍后，就将其打断。

A方（客户徐经理）："你们的产品似乎很一般，未必符合我们的要求，我们可不想越换越差。"

B方：李某不服气地回答："没眼光、不识货……"

周某（B方谈判人员）满脸笑意地对徐经理说："您的顾虑我们可以理解，假如能有机会为贵公司服务，我们一定会做到最好。"

**分析：** 白脸李某是强硬派，在谈判中态度坚决，吃不得亏，据理力争。红脸周某是温和派，在谈判中态度温和，心高气傲的徐经理在听了李某尖锐的回答后，对其产生厌恶感，便会对红脸周某产生倾斜感，于是周某顺水推舟地拿出企划书。

### （三）达成协议的技巧

① 假定客户已经同意达成协议，这时可顺便取出合同填好要求后让客户签字盖章。

② 在时间、规格、品种、支付方式、售后服务等方面提供两个（或以上）正面的选项，让客户进行选择。

例如，"王先生，您是签一年还是签两年？"

例如，"王先生，您是签增强版，还是标准版？"

例如，"王先生，您是要我们的托管服务，还是要我们的制作服务，还是都要？"

③ 简单地总结一下讨论和陈述中的要点，尤其要注意与客户的需求、愿望、问题、优先权有关的利益。

例如，"前面已经没有问题，如果王先生您没什么其他问题的话，我们就把合同签了？"

④ 引用现有的客户或特殊的例子，描绘一下你公司所能做的和由此产生的收益，"口头证明"必须是真实的，如果可能，最好是可以核实的。

例如，"很多人都选了我们的增强版这一款，包括您的同行××公司。您也选这一款吧，日后您要是觉得我们服务好的话，请再帮忙宣传宣传……"

⑤ 可以通过让步来引发一个积极的决定。让步必须是到最后不得已而为之；如果太早让步，或者是看似每个人都能得到，它的效果就会大打折扣。

例如，"您觉得价格高了，我帮您向公司申请送您两个月服务期限，您觉得行的话，我马上电话帮您申请。"

⑥ 提醒客户，说明不做出积极决定可能带来的损失。

例如，"促销活动这个月底就结束了，这么大的优惠，估计今年就这一次了。"

⑦ 对于客户在最后一分钟提出的反对意见，请确认再没有其他因素阻挠他们对于之前的信息做出积极的决定。

例如，"对于您担心的会不会对您原来的网站产生影响，您大可放心，我们的产品是独立的。对了，你们公司生产的电视柜有没有紫色的。我比较喜欢紫色的。您喜欢什么颜色？"

## 四、销售谈判操作案例

国家农业智能装备工程技术研究中心（以下简称"中心"）是科技部 2009 年依托北京农业智能装备技术研究中心组建的国家级科研机构，其研制的多功能植保机集成了臭氧杀菌、主动式杀虫、暖空气层防冻害及物联网智能监控等多项技术，能实现设施蔬菜病虫害智能综合防控。从绿色生产和生态安全的角度出发，利用物理原理进行病虫害防控，大幅降低了农药使用量，有效保证了农产品安全。

多功能植保机可使设施蔬菜化学农药使用量减少 50％以上，并可降低每亩人工喷药成本 600 元，遇到极端低温天气，设备还可以自动启动加温功能，能延长蔬菜的生育周期，提高产量，预计每亩可提高收益 1000 元以上。该设备在京郊三品（有机、绿色、无公害）设施蔬菜生产基地推广应用，进一步提高京郊设施蔬菜生产的装备化、智能化水平，为设施蔬菜安全生产提供技术支撑。多功能植保机见图 6-2。

多功能植保机技术说明：

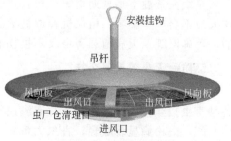

图 6-2　多功能植保机

**1. 植保机是怎么防治病虫害的？**

根据不同作物的不同生长阶段，设定臭氧释放适宜条件、安全有效臭氧释放量，在臭氧消毒效果好的环境条件下自动开启臭氧释放功能，通过间歇释放臭氧、持续送风，优化设备结构、加长风道等方法，使臭氧能够快速均匀地分布于设施各个空间，进行杀灭病菌，有效防治病害发生。实验证明：臭氧对番茄灰霉病、叶霉病、早疫病、晚疫病、黄瓜霜霉病、疫病防治效果较好。

利用黄、蓝色光源把害虫成虫吸引到设备附近，再利用强大风力将其吸入设备中，设备内高压及局部高浓度的臭氧可以杀死害虫。可广泛用于温室蔬菜鳞翅目害虫的防治，如可诱杀斜纹夜蛾、甜菜夜蛾、银纹夜蛾、豆野螟、小菜蛾、小地老虎、非洲蝼蛄、红腹灯蛾等30余种害虫。

**2. 怎么防治冻害的？**

通过温度传感器，监测设施内作物生长环境温度，当气温降低到作物生长最低温度时，自动开启加热管（可选配不同功率的加热管，以满足不同地区的需要），提高温室内空气温度，通过风机的开启增加空气对流，同时在棚膜下部，形成暖空气保护层，从而防止冻害发生，延长生育期，提高产量。

特别说明：一般天气情况下是不需要使用加热管的，不使用加热管时能耗很低，每天运行两小时仅需半度电。

**3. 高科技多功能是如何体现的？如何实现智能化管理？**

（1）网络远程操控　通过网络协助用户管理设备，监控设备使用情况，远程程序升级。

（2）视频图像解析　通过视频及照片，与物联网数据库数据进行比对，分析植物生长状况，给用户提供更好的生产管理方案。

（3）GPS定位系统　可以在网络上显示使用物理农业设备用户的位置，便于购买商查询。

（4）设施环境自动监测控制　植保机的控制系统可以控制温室的电动卷膜和保温被等设备。

（5）手机App　控制设备、实时显示状态。

（6）环境条件设置报警　根据用户要求设定，超限报警，手机App提示。

（7）Wi-Fi、蓝牙　与外围设备、手机等连接。

（8）视频监控　用户通过手机随时观察植物生长状况；购买方通过网络可以看到产品生产过程。

**4. 植保机产生的臭氧会对工作人员和作物产生伤害吗？**

臭氧在常温下半衰期很短，可自行分解为氧气，所以设定植保机在夜间工作，这样对工作人员不会产生影响。植保机释放臭氧的时间和浓度是根据温室容积及种植的作物种类设定的，可确保既杀灭病菌和害虫又不损伤农作物。

**5. 防病灭虫效果怎么样？**

在国家农业智能装备工程技术研究中心的试验温室中，叶菜类蔬菜上白粉病非常严重，各种害虫猖獗，生产的蔬菜叶片布满白粉，无法食用，只能切碎喂鸡。安装使用植保机后一周时间，白粉病显著减轻，害虫大量减少；一个月后长出的新叶完全没有了白粉和病斑，现在病虫害问题得到了彻底解决，如图6-3、图6-4所示。

图 6-3　蔬菜使用植保机前后效果对比

### 6. 安装使用简单吗？

植保机设计为飞碟型，外观优美，是温室环境里的一道亮丽风景。对于采摘型设施农业，不仅能让观光采摘的客人了解到高科技在农业生产中的应用，更使他们相信所采摘的果蔬是安全的，因此使用植保机后的农产品销售价格将大大提高。

植保机安装便捷，操作简单，只需按照说明书在温室大棚或畜禽舍中悬挂，接通电源即可自动工作。

外观尺寸及技术参数：

直径：800 毫米　　高度：318 毫米

吊杆长度：460 毫米

工作电压：220 伏　　频率：50 赫兹　　功率：290 瓦（加温时总功率1290 瓦）

图 6-4　植保机内部杀死的害虫

植保机每台售价 5918 元，每台使用的有效面积为 600～1000 平方米，设计寿命为 20 年。

国家农业智能装备工程技术研究中心作为植保机的销售方，在销售植保机的过程中，应针对不同的客户来制定谈判对策。

例，针对农户（北京××专业合作社的农户）的谈判对策

（1）了解客户基本情况和需求　北京××专业合作社位于北京市顺义区赵全营镇前桑园村，主营业务有有机蔬菜的种植、农机具的销售、农机服务作业、休闲采摘等。当前，合作社农户在蔬菜种植生产中常出现病害、虫害、冻害等问题，希望可以找到有效的治理办法，于是在农业植保、农机管理部门的帮助指导下来到中心准备购进植保机。

（2）谈判过程

① 给农户介绍和展示产品。农户到中心后，首先中心工作人员应带领农户参观相关的植保机展品，并从农户的现状和需求出发进行植保机的介绍和现场演示。

② 与农户进行磋商

A. 假如农户提出因为自身年龄大等原因，怕操作植保机有问题，中心负责人可以说：该设备安装简便、使用方便，为了使广大的农户能够尽快地应用上植保机，减少人力的投入，提高单位面积的产量，增加农户的经济收益，可以对农户进行专业的植保机讲座、开展培训会。手把手教会农民使用植保机，使其熟练掌握该设备的使用方法并且定期进行电话回访，有问题及时解决。

B. 假如农户提出植保机每台 5918 元售价较高，希望中心能降低价格，中心负责人可以为农户算一笔账：植保机每台售价 5918 元，每台使用的有效面积为 600～1000 平方

米。该设备设计寿命为20年，以12年计算，每年折旧费不足500元，远低于购买农药的费用与喷洒农药的人工费用；预计每亩温室大棚可节省500~600元的农药；每亩节省喷药人工成本600元；辅助加温能延长蔬菜生育周期，提高产量，预计每亩可提高收益1000元以上；采用物理和化学方法杀菌、防病、除臭和灭虫，无污染，无残留，保证了农产品安全，生产的蔬菜附加值提高，可以以较高价格进行销售；同时提供免费使用培训，节省了员工防治病虫害与冻害的相关技术培训费用，因此使用3年左右即可收回成本。

　　c.当农户听了之后觉得植保机性价比确实较高，表现出比较浓厚的兴趣时，中心负责人可再次郑重承诺：购买多功能植保机3个月内如发现效果不明显可无条件退货，100%退回所支付货款，购买者不会有任何经济损失。

　　(3) 成交阶段　经过磋商，双方达成销售协议，并签订植保机销售合同。

## 小结

　　1.销售谈判是指销售人员与商品采购人员以商品或服务为客体，就商品或服务的买卖条件所进行的谈判磋商。销售方的目的是能以最高的价位、最低的成本销售产品，谈判结束后双方签订销售合同。

　　2.销售谈判的主要内容涉及商品或服务的品质、数量、包装、运输、价格、货款结算、支付方式、保险、商品检验及索赔、仲裁和不可抗力等条款。

　　3.销售谈判的实战技巧包括探寻客户需求、塑造产品的价值、有条件地让步、虚设上级领导、声东击西、不均摊差价、红脸白脸策略等。

## 附：农产品订单合同

合同编号：_____

买受人（甲方）：_____　　签订地点：_____
出卖人（乙方）：_____　　签订时间：_____

　　为适应农业产业结构调整，促进农业和农村经济的发展，提高农民和企业的经济效益，发展"订单农业"，根据《中华人民共和国合同法》，经甲、乙双方协商一致，订立本合同，以便共同遵守。

　　**第一条　订单标的**（品种、等级、质量）

| 序号 | 产品名称 | 品种 | 等级 | 质量要求 |
| --- | --- | --- | --- | --- |
|  |  |  |  |  |
|  |  |  |  |  |
|  |  |  |  |  |
|  |  |  |  |  |
|  |  |  |  |  |

第二条　标的交售日期、数量及价格
1. 出卖人在_____年_____月以前（或_____月_____旬内），向买受人交售_____公斤。
2. 所售补品最低价格（保护价）_____元/公斤，市场行情上涨时，由收购单位按市场价格进行收购。
3. 买卖双方的任何一方如需提前或延期交货与提货，均应事先通知对方，双方另行达成新的协议。

第三条　产品包装
_____农产品的包装，由买卖双方协商包装办法。

第四条　交货方式、验收、结算方式
1. 实行送货到_____收购点，货物由买受人当面验收。
2. 货款由买受人支付给出卖人，现金结算，钱货两清。不得打白条或代扣其他税费。

第五条　违约责任
1. 买受人在合同履行中退货的，应偿付出卖人退货部分货款总值_____（5%～25%）的违约金。
2. 买受人无故拒收农产品，应向卖出人偿付被拒收货物总值_____（5%～25%）的违约金。
3. 买受人未按合同规定收购农产品，应向出卖人按少收部分总值的_____（5%～30%）支付违约金。
4. 出卖人交货数量少于合同规定的，应向买受人按少交数量价值_____（1%～20%）支付违约金。
5. 出卖人在交售农产品时掺杂使假，以次充好，买受人有权拒收，出卖人同时承担_____（5%～25%）违约金。
6. 出卖人包装不符合规定的，买受人有权要求出卖人重新包装，损失由出卖人承担。

第六条　不可抗力
1. 买卖双方的任何一方由于不可抗力不能履行或不能完全履行合同时，应尽快向对方通报理由，在提供相应证明后，可根据情况部分或全部免予承担违约责任，出卖人如果由于不可抗力造成产品质量不符合合同规定的，不承担违约责任。
2. _____农产品因受气候影响早熟或晚熟的交货期经双方协商，可适当提前或推迟。
3. 执行议定价格时遇国家政策进行重大调整，其调价幅度高于或者低于议定价格的15%，甲、乙双方中的任何一方可以要求变更合同，也可以单方面宣布解除合同。

第七条　合同的变更与解除
1. 买、卖双方的任何一方，要求变更或解除合同时，应及时通知对方，未达成协议前，原合同仍然有效。当事人一方接受另一方要求变更或解除合同建议后，应在十日内做出答复，逾期不答复视为默认。
2. 合同期满，买、卖双方可根据对下一年_____供应的预测，重新签订_____合同。

第八条　合同争议的解决方式
本合同在履行过程中发生的争议，由双方当事人协商解决；也可由当地工商行政管理部门调解；协商或调解不成的，按下列第_____种方式解决：
（一）提交_____仲裁委员会仲裁；
（二）依法向_____人民法院起诉。

**第九条** 本合同_____生效

其他约定事项：_____

_____

_____

**第十条** 本合同一式三份，双方各执一份，交工商机关备案一份

| 买受人（甲方）： | 出卖人（乙方）： | 备案机关： |
| --- | --- | --- |
| 负责人： | 居民身份证号码： | |
| 住所： | 住所： | 经办人： |
| 联系电话： | 联系电话： | 年 月 日 |

## 实训任务 胶河土豆销售谈判训练

| 实训标题 | 胶河土豆销售谈判训练 |
| --- | --- |
| 实训内容 | "拿到了收购订单,我就可以放心地扩大胶河土豆的种植规模,再也不用为销路、价格担忧了!"在首届高密(柏城)胶河土豆节上,柏城镇朱家庄绿色有机土豆种植大户朱某当场与外地"胶河土豆"经销商张某签下 50 亩"胶河土豆"的购销合同,朱某高兴得合不拢嘴:"到胶河土豆成熟收获时,就等着拿大把的钞票吧。"<br>任务：<br>依据材料内容,进行以下的模拟销售谈判：<br>1.外出参观农产品市场或订货会,通过观察和访谈了解销售谈判的成交模式<br>2.为土豆种植大户朱某拟订在土豆节上与经销商张某的销售谈判方案<br>3.角色分工撰写谈判脚本<br>4.模拟人物进行实际的销售谈判<br>5.拟定土豆的销售合同<br>6.模拟人物进行销售合同的签订<br>7.讨论在合同签订后,怎样保证合同的履行 |
| 实训目的 | 销售谈判的主要内容、过程和技巧的运用 |
| 实训组织方式 | 以 4 人为一组进行分组,然后每组的组员进行角色分工。两组对应,一组同学是种植大户朱某,一组同学是经销商张某<br>训练地点：教室 |
| 实训评价标准 | 1.外出参加收集资料的情况<br>2.销售谈判方案的制订<br>3.脚本内容的合理性<br>4.谈判过程中的表现<br>5.合同内容的准确性等<br>6.对销售谈判内容、技巧的运用 |
| 实训评价方式 | 1.学生进行组内自评、相互评价<br>2.小组之间互评<br>3.教师根据学生的表现给出相应评价并点评操作中的共性、个性问题<br>4.每位同学的成绩由两部分组成：个人自评、相互评价（40％）＋小组互评（30％）＋教师评价（30％） |

# 项目七 采购谈判

**能力目标**

1. 能运用采购谈判内容、过程、技巧分析采购谈判案例；
2. 能运用采购谈判知识进行采购谈判。

 **案例引入　L公司与K公司的谈判**

　　L有限公司在英国建筑公司中名列前茅，凯丽刚刚加入公司，任供应链经理。K有限公司在过去两年多里一直在为L公司供应高密度砖，艾得是K公司的销售经理，被认为是下一任首席执行官的人选。凯丽上任后希望降低采购的成本，遂与艾得进行会谈，希望重新商议采购价格。

　　会谈前凯丽重新审视了供应商数据库，发现了一些信息。

　　(1) K公司曾经是L公司的供应商，但是由于出现了"有缺陷的材料"的纠纷，取消了合同，从而也终止了合作。

　　(2) K公司的常务董事曾经在L公司就职。

　　(3) K公司通常供货都比较准时。

　　(4) 在需求量大时，K公司的供应能力令人担忧。

　　(5) K公司的发票经常出现错误。

　　她将这份信息抄到笔记本中，准备与艾得谈判。

　　谈判中艾得提出在凯丽一年下200万英镑订单的基础上可以给予10%的回扣，因为订购数量对于K公司来说，是一个关键的考虑因素，当然，合同期也很重要。但是凯丽并没有被艾得的提议所动，反而要求他重新对每块砖进行报价。她似乎非常想了解砖的成本明细，并要求艾得提供这些信息。艾得以前从未遇到过这种问题。他回到办公室，开始重新计算有关数据，准备下一次的谈判。

　　**思考：** 凯丽对K公司从哪些方面进行了分析？采购谈判涉及哪些方面的内容？

**分析**：凯丽对 K 公司的历史供应情况进行了分析，获取了 K 公司的市场、信誉、产品等情况。采购谈判涉及产品的品质、数量、合同期限、支付方式等内容。

## 一、采购谈判的主要内容

### （一）采购谈判定义

采购谈判，是指企业为生产而采购所需商品或服务，作为买方与卖方所建立起的购销业务。购销业务中涉及如下有关事项：商品的品种、规格、技术标准、质量保证、订购数量、包装要求、售后服务、价格、交货日期与地点、运输方式、付款条件等，双方需要对这些条件进行反复磋商，达成协议，最后建立双方都满意的购销关系。

【案例】 一家新的大卖场决定购进强生公司的产品，要求在 2 周内送到。大卖场同时答应货到后 30 天内将 150000 元货款付清：

卖方提供的价值——强生公司的产品。

买方提供的等值的交换——货款 150000 元。

整个交易相互遵循的规则——强生公司或经销商有提供产品的责任，大卖场或采购方有接收产品和付款的责任。

**分析**：约束强生公司的条款是 2 周内将产品送到；约束大卖场的则是在产品送到后 30 天内付清货款。

### （二）采购谈判的主要内容

采购谈判是围绕采购商品而进行的谈判，主要内容涉及商品或服务的质量、价格、订购的数量、商品的包装、运输、货款结算、支付方式、保险、商品检验及索赔等条款。

在采购谈判中，谈判双方主要就以下几项交易条款进行磋商。

**1. 商品的质量**

对采购人员而言，质量可定义为"符合买卖双方所约定的要求或规格的就是好的质量"。采购人员应要求供应商提交产品规格说明书、产品合格范围、检验方法等资料，在谈判时应首先与供应商对商品的质量达成相互同意的质量标准，以避免日后的纠纷或法律诉讼。

**2. 商品的价格**

在采购商品的过程中，谈判双方的焦点主要是就商品的价格高低进行磋商。采购谈判就是使企业和供应商就材料价格等直接影响到成本高低的商业性内容取得一致，使企业获得满意的支付价格，从而保证企业产品成本结构的合理性，因此价格谈判是实现采购管理对企业利润有决定性影响的手段。

**3. 商品的数量**

商品的数量，主要涉及采购商品的重量、个数、长度、面积、容积等。商品采购数量会影响企业的销售和库存。商品采购过多，资金会被长期占用，影响资金周转及利用，保管费用增加；商品采购过少，商品会脱销缺货；增加采购次数，频繁采购会增加采购支出。

**4. 商品的包装**

包装分为运输包装和销售包装。运输包装是为了保证货物的完整和有效利用运输工具,减少运输成本进行的必要包装;销售包装是为了吸引顾客注意力,以对商品使用或成分的说明为主。采购人员在谈判时应就包装方式、包装材料、包装费用等问题与供应商进行洽谈。

**5. 商品的交货和检验**

在采购商品中,对于商品的交货条件方面的谈判是指双方就商品的运输方式、交货时间和地点等进行的磋商。同时,按照规定的商品检验的具体内容和方法,对采购商品进行质量检验。

**6. 货款的支付**

采购商品中货款的支付问题,其实主要涉及支付方式的选择和支付的日期。不同的支付方式,买卖双方可能面临的风险大小不同,在进行谈判时,要根据具体情况慎重选择。

### (三) 采购谈判磋商的目标

在采购商品过程中,具体的谈判目标在不同的情景下也不同,但磋商谈判目标的方向都是一致的。主要有以下六种目标。

(1) 为提高本企业生产产品的竞争力,尽可能地争取降低采购成本 通过采购谈判,企业中的采购部门可以选择同等质量且价格比较低的供应商的产品,降低购买费用;或是选择进货费用比较低的供应商送货,降低采购进货的费用。通过这些方式都可以达到降低采购成本的目标。

(2) 为保护本企业商品的质量,务必保证采购商品的质量 在进行采购谈判时,商品质量肯定是一个重要的内容。通过谈判可以让供应商对商品的各种功能或是服务提供质量保证,使本企业能够获得质量可靠的产品。

(3) 为保证企业生产或是销售的准时性,争取采购物资及时送货 通过采购谈判,可以促使供应商采取各种方法来确保交货期、按时送货,及时满足采购方物资需要,并且还可以降低采购方的库存量,提高其经济效益。

(4) 采购商品后,争取获得比较优惠的服务项目 伴随产品购买,供应商往往会提供相配套的一系列服务,如送货服务、技术咨询服务、售后安装、调试、使用指导、运行维护以及售后保障等。这些服务项目,供应商都需要花费成本。供应商希望越少越好,而企业的采购部门希望越多越好,这就需要谈判。

(5) 降低采购环节的风险 采购商品的过程中,风险还是比较大的,在采购途中可能发生事故,会造成一定的货损、货差,甚至人身、车辆、货物方面的重大损失,只有通过谈判,让供应商分担更多风险、承担更多风险损失。这样采购方就可以减少,甚至避免采购风险或者风险损失。

(6) 在采购谈判中,妥善处理双方的纠纷,维护双方的效益和正常关系,为今后的继续合作创造条件。

通过以上六个谈判目标,可以争取降低采购成本和采购风险,及时满足企业物资需要,保证物资质量,获取优惠服务,降低库存水平,提高采购的效益。如果采购方能够在采购谈判中成功,则对企业后期的生产、销售都是非常有利的。

### (四) 采购谈判的原则

谈判的过程是与供应商共同协商、分析市场、寻找商机的过程,不可单纯地理解为双方利益的分割。因此,双方只有以诚信为本,才能互利双赢,共同发展。

采购谈判的原则有：

**1. 诚信原则**

采购谈判的基础和命脉，就是要有诚信。因此，诚信原则是原则之中的原则。中国自古就坚持"货真价实，童叟无欺"的商业准则，在激烈的市场竞争中，"诚信是最好的竞争手段"。

**2. 言之有据原则**

言之有据原则即为举事实，讲道理，要以理服人。那么就要求采购谈判者在谈判之前，要掌握丰富翔实的资料，对己方和对手的各种产品的供求情况都要了解清楚，要做到"知己知彼"，这样就可以在整个谈判过程中，使己方处于有利且主动的地位，从而使己方取得最大的收益。

**3. 注重长期合作原则**

谈判是企业进行经营活动和参与市场竞争的重要手段。参与谈判各方都是合作者，而非竞争者，更不是敌对者，要注重长期合作的原则。

**4. 双赢（多赢）原则**

采购谈判中各方都在追求共同的商业目标，整个过程都在不断化解冲突。双赢原则就是协调双方的利益，提出互惠互利的选择。

**5. 平等自愿原则**

平等自愿原则要求采购谈判双方坚持在地位平等、自愿合作的条件下建立商务关系，并通过平等协商、公平交易来实现双方的权利和义务的对等。

**6. 确定最优期望目标、可接受目标以及最低限度目标原则**

确定采购的谈判目标一般包括交易额、价格、支付方式、交货条件、运输、产品规格、质量、服务标准等要素。从总体上综合考虑谈判可能出现的结果，并制定相应的目标，这就是谈判的最优期望目标、可接受目标和最低限度目标。

## 二、采购谈判的过程

一般来说，商务谈判的过程可以划分为准备阶段、开局阶段、摸底阶段、磋商阶段、成交阶段和协议后阶段等几个基本阶段。采购谈判的过程也是经历这几个基本阶段，但每个阶段有自己的不同的谈判内容与特点。

### （一）谈判准备阶段

准备阶段是采购谈判中最重要的阶段之一，为谈判的进行和成功创造良好的条件。对于采购方来说，准备阶段首先要调查供应商的资质，然后对市场的供需与竞争的状况、供应商价格与质量的优势或缺点、成本的因素、时间的因素、相互之间的准备工作等方面进行分析和研究，从而总结谈判的有利或不利因素。

### （二）谈判开局阶段

开局阶段的主要任务是为整个采购谈判营造一个谈判的氛围和局面，影响着后面具体采购谈判内容的进行。因为这是谈判双方的首次正式亮相和谈判实力的初次较量，也同样直接决定着采购谈判时的主动权。

### （三）谈判摸底阶段

摸底阶段是指实质性谈判开始后到对采购商品报价之前的阶段。在这个阶段，采购方与供应商通常会交流各自在此次谈判中的意图和想法，先试探下对方的底线与要求，之后，再具体协商谈判的方案，并首次对双方在谈判中都没有争议的问题达成一致的意见，同时评估对方的报价是否合理，并对要进行讨价还价的形势进行预估，为其做好准备。

### （四）谈判磋商阶段

磋商阶段是指一方报价以后至成交之前的阶段，是整个采购谈判的核心阶段，也是谈判中最为艰难的过程，同时也是谈判策略与技巧运用的集中体现，直接决定着谈判的结果。磋商阶段的内容有报价、讨价、还价、要求、抗争、异议处理、压力与反压力、僵局处理、让步等诸多活动和任务。

### （五）谈判成交阶段

谈判成交阶段的开始不是意味着采购方与供应方谈判双方的所有问题都已解决，而是指提出成交的时机已经到了。事实上，在这个成交阶段，双方往往需要对价格及主要交易条件进行最后的谈判和确认，但是此时双方的利益分歧已经缩小，如由其中一方提出条件，基本上可以成交了。

### （六）协议后阶段

协议签订后阶段的主要任务是对谈判进行总结和资料管理，确保合同的履行与维护双方的关系。

例如，一个合格的超市商品采购员还要追踪因商品采购所延伸的一些工作，通常除了解并掌握商品是否与样品质量、价格、品牌、产地等相符，是否完全履行了合同约定的条款，商品进入卖场后理货员的反应如何，销路是否畅通，是否符合市场的需要，商品质量是否符合国家、行业及企业规定的标准外，还要从六个方面对谈判后的效果进行追踪。一是商品是否满足消费者的需求，顾客的满意度如何；二是商品采购总量、商品结构、批量是否合适；三是商品质量是否稳定，能否满足顾客的需求；四是商品货源是否来自源头；五是售后服务是否良好、可靠，对投诉是否能做出迅速反应，索赔是否简便易行；六是交货是否及时，供货量是否有弹性，交货时间是否合适，能否保证购货所需时间内的正常销售，过早送货会导致库存积压，过迟送货则会出现缺货。

## 三、采购谈判的技巧

谈判技巧是采购人员的重要利器。谈判高手通常都会花更多的时间去研究这些技巧，以求事半功倍。

### （一）谈判前要有充分的准备

知己知彼，百战百胜。成功的谈判最重要的步骤就是要先有充分的准备。采购人员的商品知识，对市场及价格的了解，对供需状况的了解，对本公司的了解，对供应商的了解，本公司所能接受的价格底线、目标、上限，以及其他谈判的目标都必须先有所准备，并列出优先级，将重点简短列在纸上，在谈判时随时参考，以提醒自己。

### （二）注意价格谈判技巧

① 谈判可以单独与供应商进行或由数家供应商竞标的方式来进行。单独进行时，采购人员最好先分析成本或价格。数家竞标时，采购人员应选择两三家价格较低的供应商，再分别与他们谈判，以求得公平而合理的价格。

② 大量采购，但不可一开始就告知供应商可能订购的数量，以免让对方知道本公司的进货能力，也就是说，尽量以笼统的方式向供应商说明本公司的采购数量比其他采购商大很多。

③ 列举供应商产品经由本公司销售的好处，如铺货快，节省运费，降低销管费用，清除库存，保障其市场、外销机会，节省广告费等。

④ 付款迅速，并减少应收账款管理费用。由本公司主动付款汇入供应商银行账户，减少供应商应收账款管理费用，并可规避倒账的风险，以及避免倒账货外流的影响。

### （三）只与有决定权的人谈判

采购人员在谈判中，可能接触到的对方的谈判对象有业务代表、业务各级主管、经理、协理、副总经理、总经理或董事长，谈判小组的组员，由供应商的规模大小而定。每个对应职务的权限都不同。在谈判时，切忌与无权决定谈判条款内容的人进行磋商，以免浪费自己的时间，同时也可避免事先将自身的立场透露给对方。因此，在谈判之前，要先搞清楚对方谁有最终的决定权。

## 四、采购谈判操作案例

江西某市 A 工厂与 B 进口公司（以下合称中方）联合组团赴美国纽约与美国 P 公司（以下称美方）谈判铝箔生产线的技术与商务条件，由于工程进度要求，此行希望能够在过去双方技术交流的基础上完成最终签署合同的谈判。

为此，该谈判组共有各类专家 9 人，时间定为 2 周。带队的是 A 工厂的李厂长与 B 公司主管业务部门的刘经理，阵容虽说不上庞大，可实力不可小觑。到了纽约后，美方 P 公司总经理、生产经理、设备经理、律师迎接中方谈判组。技术谈判仅用了 2 天双方即交换了意见，进入了草拟技术文件的阶段。当进入价格谈判阶段时，美方态度开始强硬，480 万美元的报价，不论中方怎么说，在调整 5% 的价格后就不动了。为了充分利用时间，中方建议价格谈判与合同文本其他内容谈判同时进行，美方表示同意。双方将人员分成 2 组，继续谈判。在美方律师与中方刘经理的努力下，合同文本的大部分条款在 2 天之内也谈得差不多了，但价格小组的谈判几近停顿。更严重的是，P 公司的总经理不露面了，当问及对方律师时，答案是"他到国外开会去了，什么时候回来不知道"，中方谈判组陷入困境。谈判组围绕这些问题进行了认真分析，最后统一的意见是：先沉住气，待进一步摸清情况后，再做打算。于是分头行动，一部分人收集市场信息，以分析价格条件；一部分人把握谈判形势，刘经理设法与对方律师接触，沟通关系，获取信息。

刘经理与律师联系上了，谈得还很投机，双方从家庭、生活、兴趣、朋友、文化的话题逐步转移到交易的谈判上。由于彼此聊得痛快，生意上的事也当生活见解倾诉出来。

律师："P 公司经理不够意思，既让中国朋友来了，就应安排好。再有分歧，也应坐下来谈嘛！"

刘经理："可能总经理是有急事需出国处理。"

项目七　采购谈判

律师："事是有，但可以定个时间表。"

刘经理："他太忙，无法确定日程，也可能我们的交易额太小，不值得优先考虑。"

律师："贵公司的交易对他很重要。这是第一次将其产品与技术卖到中国。贵方来之前，他与助手们多次商量，不像不重视。只是此人性格较直率，处理问题的方式较简单。加上这回他可能真有急事出差了，显得失礼。"

刘经理："我认为总经理先生是压我方让步，也许他已回其办公室了，只是不想见我们。非要我方让步才肯恢复谈判。我可以告诉您，我们是可以让步，但要成交必须双方让步。按P公司目前的谈判态度，我们即使可以让步也不会让了。"

律师："我能理解中方的立场，但如果这样下去，我很难看到贵方本次谈判的结果。"

这是个很实际的问题。刘经理严肃地看着律师点了点头，承认其看法，表示宁可空手回国，也不会接受P公司现在的交易条件。两人又聊了些轻松的话题。律师送刘经理离开时，刘经理试探性地问律师："我有个想法不知行不行。"律师说："请讲。"刘经理说："若有可能，请您转告P公司总经理，我方的交易条件可以调整，但我方对他目前的态度与做法有意见。他不改变，我们将无法谈判。这样的话，我们就准备回国了。"

刘经理将情况与谈判组人员沟通后，决定缩短在美逗留时间，利用2~3天调查研究，同时再通过律师与P公司联系一次，看总经理是否回纽约或是否愿意恢复谈判，再决定具体回国日期与航班。两天后，刘经理与律师通话，得知总经理仍未回国，于是全团决定提前回国。中方回国一个月后，律师来电，说P公司总经理回国后即与其交换了意见，他表示歉意，但同时表示重视与中方的交易，若中方邀请，他们可组团来华谈判。双方很快办妥了相关手续。P公司的谈判组几乎是纽约谈判时的原班人马，只是多了总经理的夫人。在欢迎仪式上，双方人员很兴奋，尤其总经理夫人更是高兴，她说："中国的菜，色、香、味俱全，真是艺术品，还是营养品。虽说我国的菜不能与中国菜比，但在西餐中也是不错的，下次贵方到纽约时，我一定要请你们品尝。"刘经理接道："我们在两个月前到纽约去过，并与您的丈夫商讨交易事宜。"总经理夫人惊讶地问："我怎么不知道呢？"她转身面对丈夫。总经理很尴尬地点点头。

这次谈判仍分两组进行，一组谈判价格，一组陪总经理夫人去参观考察。由于这是上次谈判的继续，双方均同意先谈关键分歧点。虽然在纽约时双方差距有50%，但这次谈判双方真正体现了互相配合求公正的态度。P公司承担了22%的差距，加上在纽约谈判时改善的5%，总量达27%；中方承担28%的差距，退让似乎比美方大，但总体差不多。

双方人员迅速整理交易内容及合同文本，中方组织人员打印合同。

该合同执行得非常顺利。

**思考：**

（1）如中方在听到P公司总经理"出国开会"后，即拿出新的采购条件吸引其继续谈判行吗？

（2）在此次采购谈判中，起着决定转折作用的关键点在哪里？为什么？

（3）在此次采购谈判中，谈判人员都使用了哪些采购谈判技巧？

**分析：**

在这个案例中，中方谈判组的处理给我们许多启示。

第一，及时把握自己的条件。在谈判最初的阶段中，美方谈判组态度强硬，不修改自己的不妥之处，反而借故中断谈判，对于赴美专程谈判的中方在成交时面对的压力很大。但在

103

这种压力面前，中方冷静判断所处形势，并首先守住自己的条件，这是处理本案例中"冷"的最好方法。这样做既节省了谈判资源，又让对方的压力效果降至最低，可以说是对美方强有力的反作用的效果。

第二，审视谈判形势。守住条件固然重要，但对于双方所处的谈判中的地位进行审视，尤为重要。谈判组分小组再次出击，收集谈判信息，摸清美方谈判组行为的真实意图，这将为后续谈判决策提供依据。尤其是刘经理对律师的工作是措施中最有效的，通过律师完成了调查任务，还完成了布局的任务，使中方谈判组以最佳状态在最佳时机撤出谈判，又给谈判留有余地。

第三，抓住再谈判的时机。中方对美方来华人员的安排令他们满意，并在这次谈判中抓住了问题的关键，使谈判整体气氛热烈，彼此配合地投入谈判，解决了上次在纽约时的原则性分歧。中方抓住了这些时机因素，大大提高了谈判效率与成功概率，同时使成交条件更趋公正、公平。

第四，内部协调统一。不论是在纽约的谈判还是在国内的谈判，中方谈判的整体性较好，思路连贯，全体人员工作步调一致，使得整个谈判的思想得以全面贯彻。从该案例的谈判效果来看，内部协调统一工作做得是否好，也是成功的关键。

## 小 结

1. 采购谈判是指企业为生产而采购所需商品或服务，作为买方与卖方所建立起的购销业务。

2. 采购谈判是围绕采购商品而进行的谈判，主要内容涉及商品或服务的质量、价格、订购的数量、商品的包装、运输、货款结算、支付方式、保险、商品检验及索赔等条款。

3. 谈判的原则：诚信原则，言之有据原则，注重长期合作原则，双赢（多赢）原则，平等自愿原则，确定最优期望目标、可接受目标以及最低限度目标原则。

4. 谈判技巧是采购人员的重要利器。谈判前要有充分的准备，注意价格谈判技巧，只与有决定权的人谈判。

## 附：采购合同

甲方：
法定代表人：
乙方：
法定代表人：
根据《中华人民共和国合同法》之规定，经甲乙双方充分协商，特订立合同，以便共同遵守。

**第一条　产品的名称、品种、规格**

1. 产品的名称、品种、规格：

名称：_____。

品种：_____。

规格：_____。

2.产品的技术标准（包括质量要求），按下列第（_____）项执行：
(1) 按国家标准执行；(2) 按部颁标准执行；(3) 按企业标准执行；(4) 有特殊要求的，按甲乙双方在合同中商定的技术条件、样品或补充的技术要求执行。

### 第二条　产品的数量和计量单位、计量方法
1.产品的数量：_____。
2.计量单位、计量方法：_____。
3.产品交货数量的正负尾差、合理磅差和在途自然减（增）量规定及计算方法：_____。

### 第三条　产品的包装标准和包装物的供应与回收
_____。（国家或业务主管部门有技术规定的，按技术规定执行；国家与业务主管部门无技术规定的，由甲乙双方商定。）

### 第四条　产品的交货单位、交货方法、运输方式、到货地点（包括专用线、码头）
1.产品的交货单位：_____。
2.交货方法，按下列第（_____）项执行：
(1) 乙方送货；
(2) 乙方代运；
(3) 甲方自提自运。
3.运输方式：_____。
4.到货地点和接货单位（或接货人）：_____。
［甲方如要求变更到货地点或接货人，应在合同规定的交货期限（　月份或季度）前40天通知乙方，以便乙方编月度要车（船）计划；必须由甲方派人押送的，应在合同中明确规定；甲乙双方对产品的运输和装卸，应按有关规定与运输部门办理交换手续，做出记录，双方签字，明确甲、乙方和运输部门的责任。］

### 第五条　产品的交（提）货期限
_____。
（规定送货或代运的产品的交货日期，以乙方发运产品时承运部门签发的戳记日期为准，当事人另有约定者，从约定；合同规定甲方自提产品的交货日期，以乙方按合同规定通知的提货日期为准。乙方的提货通知中，应给予甲方必要的途中时间，实际交货或提货日期早于或迟于合同规定的日期，应视为提前或逾期交货或提货。）

### 第六条　产品的价格与货款的结算
1.产品的价格，按下列第（_____）项执行：
(1) 按物价主管部门的批准价执行；
(2) 按甲乙双方的商定价执行。
（逾期交货的，遇价格上涨时，按原价执行；遇价格下降时，按原价执行。逾期提货或逾期付款的，遇价格上涨时，按新价格执行；遇价格下降时，按原价执行。）
2.产品货款的结算：产品的货款、实际支付的运杂费和其他费用的结算，按照中国人民银行结算办法的规定办理。
（用托收承付方式结算的，合同中应注明验单付款或验货付款。验货付款的承付期限一般为10天，从运输部门向收货单位发出提货通知的次日起算。凡当事人在合同中约定缩短或延长验货期限的，应当在托收凭证上写明，银行从其规定。）

**第七条 验收方法**

1. 验收时间：_____。
2. 验收手段：_____。
3. 验收标准：_____。

**第八条 对产品提出异议的时间和办法**

1. 甲方在验收中，如果发现产品的品种、型号、规格和质量不合规定，应一面妥为保管，一面在（_____）天内向乙方提出书面异议。

2. 如甲方未按规定期限提出书面异议的，视为所交产品符合合同规定。

3. 甲方因使用、保管、保养不善等造成产品质量下降的，不得提出异议。

4. 乙方在接到甲方书面异议后，应在 10 天内负责处理，否则，即视为默认甲方提出的异议和处理意见。

**第九条 乙方的违约责任**

1. 乙方不能交货的，应向甲方偿付不能交货部分货款的_____％（通用产品的幅度为 1％～5％，专用产品的幅度为 10％～30％）的违约金。

2. 乙方所交产品的品种、型号、规格、质量不符合合同规定的，如果甲方同意利用，应当按质论价。

3. 乙方逾期交货的，应比照中国人民银行有关延期付款的规定，按逾期交货部分货款计算，向甲方偿付逾期交货的违约金，并承担甲方因此所受的损失费用。

4. 乙方提前交货的产品、多交的产品和品种、型号、规格、质量不符合合同规定的产品，甲方在代保管期内实际支付的保管、保养等费用以及非因甲方保管不善而发生的损失，应当由乙方承担。

5. 产品错发到货地点或接货人的，乙方除应负责运交合同规定的到货地点或接货人外，还应承担甲方因此多支付的一切实际费用和逾期交货的违约金。乙方未经甲方同意，单方面改变运输路线和运输工具的，应当承担由此增加的费用。

6. 乙方提前交货的，甲方接货后，仍可按合同规定的交货时间付款；合同规定自提的，甲方可拒绝提货。乙方逾期交货的，乙方应在发货前与甲方协商，甲方仍需要的，乙方应照数补交，并负逾期交货责任；甲方不再需要的，应当在接到乙方通知后 15 天内通知乙方，办理解除合同手续，逾期不答复的，视为同意发货。

**第十条 甲方的违约责任**

1. 甲方中途退货，应向乙方偿付退货部分货款_____％（通用产品的幅度为 1％～5％，专用产品的幅度为 15％～30％）的违约金。

2. 甲方自提产品未按供货方通知的日期或合同规定的日期提货的，应比照中国人民银行有关延期付款的规定，按逾期提货部分货款总值计算，向乙方偿付逾期提货的违约金，并承担乙方实际支付的代为保管、保养的费用。

3. 甲方逾期付款的，应按照中国人民银行有关延期付款的规定向乙方偿付逾期付款的违约金。

4. 甲方违反合同规定拒绝接货的，应当承担由此造成的损失和运输部门的罚款。

5. 甲方如错填到货地点或接货人，或对乙方提出错误异议，应承担乙方因此所受的损失。

**第十一条 不可抗力**

甲乙双方的任何一方由于不可抗力不能履行合同时，应及时向对方通报不能履行或不能完全履行的理由，在取得有关主管机关证明以后，允许延期履行、部分履行或者不履行合同，并根据情况可部分或全部免予承担违约责任。

**第十二条　其他**

_____

按本合同规定应该偿付的违约金、赔偿金、保管保养费和各种经济损失，应当在明确责任后10天内，按中国人民银行规定的结算办法付清，否则按逾期付款处理。但任何一方不得自行扣发货物或扣付货款来充抵。

本合同如发生纠纷，当事人双方应当及时协商解决，协商不成时，任何一方均可请业务主管机关调解，调解不成，按以下第（_____）项方式处理：

（1）申请仲裁委员会仲裁。

（2）向人民法院起诉。

第十三条　本合同自_____年___月___日起生效，有效期至_____年___月___日。合同执行期内，甲乙双方均不得随意变更或解除合同。合同如有未尽事宜，须经双方共同协商，做出补充规定，补充规定与本合同具有同等效力。本合同正本一式两份，甲乙双方各执一份；合同副本一式____份。

购货单位（甲方）：_____（公章）

代表人：_____

开户银行：_____

账号：_____

电话：_____

_____年___月___日

供货单位（乙方）：_____（公章）

代表人：_____

开户银行：_____

账号：_____

电话：_____

_____年___月___日

## 实训任务　采购谈判训练

| 实训标题 | 采购谈判训练 |
|---|---|
| 实训内容 | 材料1：浙江××学院拟建立两个机房,每个机房60台计算机,并配备服务器、电脑桌椅、通信设备等其他相关设施设备。具体设备的型号、规格由采购方确定<br>材料2：江门××学校拟于2016年7月举行校运动会,15物流班积极响应,决定要在校运动会中一展风采,现需要给每位同学配一套服装,具体服装的颜色、款式由采购小组确定<br>任务：<br>1.选择一份材料,制订采购计划和谈判方案<br>2.角色分工撰写谈判脚本<br>3.模拟采购谈判过程<br>4.签订采购合同 |
| 实训目的 | 采购谈判的具体内容、谈判策略和技巧的运用 |
| 实训组织方式 | 以4人为一组进行分组,然后每组的组员进行角色分工。两组对应,一组同学是供应方,一组同学是采购方<br>训练地点:教室 |

续表

| | |
|---|---|
| 实训评价标准 | 1. 采购计划和谈判方案的制订<br>2. 脚本内容的合理性<br>3. 谈判过程中的表现<br>4. 对采购谈判内容、技巧的运用 |
| 实训评价方式 | 1. 学生进行组内自评、相互评价<br>2. 小组之间互评<br>3. 教师根据学生的表现给出相应评价并点评操作中的共性、个性问题<br>4. 每位同学的成绩由两部分组成：个人自评、相互评价（40%）＋小组互评（30%）＋教师评价（30%） |

# 项目八
# 租赁谈判

**能力目标**

1. 能运用租赁谈判内容、过程、技巧分析租赁谈判案例;
2. 能运用租赁谈判知识进行租赁谈判。

 **案例引入　大学生小顾租房记**

　　小顾在清华读 MBA，为了方便学习和工作，他和同学在离清华不远的东王庄小区合租了一套两居室的房子，9 月 1 日到期，他们想在东王庄小区内找新的住处。小顾和他的同学对新住处的选择比较挑剔：楼层、居住环境、室内装修设施，家用电器等，尤其最关注房主的诚信。

　　东王庄小区位于海淀区高校聚集的地方，周边有北京林业大学、清华大学、北京语言大学等诸多高等院校。小区内租户非常多，且住户有很多都是北京语言大学的外籍学生以及在附近上班的年轻白领一族。由于需求量大，房源非常紧张，这导致了东王庄的房价比较高，一般两居室的月租金在 5100～5800 元。具体的价格要视房屋的装修、设施、设备、家用电器的配套情况而定，当然还与承租人和出租户之间的谈判情况有关。

　　小顾从 8 月中旬就开始找新的住处了，一两个星期里已通过中介看了五六处房源。虽然还没有看到非常满意的，但在价格上已对行情有了一定把握。现在是 8 月 28 日，离合同期限 9 月 1 日只有 3 天时间了，小顾必须尽快定下来新的住处。同时，由于 8 月底 9 月初有大量的学校开学，很多学生都在找房源，房源越来越紧张，房价也在逐步升高，小顾心理的压力越来越大。

　　一大早，小顾又接到了中介让他去看房子的电话。中介的小伙子对小顾说："这个房子里面的设施、电器非常好，我本想介绍给留学生，5800 元月租绝对没问题。但房主说更愿意租给本国人，你也不要太压价，差不多就可以了。"出于近一段时间找房过程中对这个中介的了解，小顾认为他的话还是值得相信的，因此决定去看看。同时也问了问中介的建议，中介认为最低也低不过 5300 元。

小顾来到这家房主家里，看到房屋的条件的确不错：楼层适中，房间里是木质地板装修，除普通的家用电器以外还有音响，他非常满意，但他没有表露出来。

房东是一位 40 多岁的男士，见到小顾后就不停地说自己的房子从来没出租过，也没想过要出租。几个月前两个朋友在这里暂住过两个月，刚走。今天遇到了中介的小伙子，非常热情地劝他把房出租，并主动给他介绍房客的。随后就谈起以前住的两个朋友都是搞艺术的，在这里写了两个月剧本。他本人对房屋十分爱惜，所以他对房客的要求也是挺高的，要可靠，要有一定文化素养，要爱惜房子，等等。小顾认为自己完全符合房主的这些要求，在这方面还是很有优势的。

小顾问房主房价，房主报 5500 元，而且反复强调，自己是因为更想租给本国人，不然 6000 元租给留学生是不成问题的。小顾发现房主报价并没有出奇地高，在这种情况下，小顾认为只要能达到一个合理的价格就行了，不需要过分追求己方的利益。此时小顾心中的最高价为 5400 元/月，同时期望最好能谈到 5100 元/月。

经过一番聊天，小顾就诚恳地对房东说："通过刚才的谈话，咱们也有了些了解，我觉得咱们都是值得信赖的人，我也希望能租您的房子，但您也知道，我们目前都还没有毕业，经济上并不宽裕，再加上我们是国内学生，不能和留学生的支付能力相提并论。您看月租金在 5100 元怎样？"房东听后并没有露出不满的表情，只是强调自己的房子装修、设备都非常好，5100 元的月租金实在是太少了。

于是小顾避开租金不谈，开始谈一些其他的相关费用，如宽带安装费、物业费、取暖费等。宽带的安装费为 500 元左右，取暖费全年是 1000 多元钱，折合每月将近 100 元。另外还有付款方式、押金等，小顾提出愿意一次付清半年的租金。

这时已临近午饭时间了，小顾说要等下午另一位室友也来看看再做最后决定。此时，房主突然提出：为回避可能的风险，只愿意和小顾一人签订租房合同，而不愿意与小顾及其室友共同签订租房合同。

最终小顾和房东达成一致，签订了合同：月租金 5200 元（含取暖费），其他开销由承租方自己承担。合同由房主和小顾签订，一年一签，房租半年一付。

**思考**：小顾在租赁谈判中是怎样取得谈判主动权的？

**分析**：小顾通过观察和交谈发现房主对房客要求较高，而自己清华 MBA 的头衔以及自己在言谈举止中反映出来的个人素质给房主留下了较好的印象，小顾紧紧抓住自己在这方面的优势争取谈判的主动权。同时，在谈判时灵活运用其他因素，如付款方式、其他费用，为自己争取利益，从而拓宽了谈判的内容和空间，为谈判结果提供了更多的解决方案。

## 一、租赁谈判的主要内容

租赁，是指出租方将设备、房产等财产交给承租方，承租方付租金，在租赁关系终止时将原设备、房产等财产归还给出租方的行为。在租赁期出租人对出租的设备、房产等财产拥有所有权和受益权，承租人享有使用权。

我国的租赁业已经成为一个充满生机和活力的产业，很多行业的租赁市场极为火爆，涉及的领域有房产租赁、设备或仪器租赁、汽车租赁、电池租赁、航空租赁、书籍音像租赁、服装租赁、玩具租赁、户外运动用品租赁等。行业渗透相当广泛。

房屋租赁市场是我国房地产市场的重要组成部分，它可以盘活房屋存量、优化资源配置、搞活市场流通，正成为新的投资和消费热点。房屋租赁是由房屋的所有者或经营者将其所有或经营的房屋交给房屋的消费者使用，房屋消费者通过定期交付一定数额的租金，取得房屋的占有和使用权利的行为。房屋租赁是房屋使用价值零星出售的一种商品流通方式。

我国设备租赁业务只占设备需求量的 10%，与高达 80% 的国际平均水平相差甚远，设备租赁市场潜力和空间巨大。融资租赁是设备租赁的主要形式。融资租赁是指公司需要添置设备时，公司不是采用购买的方式，而是委托租赁公司根据公司的要求选择代为购入所需的资产，然后公司以租赁的方式从租赁公司租入该项设备，从而达到融通资金的目的。它是一种采用"融物"形式的、不可撤销的中长期融资形式，是企业筹措资金的一种重要方法。采用这种租赁形式，企业可以获得租赁公司的设备使用权，实际上相当于获得了企业购置设备所需的资金。所以，这是一种将资金筹措和设备租赁结合在一起的筹资方法，在国际上使用很广泛。融资租赁的主要特点是：

① 出租的设备由承租企业提出要求购买，或者由承租企业直接从制造商或销售商那里选定。

② 租赁期较长，超过资产寿命的 75%，一般设备 3～5 年、大型设备 10 年以上。租赁合同期包括不可解约的固定期限及合同中规定的续租或展期等。

③ 租金的现值不应超过租赁资产合理价值的 90%。

④ 由承租企业负责设备的维修、保养。

⑤ 租赁期满，按事先约定的方法处理设备，包括退还租赁公司，或继续租赁，或企业留购。通常采用企业留购办法，即以很少的"名义价格"（相当于设备残值）买下设备。

【案例】 宣爱智能是一家生产高端驾驶模拟器的高新技术企业，由于模拟器价值不菲，民用销售市场一直难以打开。2013 年，中关村科技租赁以风险租赁模式为宣爱智能提供 1 亿元融资租赁总授信，为宣爱智能开创了新的"合作经营——分账模式"。宣爱智能以出租服务的方式将模拟器铺到各大驾校，驾校按照使用模拟器的人数给宣爱智能支付服务费用。该模式大大促进了宣爱智能高端驾驶模拟器在民用市场的全面推广，此前其模拟器的销售量仅为 30 台，中关村科技租赁为其提供了 1300 万元的资金支持之后，宣爱智能已经与下游客户签订了 2000 台模拟器的收益分成合同。

分析：宣爱智能利用融资租赁模式，促进了其高端驾驶模拟器在民用市场的全面推广。

租赁谈判是出租方和承租方就租赁的相关事项进行洽谈的过程，租赁谈判的主要内容包括：

### 1. 租赁当事人

出租人是出租物件的所有者，拥有租赁物件的所有权，将物品租给他人使用，收取报酬。承租人是出租物件的使用者，租用出租人物品，向出租人支付一定的费用。房产租赁谈判的主体一般有出租人、承租人和房产中介，融资租赁谈判的主体由出卖方、出租方和承租方三方共同组成。

### 2. 确定租赁对象

租赁对象是指租赁的物品，如设备、房产等，尤其是有些设备的专用性很强，因而对租赁对象的品名、规格、型号、商标、数量、交货日期、交货地点等都要进行详细谈判。

### 3. 确定租赁期限

租赁期限是指出租人出让物件给承租人使用的期限。若承租人有权选择续租，则续租期也在内。

#### 4. 确定租金

租金是承租人为取得某种资产的使用权而向出租人交付的价值补偿。对出租人来说，要从所取得的租金中，获得租赁资产的价值补偿和收益，即除了要收回出租资产的购进原价、货物利息及有关费用之外，还要赚取一定的利润。租金的高低直接影响出租者和承租者双方的利益，因而是租赁谈判的主要内容。它包括租金的支付方式、支付次数、支付时间、支付地点、租金的数额等内容。

#### 5. 标的物的交付和归还

在租赁业务中，对租赁标的物的交付和归还验收，是一项十分重要而又烦琐费时的工作。因而，双方应认真洽商，将双方当事人的权利和义务进行明确。

## 二、租赁谈判的过程

### （一）融资租赁谈判过程

融资租赁谈判包括租赁谈判和购货谈判，租赁谈判中的当事人是出租方和承租方，购货谈判中的当事人是出卖方和买受方。这两种谈判并非完全独立，当事人的权利和义务常常表现为相互交错。

#### 1. 租赁谈判

（1）谈判前的审查　租赁公司接受预约的租赁后，可要求用户提供企业的经营书、各种财务报表等文件，并根据自己掌握的资料进行审查，决定是否可以租赁，必要时可向各种信用调查机构进行咨询。

（2）租金、租期、交货等谈判

① 确定租期。根据折旧规定、设备使用寿命和最低租期的限制确定整个租期和租赁残值。根据供货合同用款期，确定租赁合同起租日。没有宽限期的可以递交开证押金或直接将付款日期作为起租日。有宽限期的可以将用款第一天作为起租日，支付利息或摊入租赁成本后可以以最后一次或者以前的用款期为起租日。

② 确定租金。租金基本上是出租人购买设备的价格、利息、利润的总和，并参照双方承担的其他义务（如出租人负责提供保养、维修、培训等）而定，有关费用亦应计入租金。租金可以按月、按季，也可以半年一次或按年缴纳，通常规定第一次缴纳租金要在租用设备开始正常运转之后，以便承租人用该设备生产的产品出售后获得的利润交付租金。

影响租金高低的直接因素有：

第一，租赁设备的购买价格是影响租金高低的最主要的因素。因此，承租人应争取与租赁公司一道参加订购设备的谈判，或通过其他途径了解设备的真实价格，对以后正确估算租赁成本、合理确定租金是有利的。如果是租赁公司已有的备租设备，承租人可调查一下该设备的进货价是多少、出租多长时间、剩余价值是多少。

第二，设备估计残值是一个有弹性的因素。如果估计残值高，那么承租人就可以少付租金；反之，则要多付。因此，在估计残值时采取什么样的折旧方式直接影响残值的高低。如果是采取加速折旧法，设备价值的转移集中在前几年，设备后期残值可能大大低于当时的市场价值或其实际保有的价值，从而使得承租人多付租金。

第三，利息作为资金成本是租金的重要决定因素，而利率的大小，则取决于签订合同时的金融市场行情和租赁公司筹措资金的能力。

第四，税金。有些国家为了鼓励投资，在税法上给租赁业务以种种优惠，其中最主要的是加速折旧和投资减税。

第五，租金的支付时间。如果预先支付租金，或者在租赁初期多交付租金，那么租金就低；如果在租赁末期支付，租金就高。这里存在一个货币的时间价值问题。

第六，租金使用的货币。出于汇率风险的考虑，如果是用硬币支付，那么租金可以低一些；用软币支付，租金就要高一些。

第七，租赁期长短与承租人的信誉。如果租期较长，信誉较好，租金可能低一些。反之，则要高一些。

此外，保险费、佣金也有一定浮动幅度。

③ 关于租赁标的交货问题。

第一，确认出租人与供货人之间的有关销售合同中的租赁物件是承租人根据自己的需要所选定的。

第二，明确租赁物件交付的时间、地点，以及是由供货人直接交付承租人，还是须由出租人交付。

第三，应明确规定，如果交付人不能按时交付租赁物件应负的责任，同时也应明确，因哪些情况造成租赁物件的延迟交付不属交付人的责任等内容。

第四，应明确租赁物件到达交货地点后应由承租人自负保管责任。承租人要在当事人双方协商一致的期限内检查验收租赁物件是否符合要求，并在租赁物件的收据上签字盖章，交给出租人。如果承租人未能在规定期限内办理验收事宜，租赁物件将被视为在完整状态下，已由承租人验收完毕，并被认为规定期限的最后一天，租赁物件收据已由承租人交付给出租人。

第五，如果供货人延迟租赁物件的交货或租赁物件的规格、式样、性能、功能等与购买合同所规定的内容不符，或有不良、瑕疵等情况而使承租人受到损害，对这个问题，出租人虽不负责任，但在合同中要明确规定出租人有义务将销售合同中对供货人的索赔权转给承租人，并有义务协助承租人办理有关索赔事宜。

（3）签订租赁合同　融资租赁业务是自成一类的三边交易，参与交易的直接当事人有出租人、承租人和供货人。如果是衡平租赁方式，还要增加第四方，即向出租人提供货款的金融机构。因此，融资租赁业务合同要比普通的租赁合同复杂得多。

一般地说，完整的融资租赁合同应由多个合同组成，至少包括：

① 出租人与供货人签订的购销合同；

② 出租人与承租人签订的租赁合同；

③ 出租人与金融机构签订的贷款合同；

④ 承租人与供货人签订的设备维修、保养合同以及保险合同等。

在租赁合同中，对出租人和承租人的权利和义务必须做详细、具体和严格的规定。一般应包括以下内容：

① 出租人的权利和义务。

第一，在租期内保有租赁财产的所有权，向承租人收取租金。

第二，在租赁期届满可收回租赁财产。

第三，在租赁期内有权检查其所出租的设备和使用情况。

第四，租赁设备如因承租人的过失而损坏、停工，出租人有权向承租人索赔。

第五，应向承租人供应适合生产的先进设备，保证不是陈旧设备，并保证设备性能可靠、运输正常和及时更换不合格的零配件。

第六，在融资租赁情况下，根据供货合同规定，向供货人支付货款；当供货方不履行合同时，协助承租方向供货方索赔。

第七，按经营租赁的要求，出租人应负责提供全部技术服务，包括设备的保养、维修、培训技术人员并支付此项费用和捐税，如果在合同有效期内设备运行出现非因违反操作规程所引起的故障，出租人应负责修复和供应零配件，其费用由出租人承担。如果出租人要求承租人或第三者修理设备，其费用由出租人支付，但修理费不得超过出租人规定的标准。

② 承租人的权利和义务。

第一，在融资租赁的情况下，可自由选择供货方和租赁物品。

第二，在租赁期内享有租赁财产的使用权。

第三，在经营租赁情况下，出租人如未按合同及时补偿零部件或维修不符合质量要求，承租人有权自行从其他来源获得零配件或提出赔偿损失，直至解除合同；在租赁期未届满前，承租人有权要求出租人用技术最先进的设备替换陈旧过时的设备。

第四，依照租赁合同的约定交付租金。

第五，应以出租人名义向保险公司投保租赁设备，保险费由承租人负担，受益人为出租人（但实际上，出租人常自行投保，而将保险费计入租金内）。

第六，对租赁设备的性能和技术资料应予保密，不得泄露租赁设备的构造和使用特点，以保障出租人的利益。

第七，在租赁期间，应在设备上附有标明设备所有人的标签，以防设备被扣作抵押，以保障设备的安全。

第八，应按合同规定的地区和固定的企业使用机器设备，如需转移该项设备，应事先通知出租人；承租人应妥善保管设备，并按技术规则操作使用；未经出租人书面同意，承租人不得改动租赁设备的结构，在设备使用过程中所发生的一切缺陷，承租人应及时向出租人报告。

第九，在融资租赁情况下，承租人负责租赁设备的保养和维修。

**2. 购货谈判**

(1) 询价、比价　根据承租人的需要和双方共同掌握的客户资料，向有关厂商发送询价单。对拟购买的设备厂商至少要有三家，并对技术、价格、性能、科技含量、零配备件供应、售后服务、资信情况和环境保护等方面做充分的了解和调查，由评估小组对上述方面进行综合评价、审批，选择合适的厂商。

(2) 谈判中技术条款与商务条款应分别由承租企业和出租人与供应商洽谈　购货合同的客体是拟租设备，承租企业将最终使用该设备，因此合同中的技术条款可以承租企业为主进行谈判；商务条款由于涉及出租人和供应商的利益，因而谈判主要由出租人参与，并在征求承租企业意见后最后确定。

(3) 价格谈判　价格水平关系到各方当事人的利益，在商务谈判中占据重要位置。价格谈判在坚持平等互利的原则下，要比较多家报价，并运用恰当的谈判策略争取以有力的价格成交。

(4) 交货与装运条款　购货合同中对交货的时间规定应以在条件许可下尽快交货为原则，以便尽快投入生产；装运条款的选择，对供应商而言，倾向于以分批可转运条件成交，但对承租企业而言，要力争以不可转运并尽量不分批条件成交。

(5) 支付方式　购货合同可以选择用信用证结算的方式，以银行保函和托收方式支付货款。通常以分期付款方式引进生产线及成套设备，作为出租人，从自身利益和承租方的利益出发，应在谈判中争取采用远期付款方式，保证设备质量和技术服务的可靠或放置因交货拖延、设备质量等问题使自己和承租人均处于不利地位。

(6) 设备验收、安装调试和质量保证　由于国际融资租赁业务中购买合同的标的物往往体积大，涉及金额多，因而在谈判中应坚持在设备到达承租企业工厂后由承租企业复验；由于设备的安装调试技术难度大，谈判中应力争由供应商派技术人员到承租企业工厂进行安装调试。合同中要明确对安装调试人员的素质要求及费用负担等事项；设备的质量保证条款要求供应商对设备的质量提供保证，并力争保证期从检验合格之日起计算。

(7) 保险　作为国际货物运输的保险由有可能可保利益方进行投保是必不可少的。中国企业租赁设备一般由承租企业自付费用办理保险事宜。

(8) 仲裁与索赔　合同在履行过程中出现争议问题如何解决、当事人之间的责任如何划分，可以在仲裁条款中对仲裁地点、仲裁机构、仲裁程序、费用等做出规定。如果设备验收和使用过程中出现质量问题，承租企业应在合同规定的索赔期内向供应商索赔。索赔期一般规定为租赁物抵达承租企业工厂后90天。

### (二) 房产租赁谈判过程

**1. 谈判前的审查**

(1) 审查出租人是否具备主体资格　出租人是否具备出租房屋的主体资格，直接关系到合同的效力问题。

① 房屋的所有权人。出租人是否与出租房屋产权证上的名称一致，必要时到房屋管理部门查询。

【案例】　王女士两口子闹离婚，王女士趁丈夫不在家，将自家房屋出租给小李，双方订立了租赁合同，约定租期2年、每年租金80000元。协议签订当日，小李支付了1年的房租。搬进去后，小李从邻居口中得知，王女士出租的房屋产权归其丈夫所有，租房时，王女士未向小李提供房屋所有权证，也没有征得其丈夫同意。不久，王女士丈夫来到出租房内，要求确认小李与妻子签订的协议无效，并请小李搬出房屋。小李不同意王女士丈夫的说法，认为当初是通过房主张贴的租房广告才找来的，而且租金也全额给了房主，并签订了租赁协议。无论房主夫妻间有什么纠葛，这份协议总该是有效的。现在租期还没到，凭什么要求自己搬家？事情最后闹到法院，法院最后认定租赁合同无效，限小李3日内搬出。

**分析**：王女士对其丈夫所有的房屋无处分权，并且，其丈夫对其租房行为也未予追认，她与小李签订的房屋租赁合同应属无效。

② 委托或代理出租的。房屋所有权人是否与出租房屋产权证上的名称一致，是否经所有权人同意或授权，是否有所有权人同意或授权出租的书面证明材料。

③ 共有房屋出租的。是否经其他共有人同意，是否有其他共有人同意出租的书面证明材料，如授权委托书等。

④ 房屋转租的。是否经出租人同意，是否有出租人同意转租的书面证明材料。

⑤ 出租人为自然人的，是否具备完全民事行为能力，要求其提供身份证或户口簿；出租人系法人或其他组织的，要求其提供营业执照，并在全国企业信用信息公示系统进行必要的工商查询，确保其依法设立、合法存续。

(2) 审查拟租赁房屋具体情况

① 审查房屋的租赁用途与政府批准的规划用途是否一致。这点主要是看房屋的产权证，审查其用途是住宅、办公、工商业还是仓库等。如果合同约定的租赁用途与政府批准的规划用途不一致，须报规划部门批准。

② 审查房屋是否存在禁止出租等的情形。对此，除了进行必要的核实外，可要求出租

人在租赁合同中就房屋不存在如下不能出租的情形进行保证和承诺：未依法取得房屋所有权证的；司法机关和行政机关依法裁定、决定查封或者以其他形式限制房屋权利的；共有房屋未取得共有人同意的；权属有争议的；属于违法建筑的；不符合安全标准的；已抵押，未经抵押权人同意的；不符合公安、环保、卫生等主管部门有关规定的；有关法律、法规规定禁止出租的其他情形。

上述有些情形会直接导致租赁合同无效，因此，如果存在上述情形，则需要根据实际情况探讨合法解决措施及相应的时限，评估相应的风险及后续可能的影响，在此基础上决定是否承租。

③ 审查房屋是否涉及相邻关系的利益纠纷，包括居民用房通道、噪声、装修施工影响、营业影响、广告牌等。

**2. 租金谈判**

（1）从出租方的角度来说

① 找到房屋的卖点，如离地铁近、环境好、生活方便、租金低等。总之，一定要找到1个核心卖点和2~3个后备核心卖点，以作为谈判的筹码。

② 尽快摸清承租方最看重房屋的什么卖点。比如，交通方便，就应该在谈判中反复强调交通方便带来的帮助，并以此作为与承租方谈判的突破口。

（2）从承租方角度来说

① 通过中介、网络等途径了解市场价位，并试着还价。

② 房租一般最常见的有押一付三、半年一付和一年一付等几种，如果有能力一次性交清，那就可以跟房东要求优惠。

③ 与房东除了谈租金外，还要注意谈妥有关的附加条件，比如物业费、取暖费等，这可以使你节省不少开支。

**3. 签订租赁合同**

房屋租赁合同在现实生活中是一种常用的合同类型。房屋租赁合同看上去比较简单，合同条款也比较少，但房屋租赁合同的纠纷却时常发生。根本的原因是甲乙双方当事人合同条款订得不全面，在履行房屋租赁合同过程中经常会出现一些原来没有考虑到的情况。为了避免纠纷，在签订房屋租赁合同时要注意租金、租期、交付条件、其他费用、违约责任等的约定。

## 三、租赁谈判的技巧

### （一）巧挑毛病

租房时，一定要认真看房，详细检查，最好能合理挑出出租房源的一些毛病，这可是用来讨价还价的资本。租房跟买菜一样，想要业主或者中介给你一个低价，那就得找到一些降价的理由，而出租房肯定是有着各种各样的不足的，或者是装修太过破旧、家电家具配置不全等，只要你指出的情况真实存在，他们通常会愿意做出一定的降价作为补偿。切记，在挑毛病的时候，不要太过分，否则容易引起房主反感而谈崩，到时候就不好再谈了，实事求是地指出毛病所在，诚恳谈判即可。

### （二）快速拍板

不管是房东还是房产中介，在出租房源的时候，最希望的就是把房子在最短的时间里租出去，尽量降低出租房源的空置时间，这样才可以获得更好的租金收益。租户在看房时，只要房子基本上符合自己的居住需求，就没有必要太挑了，毕竟看房也是需要耗费时间、精力和金钱的。当然没有必要表露出非常满意的表情和看法，可以直接告诉房东，房子还是基本符合要求的，只要价格合理的话，当天就可以定下来签合同，房东和房产中介可以最快地将房子租出去，当然也就愿意在一定程度上给予租金优惠。快速拍板是建立在认真看房的基础上，不是胡乱拍板。带着现金，说只要价钱合适马上付定金或签约。

### （三）横向对比

没有哪一套出租房源是唯一的，在都市里每个小区基本上都存在众多的类似出租房源，在租房之前可以多花一点时间对该小区的房租水平进行了解，这样进行价格谈判的时候心中就有一个基本的底，不至于砍价砍得太离谱，从而导致没有什么效果。找好房源之后，看了基本满意，就可以以自己的调查和了解的同类房源的租金情况为基础，跟房东或者房产中介进行价格谈判，只要你举出的例子属于真实的，并且言之有理的，获得租金优惠的可能性还是很大的。不管是房东还是房产中介，在报价的时候肯定都是预留了部分砍价空间的，这就需要租房者主动去把握这个砍价空间。比如，租户："大哥您的房子是北向的，朝南的才租4500元，您租4800元，实在太贵了！"房主："这个房子装修花了20万元，都是环保材料，住着舒服，在小区里这装修数一数二的，所以一点都不贵！"

### （四）学会倾听

在整个谈判过程中，切记不能滔滔不绝，在抛出一个理由后要注意倾听房东或客户说什么，就能真正把握房东或客户的真实意思了。可以在交流中尽量引导房东多角度讲述房子的各方面，比如上一个住户的基本情况、退租原因、房子周边的配套设施、近期有无政策调控会对房子造成影响等，掌握越多的信息，越能增加租房谈判的砝码，也能帮助你冷静思考权衡。

### （五）会用挡箭牌

告之房东已看中其他出租的房子，但亦喜欢此房屋，是否能再便宜点儿；告之自己很满意，但合租人有其他的想法，希望便宜点可以解决问题；或者表现出强烈的租房欲望，迫使对方降价。

### （六）敢于试价

如果房东说的房租你可以接受，你可以试着提出低一点点的价格，询问他是否接受？如果可以，你就算是赚到；如果不可以，你可以在押金或是房子整修等方面跟房东提要求，看看是不是有更进一步的利益交换空间。

## 四、租赁谈判操作案例

在阳光商城有一家名叫 DEMON 的精品时尚外贸店，这家店是 2007 年 6 月 1 日由 Sofia、阿梅、李棵和胖子四位同学合伙创办，他们亲切地称 DEMON 为"自家的儿子"。2007 年 5 月 DEMON 店的前任店主秦鹏因铺面到期所以急于出手，四位同学于 2007 年 5 月中旬向出租方提出盘店意向，双方进行了谈判。

### （一）谈判开始

2007 年 5 月 18 日，双方在 DEMON 店铺中开始谈判。

一开始，出租方具体介绍了店内的基本状况和装修情况，包括面积、水电、墙面、地板、货架、付款台以及其他重金属装饰品，装修成本逼近 2 万元。出租方以行业熟手的姿态，为开价说明了事实根据，算是恰到好处地拉开了谈判序幕。

承租方并未被出租方的气势所影响，而是提出质问："店面装修的确是有特色和个性，但是我们无从考证装修的成本，更何况目前的装修风格不一定会利用到将来我们店的营业中。所以，请介绍一下该店铺的其他方面。"

出租方看出了承租方虽然是初来乍到，但并不是冲动情感型的租铺者，于是开口询问他们对于开店的想法。承租方谈判者李棵实事求是地说："我们都是跳街舞的，开店也主要是搞街舞用品和轮滑用品之类的时尚产品。"

出租方对这一关键信息立即做出反应："你们跳街舞的最重要的就是服饰，这店以前就是做服饰的，你们接手以后可以直接做，并且不是每个人都喜欢那种夸张风格，你们还是应该卖一些比较大众的外贸服装，现在店里的货你们就可以直接拿去卖。"承租方明白，这是出租方打算把店铺租给他们的同时，再让承租方把货盘下来，这又是一项成本支出。出租方继续说："我在广东和成都等地都有货源，开店以后，可以帮你们拿货，渠道短，保证最低价。"

此时，承租方就其他方面发表意见："不过这里位置太偏了，在整条街的尾巴上，而且是个拐角，怎么会有客流？"出租方解释说："后面的金巴黎 3 期工程 10 月份就完工。到时玛利影院、德克士等会入驻进来，这里将会成为商业中心，不用担心客流。"

"不，在做生意时我们要把一切考虑清楚，如果有那么长一段时间的萎靡期，我们为什么不选择一个开店就能赢利的地理位置呢？"承租方摆明态度，双方在认定铺面价值上陷入僵局。出租方坚持说承租方疑虑过多，该铺面是个黄金口岸。承租方有待做更多的考察。

（二）磋商过程

"那这个店铺，你打算租多少钱？"承租方成员试探性地询问。

出租方拿出早就拟好的价单说："渠道＋现货＋铺子 5500 元；现货＋铺子 4500 元；铺子 3500 元。"了解了价格之后，承租方表示要再做商量。

承租方要求出租方对价格所含内容进行解释。出租方回应："如果付渠道费，那我将最低成本给你们供货；如果付了货款，店里一切物品都是你们的；如果只是铺款，就只给你们空铺。"

承租方立即做出反应："首先，我们不能保证你供的货是否符合我们的要求；其次，我们无法确定你拿货的价格水平；最后，我们不认为铺子的价值值 3500 元那么多，并且马上就是 6 月份，有些学校已经放假了。到 7、8 月份暑假根本就没有利润，我们认为你的价格太高了。"

出租方反问道："你们认为多少钱合适？"

承租方不紧不慢地说："目前最多拿出 2000 元，并且我们十分想要你的渠道……"

出租方淡然一笑说："到哪里 2000 元也找不到一个像样的铺子。"

承租方不依不饶："如果那么贵的价钱，我们可以找其他地理位置更好的铺子。"

这一招很奏效，顿时把出租方将住了。出租方自知铺租即将到期转而以恳切的态度征询："你们最多能给多少钱？2000 块真的太低了。"

承租方看出出租方的软肋，毫不退让。出租方无奈只能答应 2000 块给他们空铺。承租方见形势不对，立即阻挠，表示要求留下货品，最好再把渠道给他们。

出租方濒临崩溃的边缘，说："如果加货品和渠道，最低 3500 元。"

承租方答应并表示:"目前还是只有2000元,1500元于1个月后支付。"

### (三) 谈判结束

双方签订协议,谈判告终。

① 我们来分析下这场谈判是在怎样的背景下进行的:

出租方:DEMON店的前任店主秦鹏正面临房租到期的状况,铺面急于出手;

承租方:在众多选择中可以择优选择;

限制条件:如果前任店家的租用期到了,无人向其租用,只能退出,新店主向房东直接租门面只准备房租即可。

从整个谈判的大背景下我们可以看出,双方所处的优劣位置,那么接下来重要的就是双方如何从对话中获得对方的真实情况,以便决策。

② 谈判开始时,由于出租方开门见山式专业的讲解,给承租方压力,似乎可以挽回自己的一些优势,而承租方很有耐心,并未被出租方的气势所影响,而是提出质问,这样本来就处于劣势的出租方的优势一下子消散很多。转而出租方开始改变策略,开始询问承租方开店的想法,试图从中收集情报。得知承租方的开店想法后,出租方马上抛出一连串的信息,来向承租方说明自己的优势,但是过多的信息似乎在对承租方透露出我很急于出手的信息,这样无形中就将自己的真实信息透露给了承租方。

③ 接着双方进入相互试探阶段。此时,承租方决定不再听出租方的"商品"推销,开始转换策略,把问题解决在铺面上。其实这只是承租方的推脱之词,只是为后面的价格协商做铺垫,以便自己处于有利的地位。此时出租方也明白这层意思,所以用有力的根据反驳了承租方。

④ 陷入僵局。双方各说各话,无法达成共识。所以承租方首先为了打破僵局,开始引入新一轮的博弈:价格。此时我们应该注意,是承租方首先询问出租方价格,承租方处于有利的地位,而出租方的反应是马上抛出自己已经计划好的价格,却没有预留给自己足够的空间以便对方压价。于是初次谈判就结束了,但是承租方意识到真正的较量还在后面,盘店金额的谈判才是根本性的。

⑤ 深入博弈。承租方要求出租方对价格所含内容进行解释。承租方再一次地抓住主动权,出租方在被承租方牵着鼻子走。然后就是价格的妥协,当出租方询问承租方能给出的价格时,承租方不紧不慢地报出了一个与出租方提出价格相差甚多的价格,而且顺带了一个附加条件。这时承租方已经收集足够多出租方的信息,只是在不断地试探出租方的价格底线,而自己只是从中做出判断和选择最优的价格。出租方继续挣扎,却被承租方早已洞悉,并指出对方的软肋,逼迫出租方做出价格让步。

⑥ 出租方努力去试探,希望可以提高价格,而承租方以静制动,毫不退让。此时,出租方做出了非常不明智的决定,那就是完全向承租方提出的条件进行妥协,而不懂得让步时一定要求对方回报。充分向承租方昭示着自己的弱点,从而更加处于被动的局面。承租方乘胜追击,最终大获全胜,而且还获得分期付款的好处。

## 小结

1. 租赁谈判是出租方和承租方就租赁的相关事项进行洽谈的过程,租赁谈判的主要内容有租赁当事人、确定租赁对象、确定租赁期限、确定租金、标的物的交付和归还等。

2. 融资租赁谈判包括租赁谈判和购货谈判,租赁谈判中的当事人是出租方和承租方,购货谈判中的当事人是出卖方和买受方。

3.房产租赁谈判要做好谈判前的审查、租金谈判和签订租赁合同。

4.租房谈判的技巧有巧挑毛病、快速拍板、横向对比、学会倾听、会用挡箭牌、敢于试价等。

## 附：房屋租赁合同

出租方（以下称甲方）

姓　　名：_____　身份证号码：_____

常住地址：_____　电　　话：_____

代理人/代表人：_____　身份证号码：_____

承租方（以下称乙方）

姓　　名：_____　身份证号码：_____

常住地址：_____　电　　话：_____

代理人/代表人：_____　身份证号码：_____

第一条　租赁标的

甲乙双方通过居间方提供的居间服务，出租及承租坐落在××市_____区_____路（街）_____号_____单元_____层_____号，权属为_____，证号：_____，建筑面积约_____平方米的房屋（以下简称"该房屋"）及其设备（见交接单）。房屋具体面积与地址以房产证及相关正式法律文书上的记载为准。

第二条　房屋租赁情况

租赁用途：_____；如租赁用途为居住，居住人数为_____人，最多不超过_____人。

第三条　租赁期限

（一）房屋租赁期自_____年____月____日至_____年____月____日，共计____个月。经甲乙双方交验签字并移交房门钥匙及房租后视为交易完成。

（二）租赁期满或合同解除后，甲方有权收回房屋，乙方应按照原状返还房屋及其附属物品、设备设施。甲乙双方应对房屋和附属物品、设备设施及水电使用等情况进行验收，结清各自应当承担的费用。若乙方继续承租的，应提前_____日向甲方提出要求，协商一致后双方重新签订房屋租赁合同。

第四条　租金及押金

（一）租金标准及支付方式：租金每月人民币（小写）_____元（大写）_____，租金按照□月 □季 □半年 □年支付，租金总计：人民币（小写）_____元（大写）_____。

支付方式：现金/银行转账，押_____付_____，各期租金支付日期：人民币（小写）_____元（大写）_____、_____、_____、_____。

（二）押金：（小写）_____元（大写）_____，租赁期满或合同解除后，房屋租赁押金除抵扣应由乙方承担的费用、租金，以及乙方应当承担的违约赔偿责任外，剩余部分应如数返还给乙方。

第五条　其他相关费用的承担方式

租赁期内的下列费用中：

由甲方承担：□电费 □水费 □供暖费 □燃气费 □上网费 □物业费

由乙方承担：□ 电费　□ 水费　□ 供暖费　□ 燃气费　□ 上网费　□ 物业费。
本合同中未列明的与房屋有关的其他费用均由甲方承担。如乙方垫付了应由甲方支付的费用，甲方应根据乙方出示的相关缴费凭据向乙方返还相应费用。

**第六条　房屋维护及维修**

（一）甲方应保证出租房屋的建筑结构和设备设施符合建筑、消防、治安、卫生等方面的安全条件，不得危及人身安全；乙方保证遵守国家、该市的法律法规规定以及房屋所在小区的物业管理规约。

（二）租赁期内，甲乙双方应共同保障该房屋及其附属物品、设备设施处于适用和安全的状态。

1. 对于该房屋及其附属品、设备设施因自然属性或合理使用而导致的损耗，乙方应及时通知甲方修复。甲方应在接到乙方通知后的七日内进行维修。逾期不维修的，乙方可代为维修，费用由甲方承担。因维修房屋影响乙方使用的，应相应减少租金或延长租赁期限。

2. 因乙方保管不当或不合理使用，致使该房屋及其附属物品、设备设施发生损坏或故障的，乙方应负责维修或承担赔偿责任。

**第七条　转租及出售**

除甲乙双方另有约定以外，乙方需事先征得甲方书面同意，方可在租赁期内将房屋部分或全部转租给他人，并就受租人的行为向甲方承担责任。

**第八条　装修条款**

（一）租赁期内，如乙方需对房屋进行装修，应征得甲方的书面同意。

（二）甲方书面同意乙方装修房屋的，租赁合同解除时，甲乙双方协商一致，按照以下哪种方式处理：

□ 保持现状；

□ 恢复原状；

□ 保持现状，甲方补偿装修费共计人民币（小写）_____元（大写）_____。

**第九条　合同解除**

（一）经甲乙双方协商一致，可以解除本合同。

（二）因不可抗力导致本合同无法继续履行的，本合同自行解除。

（三）甲方有下列情形之一的，乙方有权单方解除本合同：

1. 迟延交付房屋达 10 日的。
2. 交付的房屋严重不符合合同约定或影响乙方安全、健康的。
3. 不承担约定的维修义务，致使乙方无法正常使用房屋的。
4. 欠缴各项费用的金额相当于一个月房屋租金且影响乙方居住使用的。

（四）乙方有下列情形之一的，甲方有权单方面解除合同，收回房屋：

1. 不按照约定支付租金达十日的。
2. 欠缴各项费用的金额相当于一个月房屋租金的。
3. 擅自改变房屋用途的。
4. 擅自拆改变动或损坏房屋主体结构的。
5. 保管不当或者不合理使用导致附属物品、设备设施损坏并拒不赔偿的。
6. 利用房屋从事违法活动、损害公共利益或者妨碍他人正常工作、生活的。
7. 未经甲方书面同意将房屋转租给第三人的。
8. 签署本合同后未到起租日，乙方拒绝承租该房屋的。
9. 乙方未经甲方同意随意丢弃室内家具、附属物品、设备设施的。

（五）其他法定的合同解除情形。

第十条　违约责任

（一）甲方有第九条第三款约定的情形之一的，应按月租金的＿＿％向乙方支付违约金；乙方有第九条第四款约定的情形之一的，应按照月租金的＿＿％向甲方支付违约金，同时甲方可要求乙方将房屋恢复原状并赔偿相应损失。

（二）租赁期内，甲方需提前收回该房屋的，或乙方需提前退租的，应提前＿＿日通知对方，并按月租金的＿＿％支付违约金，甲方还应退还相应的租金。

（三）因甲方未按约定履行维修义务造成乙方人身、财产损失的，甲方应承担赔偿责任。

（四）甲方未按照约定时间交付该房屋或者乙方不按约定支付租金但未达到解除合同条件的，以及乙方未按约定时间返还房屋的，违约方应按一个月房租的标准支付违约金。

第十一条　争议解决及合同生效

本合同项下发生的争议，由双方当事人协商解决；协商不成，可向当地人民法院提起诉讼。

本合同经双方签字盖章后生效。本合同（及附件）一式两份，其中甲方执一份，乙方执一份。

出租方：＿＿＿＿＿＿＿＿＿＿＿＿＿＿　　　承租方：＿＿＿＿＿＿＿＿＿＿＿＿＿＿

代理人：＿＿＿＿＿＿＿＿＿＿＿＿＿＿　　　代理人：＿＿＿＿＿＿＿＿＿＿＿＿＿＿

联系电话：＿＿＿＿＿＿＿＿＿＿＿＿　　　　联系电话：＿＿＿＿＿＿＿＿＿＿＿＿

＿＿＿＿年＿＿＿月＿＿＿日　　　　　　　　＿＿＿＿年＿＿＿月＿＿＿日

附件：房屋交割清单。

## 实训任务　租赁谈判训练

| 实训标题 | 租赁谈判训练 |
|---|---|
| 实训内容 | 　　你是一家股份制房地产中介公司的总裁，在北京有家分店一直亏损。你与房东签订的房租合约是3年，面临的最大问题是租金，每月3万元，这项开销几乎耗尽了分店的全部利润。你给房东打电话，希望他能把房租降到每月2.3万元，这样就可以有点薄利<br>　　总裁：喂，房东，您好！希望您能把我们的房租降到每月2.3万元，要不我们就开不下去了<br>　　房东：按照合约规定，你们还要续租两年，我也没办法。<br>　　(过了几个星期，一大早你又打电话给房东)<br>　　总裁：关于租约，我要告诉您的是，我非常同意您的观点。我签了3年的租约，到现在还有2年时间，毫无疑问，我们必须按租约办事。可是，现在出了点问题，再过半个小时我就要和董事会碰面了，他们想让我问您是否愿意把租金减少到每月2.3万元。如果您不答应，他们就会让我关掉这家分店<br>　　房东：那样我会把你们告上法庭（气愤地）<br>　　总裁：我知道，我完全同意您的做法。而且，我也完全支持您，可问题是，我必须向董事会交差。如果您威胁说要起诉，他们就会说"好吧，让他告吧"<br>　　房东：你愿意和他们交涉一下吗？我愿意把价格降到2.6万元，如果他们还是不能接受，2.5万元也可以<br>　　(第二天，你又打电话给房东)<br>　　总裁：您好！很遗憾，昨天我们董事会进行了讨论，坚持只能支付您每月2.3万元的租金，再高一分都不行。您看怎么办？<br>　　房东：(沉默片刻)好吧，那就每月2.3万元吧。不过三年的期限坚决不能变动。就这样，下午你来续签合约吧！<br>　　任务：按情景进行话剧表演，表演完成进行案例的分析 |

续表

| 实训目的 | 租赁谈判的主要内容、过程和技巧的运用 |
|---|---|
| 实训组织方式 | 以4人为一组进行分组,然后每组的组员进行角色分工。两组对应,一组同学是房东,一组同学是总裁<br>训练地点:教室 |
| 实训评价标准 | 1. 小话剧房租合约的表演情况<br>2. 能用租赁谈判相关知识对案例进行分析 |
| 实训评价方式 | 1. 学生进行组内自评、相互评价<br>2. 小组之间互评<br>3. 教师根据学生的表现给出相应评价并点评操作中的共性、个性问题<br>4. 每位同学的成绩由两部分组成:个人自评、相互评价(40%)+小组互评(30%)+教师评价(30%) |

# 项目九

# 技术转让谈判

**能力目标**

1. 掌握技术转让谈判的主要内容、特点，熟悉技术转让谈判过程；
2. 能运用技术转让谈判的基础知识进行技术转让谈判。

## 案例引入　技术使用费之争

1994年7月，我国南方某制药厂（以下简称受让方）与美国某制药有限公司（以下简称转让方）签订了一份技术许可合同。合同中规定，转让方向受让方提供生产某一系列品种西药的配套技术，受让方从生产这一系列药品的净销售额中提取10%作为向转让方支付的技术使用费。合同生效之后，双方履行合约顺利，产品在国内国际市场均打开了销路，但是关于受让方向转让方支付技术转让费出现了争议。按受让方对合同的理解，合同中所说的"产品净销售额"是指产品销售总额扣除掉销售退回、销售折让、包装费、运输费、保险费、销售费用以及税金后的余额；而转让方则称，合同认定的"产品净销售额"是指产品销售总额扣减掉销售退回和销售折让后的余额。双方对"产品销售净额"这一关键概念理解的争议导致双方对技术使用费的计算结果相去甚远。按受让方所理解的含义，其产品销售净额为500万美元，应支付转让方50万美元的使用费；而按转让方所理解的义，受让方的产品净销售额应为600万美元，受让方应支付的技术使用费为60万美元。双方各持己见，为争议的10万美元进行多次谈判交涉后，最终采用折中的办法，签订了和解协议。受让方向转让方支付55万美元，并在提成期限的余下年度中也按此方法支付技术使用费，即采用双方因对"产品净销售额"不同理解而算出的不同数额技术使用费的中间数。

思考：技术使用费之争的缘由是什么？

分析：双方的争议是因为该技术许可合同计价基础的"产品净销售额"概念的不明确造成的。涉外技术许可合同中，除了一些重要条款外，把合同中使用的一些关键词汇如"合同产品""技术资料""产品净销售额""提成率""滑动公式"等规定出明确的含义,可以避免在合同履行过程中为此而发生分歧,防止对方钻定义不明的空子,推卸责任。

## 一、技术转让谈判的主要内容

在技术转让交易中,谈判是实现技术商品转让成交的最基本的途径,谈判能力高低对技术商品的价格也会产生一定的影响。一项技术转让合同一般需要由当事人反复磋商才能最终达成一致。

### (一)技术转让概述

**1. 技术、技术转让、技术引进**

(1) 技术的含义 目前,由于对技术在认识角度上的差异,技术有狭义和广义之分。狭义的技术,是指那些应用于改造自然的技术;广义的技术,是指解决某些问题的具体方法和手段。技术具有无形性、系统性和商品属性三个显著的特征。

(2) 技术转让 技术转让,是拥有技术的一方通过某种方式将其技术出让给另一方使用的行为。技术转让一般只是技术使用权的转让。技术转让的类型,按其是否跨越国界可分为国内技术转让和国际技术转让;按其有偿性可分为商业性技术转让和非商业性技术转让;按其方向可分为横向技术转让即企业之间的技术转让和纵向技术转让即大公司向其子公司或科研机构向企业的技术转让。

(3) 技术引进 技术引进,是指一个国家或企业引入国外的技术知识和经验,以及所必需附带的设备、仪器和器材,用以发展本国经济和推动科技进步的做法。技术引进是一个特定的概念,具体体现为以下三方面。

① 技术引进是一种跨国行为。

② 技术引进与设备进口有着原则区别。人们常将"技术"广义化,把技术分为软件技术和硬件技术。软件技术就是知识、经验和技艺等纯技术;硬件技术是指机器设备之类的物化技术。只从国外购入机器设备而不买入软件技术,一般称为设备进口。若只从国外购入软件技术或与此同时又附带购进一些设备,这种行为才能称为技术引进。

③ 技术引进的目的是提高引进国或企业的制造能力、技术水平和管理水平。

**2. 国际技术转让**

国际技术转让,是指不同国家的企业、经济组织或个人之间,按照一般商业条件,向对方出售或从对方购买技术使用权的一种国际贸易行为。它由技术出口和技术引进两方面组成。

### (二)技术转让谈判的主要内容

技术转让谈判一般包括以下基本内容。

**1. 技术类别、名称和规格**

技术类别、名称和规格即技术的标的。技术转让谈判的最基本内容是磋商具有技术的供给方能提供哪些技术,引进技术的接受方想买进哪些技术。

**2. 技术经济要求**

因为技术转让的技术或研究成果有些是无形的,难以保留样品以作为今后的验收标准,所以,谈判双方应对其技术经济参数采取慎重和负责的态度。技术转让方应如实地介绍情况,技术受让方应认真地调查核实。然后,把各种技术经济要求和指标详细地写在合同条款上。

### 3. 技术的转让期限

虽然科技协作的完成期限事先往往很难准确地预见，但规定一个较宽的期限还是很有必要的；否则，容易发生扯皮现象。

### 4. 技术商品交换的形式

这是双方权利和义务的重要内容，也是谈判不可避免的问题。技术商品交换的形式有两种。一种是所有权的转移，买者付清技术商品的全部价值并可转卖，卖者无权再出售或使用此技术。这种形式较少使用。另一种是不发生所有权的转移，买者只获得技术商品的使用权。

### 5. 技术转让的计价

作为转让方，在考虑技术转让价格时，该价格应包括技术研究的开发费用、技术转让过程中的各种费用（如提供资料、派遣专家等业务活动所支付的费用），因转让技术所造成的利润损失等。作为技术的接受方在实际估算价格时，主要根据引进技术所能增加的利润有多少，然后考虑拿出多少份额给供方。

### 6. 技术转让的支付方式

（1）按技术的总价格支付　根据双方商定的技术总价格（主要包括使用费、资料费、咨询费、培训费等），采用一次性或分期付款的方式支付。

（2）按效益提成　这是指从技术转让后给购买方产生的经济效益中提取一定比例的收入作为转让费。

（3）入门费与效益提成相结合　这是指协议签订后先付入门费，产品投产销售后再按提成的办法支付提成费。

### 7. 责任和义务

技术转让方的主要义务是：按照合同规定的时间和进度，进行科学研究或试制工作，在限期内完成科研成果或样品，并将经过鉴定合格的科研成果报告、试制的样品及全部科技资料、鉴定证明等全部交付委托方验收。积极协助和指导技术受让方掌握科技成果，达到协议规定的技术经济指标，以收到预期的经济效益。

技术转让方如完全未履行义务，应向技术受让方退还全部委托费或转让费，并承担违约金。如部分履行义务，应根据情况退还部分委托费或转让费，并偿付违约金。延期完成协议的，除应承担因延期而增加的各种费用外，还应偿付违约金。所提供的技术服务，因质量缺陷给对方造成经济损失的，应负责赔偿。如由此引起重大事故，造成严重后果的，还应追究主要负责人的行政责任和刑事责任。

技术受让方的主要义务是：按协议规定的时间和要求，及时提供协作项目所必需的基础资料，拨付科研、试制经费，按照合同规定的协作方式提供科研、试制条件，并按接收技术成果支付酬金。

技术受让方不履行义务的，已拨付的委托费或转让费不得追回。同时，还应承担违约金。未按协议规定的时间和条件进行协议配合的，除应允许顺延完成外，还应承担违约金。如果给对方造成损失的，还应赔偿损失。因提供的基础资料或其他协作条件本身的问题造成技术服务质量不符合协议规定的，后果自负。

## 二、技术转让谈判的过程

### （一）谈判前的准备工作

国际技术转让是一个相对复杂的过程，这个过程一般分为两大阶段：第一个阶段是对外联系之前的内部准备,主要包括机会研究、可行性研究、办理内部的各项手续等;第二个阶段是从政府批准后对外联系开始到合同签订和审批。

**1. 技术引进交易前的准备工作**

我国规定,所有技术引进项目都需编制项目建议书,认真进行可行性研究,并经过有关领导机构审查批准之后,才能同国外厂商正式签约。

(1) 技术引进项目研究　国际上有一套为许多国家采用的项目前期准备工作的程序,一般分为三个阶段。

① 机会研究。所谓机会研究,是指为了鉴别某一拟办项目所设想的投资机会是否存在,即对引进项目做粗略的研究和估计,分析项目的可能投资方向,因此又称为项目的鉴别。机会研究可以分为一般机会研究和具体项目机会研究。

一般机会研究通常是由政府部门发布的,包括三方面的内容:地区研究、部门研究和资源研究。其中,地区研究主要是鉴定有关省、市、地区的优势,以确定其发展方向;部门研究是鉴定某一行业的投资机会及其优先发展的部门;资源研究则是指鉴别资源优势和开发这些资源的意义。

在一般机会研究的基础上,可进一步做具体项目的机会研究。其目的是将拟办项目转化为一个比较具体的建议。如将对本地区发展有重大影响的项目落实到具体企业,或由具体企业根据国家或地区政府提出的建议,结合本企业的具体技术条件和对技术的实际需要,把引进技术的内容具体化。

② 可行性研究。可行性研究是项目前期准备工作的第二阶段,也是最为关键的阶段。这一阶段工作质量的好坏直接关系到项目成败和决策的正确与否。项目可行性研究可以从对项目建议涉及的有关问题进行调查、研究、计算、分析着手而达到验证项目建议的目的。在这个过程中需要对诸如生产纲领、工艺、设备、工程等分别地、反复地做出调整,以取得最佳的可行性方案,但也有可能几经调整仍然找不出可行的方案。所以,可行性研究既可以肯定、修正项目建议,也可以否定这个建议。

项目可行性研究所采取的数据应该是尽可能精确的数据,但是也不排除采用某些推理和假设,只是必须做出说明,以权衡其精确性。不加说明的假设是不允许的,对于可行性研究的精确度允许有10%的误差浮动。

③ 评估与决策。项目的评估和决策是项目前期准备的第三个阶段。评估当中需要考虑的是项目的财务效益、经济效益和社会效益。财务效益是反映项目本身有无足够的盈利,经济效益是反映对经济整体的影响和贡献,社会效益是反映项目对社会整体的影响和贡献。决策人可以根据对项目的财务效益、经济效益和社会效益的综合评估做出自己选择方案的决策。

(2) 引进项目的技术选择　技术是千差万别的,各有所长。要引进技术,就要根据发展的需要与引进的可能做出选择,要对引进什么技术、从哪里引进、怎样引进等问题做出回答。在选定引进技术项目时应考虑以下问题。

① 引进技术必须具有先进性、适用性和可靠性。任何国家引进技术的目的都是缩短本国与世界技术水平的差距,加速本国经济的发展。要缩短技术差距,就要打破"循序渐进"的常规,越过一些技术创新周期,争取在尽可能高的起点,进行科学技术的开发和研究,这就必须注意引进技术的先进性。所谓先进性,是指引进技术不仅应"超越"本行业或本企业当前所处的技术发展阶段,同时也应反映一定的技术高度与接近世界先进技术水平。

技术的适用性,是指所引进的技术要适合具体的社会环境和条件,能够最有效地满足社会的需要。世界银行提出可衡量技术适用性的 4 条标准。

A. 目标的适用性。该项技术是否有利于政策目标的实现。

B. 产品的适用性。该项技术的最终产品和所能提供的劳务是否具有使用价值。

C. 工艺过程的适用性。生产的工艺是否有效地利用了投入要素和资源。

D. 文化和环境的适用性。代表该项技术的工艺过程和产品与本国的环境和文化背景是否相符。

这四条标准需要综合运用,不能偏废。这四条标准的实际应用相当困难,但对于发展中国家来说具有一定的指导意义。

概括来说,引进的技术必须先进适用,并且应当符合下列一项以上的要求:A. 能发展和生产新产品;B. 能提高产品质量和性能、降低生产成本、节省能源或材料;C. 有利于充分利用本国资源;D. 能扩大产品出口,增加外汇收入;E. 有利于环境保护;F. 有利于安全生产;G. 有利于改善经营管理;H. 有助于提高科学技术水平。

引进技术还必须注意技术的可靠性。技术的可靠性,是指引进的技术必须经过生产验证具有可靠的成效,可以直接应用于生产实践。引进技术的目的本来就是取人之长、补己之短,迅速应用于生产实践,从而节省自己从头摸索与开发的时间、精力和费用。所以,引进技术必须是自己还没有开发或者是开发了但还不够成熟,而国外已经开发并且已经是成熟的技术,不能引进那些国外也在摸索、实验之中的技术。

② 引进技术项目必须考虑其经济性。任何技术引进,广义地说都是投资行为。所以技术引进既要有项目本身的财务效益,又要有宏观的经济效益和社会效益。这就要求技术引进项目既要适应市场的要求,也要符合国家的需要和行业的需要。要在国家、地区和行业发展规划的指导下,根据行业产品的市场需求,确定引进项目的生产规模。预计的销售额是决定项目生产规模的重要因素。要对市场的需求做出预测,包括对合同产品的潜在需求的预测,对潜在供应的估计和对可能达到市场渗透的估计。与此同时,应注意到项目的经济效益还受到"规模经济"和最小的经济规模的影响和制约。

③ 引进技术项目要减少重复引进。为了赶上世界先进技术水平,重复引进对于某些国家,特别是像我国这样的大国是在所难免的,对有些项目的重复引进甚至是必要的。这是因为技术不可能是一成不变的,而是日新月异的,要么是以自己的研发来不断革新技术,要么是不断地从国外引进新的技术知识。因此,从技术发展的角度看,产品制造技术、生产工艺技术等软件技术,只要是为了不断吸取新的技术知识,这样的重复引进不但是必要的,而且应该是受鼓励的。有些技术硬件,如经济发展确有需要,又不会导致生产能力的过剩,生产规模也合乎经济原则,而国内又供应不了所需的装备,当然也只好重复引进。

但是,我国资金和技术能力有限,只能有计划有重点地发展,不能样样引进,更不能把有限的外汇资金花在不必要的重复引进上。那些造成生产能力过剩,规模经济效益低下,工艺、技术上没有多大更新的重复引进应该受到抑制。

**2. 技术出口交易前的准备工作**

正确分析现有的技术资源,筛选可供选择出口的技术项目,是技术出口交易前准备工作的重点。由于技术项目的状况千差万别,筛选时必须规定适当的选择标准,即社会标准和技术标准。

(1) 选择技术出口项目的社会标准  所谓社会标准,也就是法律、政策标准。它是从国家的全局利益出发,根据项目对国家利益、产业发展的影响程度和承担的国际义务等因素规定的。如《中华人民共和国技术出口管理暂行办法》第 5 条明确指出:"技术项目根据其对国家安全的影响、经济和社会效益、技术水平,分为禁止出口、控制出口和允许出口三类。"

① 禁止出口类。

A.出口后将危及我国国家安全的技术；B.我国特有的、具有重大经济利益的传统工艺和专有技术；C.对外承诺不出口的引进技术。

② 控制出口类。

A.在国际上具有首创或者领先水平的技术；B.具有潜在军事用途或者具有较大经济、社会效益，尚未形成工业化生产的试验室技术；C.我国特有的传统工艺和专有技术；D.出口后将给我国对外贸易带来不利影响的技术。

③ 允许出口的技术。上述禁止出口和控制出口以外的技术为允许出口技术。

（2）选择技术出口项目的技术标准　技术标准是指技术本身的状况，如研制程度、所处技术生命周期阶段、法律保护状况、经济效益大小，以及后续支援、服务等配套情况。

① 拟出口技术的研制程度。对于拟出口的技术首先需要查明其技术的类型，是属于全新研制还是改良提高；是小规模生产取得成功，还是已达到较大规模商业化生产的程度；与以前的技术相比有哪些显著的特点和优越性等。

② 法律保护的状况。需要查明拟出口技术在国内是否已获得专利，或正在申请专利；该技术出口后在国外获得法律保护的可能性；该技术是否属于专有技术，其被公众知悉的程度如何等。

③ 技术的使用范围和该技术产品的市场规模。技术的使用范围和该技术产品的市场规模决定着技术的商业价值，也就是估计被许可利用该技术可能获得多大经济效益。

④ 确定技术的生命周期阶段。确定技术的生命周期阶段是指该技术处于哪个生命周期阶段，是研制期、成熟期、还是衰老期。其中，成熟期的技术价值最高，出口的可能性最大；研制期和衰老期的技术价值较低，出口的可能性较小。

⑤ 后续支援和服务的配套。技术出口合同签订和生效仅仅是技术出口工作的开始，大量的工作是在合同履行过程中。因此，选择技术出口项目必须充分考虑后续支援和服务是否配套，即有无合格的技术指导人员，能否供应受方所需的设备、零部件、原材料等。如不具备这些条件，技术本身再好，也不能认为其为合格的出口项目。

## （二）技术转让谈判

技术转让谈判整个过程涉及技术部分、商务部分和法律部分三个方面的谈判。

### 1. 技术部分谈判

技术谈判是供受双方确定所交易的技术和设备项目的具体内容，包括所交易的技术内容、范围、转让方式和途径；技术的使用领域及相关的技术产品销售权；技术标准、技术质量考核的时间、次数和方式；提供技术资料的内容、份数、交付方式、时间等。

（1）有关技术产品谈判的内容

① 产品的质量。技术和设备生产的产品是否符合受方国技术规定和要求，并适合产品的使用价值和受方市场的需求，与国外其他供方厂商现有的技术和设备生产的产品相比是否先进。

② 产品的产量。每个工作时或工作日产量同国内外同样技术和设备的产量进行比较是否先进。

③ 产品的合格率。技术和设备生产的产品合格率的多少与技术的先进性和设备的精密度问题有关。合格率低，说明引进技术较落后，设备的精密度低，技术和设备的经济效益就差。

④ 产品的原材料利用率。将技术和设备生产产品的原材料消耗量与国外同样技术、设备生产所需原材料的消耗量相比，看能节省多少原材料。

⑤ 原材料的使用。用技术和设备生产产品所使用的原材料和元器件的成本如何；如供方不能供应，需要进口的，进口是否有困难。

⑥ 能源的消耗。技术和设备生产每一个产品所消耗的能源有多少，与国内外其他厂商技术和设备相比是否先进。

⑦ 环境的保护。技术和设备是否符合受方国的环境保护规定，是否比国外其他厂商的技术和设备先进。

⑧ 综合利用。在整个生产过程中所发生的废料、废气、废水等废物是否可以综合利用，利用的比例有多大，可以增加企业多少收入。

⑨ 生产的管理。技术和设备的设计如工艺流程，是否符合科学管理的原则。

上述内容是保证技术合理有效转让的关键。

(2) 有关技术培训内容　技术培训是关系到技术和设备能否使用和投产，不仅关系到受方的经济效益，也关系到供方的经济效益，人员培训是技术转让的重要方法。培训一般有两种：一是受方派人到供方工厂或其他有关厂进行技术培训；二是供方的技术人员到受方工厂为受方人员进行技术培训。

技术培训不能只谈一个总人数，应根据受方的薄弱环节及供方的专长和特点来确定培训人员的专业和人数，培训的范围、内容、要求、方法和具体计划，并就培训人员的生活、旅行、医疗、安全、伤亡及费用等各项进行磋商，并做出明确的规定。

技术培训和技术指导要对供方指导人员和受方被培训人员的专业、资历、人数及具体工作内容做出规定，如试验指导、讲解技术资料、解答和解决技术问题、示范操作、样机考核验收及其他特定的服务工作。

(3) 关于安装、调试、验收和投产　涉及大型的设备、仪器、生产线技术转让合同，一般要供方负责安装、调试，并经双方根据规定的技术指标进行验收合格后才能正式投产，在技术谈判中，对这些问题必须予以明确。

① 考核验收项目的型号、规格、数量；

② 采用什么原材料、元器件验收产品，是供方的原材料、元器件，还是受方的原材料、元器件要明确规定；

③ 考核验收的内容、标准、方法、次数；

④ 考核验收产品的地点和时间安排；

⑤ 考核验收用的关键专用测试仪器和设备；

⑥ 试验结果的记录和评定方法；

⑦ 双方人员的安排和评定的程序；

⑧ 费用的处理；

⑨ 考核试验合格后双方签署的验收证书，以及对不合格者，须采取的查清责任如何处理的方法。

技术谈判和商务谈判一样，是一个相当复杂而细致的工作。谈判前要做好各种准备，讲究谈判的艺术和技巧。要把技术的内容和技术问题谈清、说透，把技术条款一条一条地明确出来，不能马虎。

**2. 商务部分谈判**

商务谈判是在技术谈判所确定的技术转让内容的基础上，进一步洽谈有关商务条款。商务谈判涉及的内容主要包括价格、支付方式、货物运输、保险、税费、仲裁、索赔、罚款、侵权和保密、不可抗力、合同的生效等。在谈判之前，要根据技术谈判所确定的内容制订商务谈判方案。在谈判中，要掌握政策，注意谈判策略，讲究谈判的艺术，争取优惠的价格和条款。

在谈判中，常采用下列策略。

（1）区别对待　不同国家的商人由于有着不同的文化背景、社会环境、社会制度和管理法规，故其思维方式、谈判方式、表达方式、经营作风也不同。即使同一国家的商人，其性格和经营作风也不同。因此，针对他们不同的特点，采取不同的对策，是顺利达成交易，并取得优惠价格和优惠条件的重要方法。

（2）利用竞争　由于市场竞争激烈，在贸易谈判中利用外商间的竞争和矛盾，取得有利价格。例如，利用招标、邀请各方公司公开竞争；与数家外商同时谈判。

（3）搞边缘政策　我方报价和建议，还价和反建议，要处在外商接受、不接受的边缘上；既使对方有利可图，又不使对方获得暴利；既要达成协议，又要取得有利的价格和条款。

（4）搞好关系　贸易双方的协议和合作是建立在相互信任的基础上的，谈判人员要搞好人际关系，要增加交往，消除隔阂，增强信任感。

### 3. 法律部分谈判

任何一项合同的履行过程中，都可能会受到各种各样因素的影响，从而使得合同不能顺利执行，合同当事人之间也会因此产生各种矛盾和纠纷。与一般的国际贸易合同相比，国际技术转让合同的标的更为特殊，合同条款涵盖的内容更广泛，合同履行过程中的不可预见因素更多。鉴于国际技术转让的特殊性，国际技术转让合同所涉及的法律关系也更复杂，一旦发生争端，依据什么法律去解决、用什么方式去解决都是当事人必须考虑的问题。

法律适用和争端的解决是国际技术转让中两个重要的法律问题，它不仅涉及合同当事人在合同中的权利和义务，而且还涉及当事人所在国的有关的法律、法规。依据有关的法律法规，合同当事人与国家行政部门还存在管理与被管理的关系，这就产生了一项国际技术转让合同适用于两个以上国家法律的可能，从而导致国际技术贸易合同法律适用的冲突。

由于国际技术转让本身就具有"国际性"，因此，不管国际技术转让合同的当事人的主观意愿如何，或明示或默示选择合同适用法律，或从表面上看，对合同适用法律根本未表示任何意向的，均不能回避合同的法律适用问题。特别是出现合同争议时，法律适用问题就自然而然地提到合同当事人面前。

### （三）谈判签约

技术转让合同通过书面文字等形式明确双方的权利义务。合同经双方签字并呈报当事双方的主管当局批准后，即成为约束双方行为的法律文件，签约双方必须按合同条款履行各自的义务。如果一方在执行合同过程中违反了有关规定，引起纠纷并经调解无效，另一方有权向法院提起诉讼，或向仲裁机构申请裁决，法院或仲裁机关根据法律条款判断处置。

技术转让合同在签约以前和签约以后所涉及的问题是不同的：前者在于合同条款的合理性；后者在于执行条款的合法性。

在签订技术转让合同以前，合同条款是双方谈判的主要内容。谈判进入明确阶段，合同条款的书面形式（合同草案）就要确定。这样，双方以合同草案为基础，逐条、逐句进行反复推敲，直至对合同各项条款取得一致，再进行签约和办理审批手续。

签订技术引进合同应注意以下问题。

① 合同内容应完整，条款要具体、明确，文字应准确　合同内容应全面，力求明确、具体，特别是双方的权利、义务和违约责任应做清楚和详尽的规定，以免由于含糊不清或过于简单，在执行合同时引起争端。

合同条款用语，不论以何种文字书写，语言和文字都应规范化，用词要准确，措辞要严谨。

② 合同条款之间、合同正文与附件要前后一致，不能自相矛盾。

③ 双方必须明确双方当事人的法律地位　双方签约人一般应是法人代表，如果当事人不具备法人资格，但具有法人委托的正式书面授权证明，也可作为代理人签约，否则，所签订的合同不具备法律效力。

④ 合同签字后，如需要，应在规定的时间内报请双方主管机关批准，并以最后一方政府主管当局的批准日为正式生效日。

⑤ 合同必须在平等互利的基础上签订　技术进口合同不仅是当事人双方就转让某项技术使用权所做的各项权利、义务的具体规定，也体现着当事人双方的地位和关系。合同的签订和履行只有在双方相互信任、友好合作的条件下，才能实现预期的目标。因此，合同必须是在平等互利基础上签订的，防止一方凭借技术上的优势地位把一些不平等的限制性商业做法强加于另一方。

## 三、技术转让谈判的技巧

一个优秀的谈判者必须同时具备两种特性：一是要对原则问题具有坚定不移的战略；二是要善于灵活处理，掌握策略，会做合理的妥协。一般在国际技术转让谈判中所运用的谈判策略如下。

### （一）摸清谈判对象的特点

一般来讲，各国商人的谈判作风都不一样，如日本商人常常表面客气，也容易做出让步，但常打埋伏，虚头很多。美国商人通常比较高傲，非常注意法律性条款的措辞，但一般说话算数，所答应的事项，一般能严格遵守。西欧商人比较注重商业信用，所报价格虚头较小。以上仅是一般的现象，就具体谈判人员来说，由于其学历、资历等背景不同，在谈判桌上的表现也有所不同。

### （二）原则性与灵活性相结合

现在国外有一种谈判技术称为"原则"谈判，即原则性问题不让步，非原则性问题可以让步，但并不是谈判开始就抱着让步的姿态，而是把让步作为维护原则的筹码。例如，美国商人非常注重法律性条款的规定，他们往往聘请法律专家或律师参加谈判，一般不肯接受在我国进行仲裁的条款。我方也应在谈判前仔细研究，明确哪些属原则性问题，哪些属非原则性问题，以便谈判时心中有数，应付自如。

### （三）谈判态度严肃认真

谈判态度应严肃认真，万不可在达到我方要求时就喜形于色；反之，就态度生硬，怒目横眉。这样表现不利于谈判的进行，有时还会使对方摸清己方的底细。此外，谈判桌上也不宜过多地谈题外话，特别不适宜谈一些政治性强的问题，这样极易分散谈判的注意力。谈判过程中，谈判小组的所有成员应精力集中，避免随便议论，或以为外国人不懂本国语言，就无所顾忌地交换意见。上述表现，在谈判中都应该加以避免。

### （四）适当掌握谈判进度

要注意掌握谈判的进度，适时成交。但也要防止急于求成，使对方感到奇货可居，造成被动。

## 四、技术转让谈判操作案例

### 高压硅堆的全套生产线技术转让谈判

1983年，日本某电机公司出口其高压硅堆的全套生产线，其中技术转让费报价2.4亿日元，设备费12.5亿日元，包括备件、技术服务（培训与技术指导）费0.09亿日元。谈判开始后，营业部长松本先生解释：技术费是按中方工厂获得技术后所产生的获利提成计算出的。取数是生产3000万支产品，10年生产提成是10%，平均每支产品销价4日元。设备费按工序报价，清洗工序1.9亿日元；烧结工序3.5亿日元；切割分选工序3.7亿日元；封装工序2.1亿日元；打印包装工序0.8亿日元；技术服务赞助和培训费，培训12人/月，250万日元；技术指导人员费用10人/月，650万日元。

**背景介绍：**

① 日本公司技术有特点，不是唯一公司，是积极推销者，该公司首次进入中国市场，也适合中方需要。

② 清选工序主要为塑料槽、抽风机一类器物。烧结工序主要为烧结炉及辅助设备。切割分选工序，主要为切割机，测试分选设备。封装工序，主要为管芯和包装壳的封结设备和控制仪器。打印包装工序主要为打印机及包装成品的设备。此外，有些辅助工装夹具。

③ 技术有一定先进性、稳定性，日本成品率可达85%，而中方仅为40%左右。

**谈判存在问题：**

① 卖方解释的如何？属什么类型的解释？

② 买方如何评论？

**分析：**

① 卖方解释做得较好，讲出了报价计算方法和取数，给买方评论提供了依据，使买方满意。由于细中有粗，给己方谈判仍留了余地，符合解释的要求。卖方采用的是分项报价，逐项解释的方式。

② 买方面对卖方的分项报价和逐项的解释，应采用"梳篦式"的方式进行评论，也就是按技术、设备、技术服务三大类来进行评论。

其一，技术价。针对卖方取数——年产量、产品单价和提成率以及年数的合理性进行评论。

其二，设备价。针对各工序设备构成按工序总价值或工序单机进行评论，如清洗工序的设备价值。

其三，技术服务。可分为技术指导和技术培训两大类，各类又可分出时间、单价、人员水平、辅助条件（吃、住、行）等点进行评论。

## 附：技术转让合同

项目名称：_____
受让方：
（甲方）_____
转让方：
（乙方）_____
签订地点：_____省_____市（县）
签订日期：_____年_____月_____日
有效期限：_____年_____月_____日至_____年_____月_____日

依据《中华人民共和国技术合同法》的规定，合同双方就_____转让（该项目属_____计划），经协商一致，签订本合同。

一、非专利技术的内容，要求和工业化开发程度：_____。

二、技术情报和资料及其提交期限、地点和方式：

乙方自合同生效之日起_____天内，在_____（地点），以_____方式，向甲方提供下列技术资料：
_____。

三、本项目技术秘密的范围和保密期限：_____。

四、使用非专利技术的范围
甲方：_____ 乙方：_____

五、验收标准和方法
甲方使用该项技术，试生产_____后，达到了本合同第一条所列技术指标，按_____标准，采用_____方式验收，由_____方出具技术项目验收证明_____。

六、经费及其支付方式
（一）成交总额：_____元。
其中技术交易额（技术使用费）：_____元
（二）支付方式（采用以下第_____种方式）：
① 一次总付：_____元，时间：_____
② 分期支付：_____元，时间：_____
_____元，时间：_____
③ 按利润_____%提成，期限：_____
④ 按销售额_____%提成，期限：_____
⑤ 其他方式_____

七、违约金或者损失赔偿额的计算方法
违反本合同约定，违约方应当按技术合同法第四十条、第四十一条和技术合同实施条例第七十六条、第七十七条规定承担违约责任。
（一）违反本合同第_____条约定，_____方应当承担违约责任，承担方式和违约金额如下：_____。
（二）违反本合同第_____条约定，_____方应当承担违约责任，承担方式和违约金额如下：_____。

（三）_____。

八、技术指导的内容（含地点、方式及费用）：_____。

九、后续改进的提供与分享

本合同所称的后续改进，是指在本合同有效期内，任何一方或者双方对合同标的技术成果所做的革新和改进。双方约定，本合同标的的技术成果后续改进由_____方完成，后续改进成果属于_____方。

十、争议的解决办法

在合同履行过程中发生争议，双方应当协商解决，也可以请求_____进行调解，双方不愿协商、调解解决或者协商、调解不成的，双方商定，采用以下第_____种方式解决：

（一）因本合同所发生的任何争议，申请_____仲裁委员会仲裁。

（二）按司法程序解决：_____。

十一、名词和术语的解释：_____。

十二、其他（含中介方的权利、义务、服务费及其支付方式、定金、财产抵押、担保等上述条款未尽事宜）。

## 实训任务　技术转让谈判训练

| 实训标题 | 技术转让谈判训练 |
| --- | --- |
| 实训内容 | 某制药有限公司与某开发有限公司就注册五类新药进行技术转让，就此两家公司代表展开技术转让谈判，签订转让合同<br>任务：<br>1. 制订技术转让谈判方案<br>2. 角色分工撰写谈判脚本<br>3. 模拟技术转让谈判过程<br>4. 签订技术转让合同 |
| 实训目的 | 技术转让谈判的主要内容、过程和技巧的运用 |
| 实训组织方式 | 以4人为一组进行分组，然后每组的组员进行角色分工。两组对应，一组同学是制药公司，一组同学是药品开发公司<br>训练地点：教室 |
| 实训评价标准 | 1. 脚本内容的合理性<br>2. 谈判方案的制订<br>3. 谈判过程中能否准确使用技术谈判流程，把握技术谈判技巧，达成谈判共识 |
| 实训评价方式 | 1. 学生进行组内自评、相互评价<br>2. 小组之间互评<br>3. 教师根据学生的表现给出相应评价并点评操作中的共性、个性问题<br>4. 每位同学的成绩由两部分组成：个人自评、相互评价（40%）+小组互评（30%）+教师评价（30%） |

# 项目十 企业并购谈判

**能力目标**

1. 掌握企业并购谈判的主要内容；
2. 熟悉企业并购谈判的过程；
3. 能运用企业并购谈判的基础知识进行并购谈判。

## 案例引入 百事可乐收购桂格

2000 年 12 月 4 日，饮料行业发生了一场空前地震，百事可乐斥资 134 亿美元成功收购了桂格公司，从而结束了长达一个月的谈判期，成功将"佳得乐"（Gatorade）这一称雄美国运动饮料市场的品牌收归旗下。

桂格曾一度徘徊于百事可乐、可口可乐和法国的达能集团之间，至此终于尘埃落定。百事可乐失而复得成功收购了桂格，其过程总的来说还算顺利，两公司的财务、人事、业务等方面的整合和重组未发生多大纠纷。

### 1. 这桩买卖的全过程

百事可乐收购桂格的全过程如图 10-1 所示。

**1　2000年11月2日**
百事可乐董事会主席恩里科前往芝加哥拜会魁克首席执行官莫里斯。

**2　11月4日**
桂格因嫌百事可乐出价过低，双方没有谈拢。

**3　11月19日**
可口可乐提出出价 157 亿美元收购桂格。

**4　11月20日**
一天之后，可口可乐未做任何解释突然反悔。

**5　11月23日**
法国达能公司也表示对桂格的兴趣。如出一辙，达能也突然宣布退出。

**6　12月4日**
百事可乐正式宣布换股并购桂格成功。

图 10-1　百事可乐收购桂格过程图

## 2. 各家公司的动机

(1) 百事可乐——夹缝中成长  因它的味道同可口可乐相近，便借可口可乐之势取名为百事可乐。在百事可乐诞生之日，可口可乐早已声名远扬，而百事可乐真正全面地赶上它的竞争对手是在它诞生92周年的时候。1990年，两种可乐平分市场，在零售方面百事可乐甚至超过了1亿美元。

百事可乐并购动机如下：

第一，百事可乐可以借桂格的品牌扩大百事可乐的知名度。

第二，得到了含金量颇高的Gatorade品牌，使得其产品链上的核心业务竞争力得到加强，从而大幅度提高百事可乐公司在非碳酸饮料市场上的份额。

第三，并购桂格，可以实现两公司的优势互补，提高公司盈利能力。

(2) 桂格——营养早餐和运动饮料之"魁"  对于在百年可乐大战中日渐焦渴的百事可乐、可口可乐，对于急于立足美国市场的法国达能而言，"佳得乐"就是不远处的梅，更重要的是它已成为"美国生活的一部分"。在全球重大赛场上，美国最大牌的明星手里拿的几乎都是"佳得乐"，百事可乐与可口可乐都急于把它纳入自己的经典体系。

桂格出售理由如下：

第一，桂格公司虽然长势良好，但其规模在50亿美元左右，属中小型企业，被人收购是迟早的事情。

第二，桂格公司在被收购之前由于经营理念有误，经营陷入了困境。

第三，像百事可乐、可口可乐等一些饮料业巨头们凭借自身强大的经济、科技、员工实力等方面几乎将饮料业市场占领殆尽，从而使得像桂格公司这样的中小企业缺少生存空间，只好纷纷向这些巨头们俯首称臣。

(3) 可口可乐——临阵退缩  1919年9月5日，可口可乐公司成立，这种神奇的饮料以它不可抗拒的魅力征服了全世界成千上万名消费者，而这种产品的缔造者就是可口可乐公司，人们誉其为"饮料日不落帝国"。可口可乐公司将这一优势地位一直保持到1991年，其销量远远超越其主要竞争对手百事可乐，被列入吉尼斯世界纪录。

可口可乐并购动机如下：

事实上，近年来可口可乐的宿敌百事可乐的姿态可谓咄咄逼人，百事可乐已展开了一连串动作：先是与可口可乐竞购果汁和茶生产商Soutache，后又在2000年11月初宣布计划并购桂格。实际上，对于桂格，可口可乐的总裁达夫特钟情已久，他认为桂格的Gatorade饮料可以使可口可乐想提高其非碳酸饮料市场占有率的战略目标落到实处。

(4) 达能——雷声大、雨点小  达能（DANONE）是世界著名的食品集团，创建于1966年，达能集团在全球拥有超过10万名的员工，业务遍及全世界120多个国家和地区。达能旗下拥有多个知名品牌，如达能、LU和EVIAN（依云）、多美滋、脉动、Patrician、Nutrition、益力、乐百氏、纽迪西亚等、碧悠、波多、富维克、牛栏（Cow Gate）等。

仅仅在一天的时间，达能公司就放弃了并购的想法，这说明达能公司并不是很坚定地要去并购桂格公司。虽然说，桂格公司是一个香饽饽，但并不是每个人都有能力上去咬一口，再看到百事可乐与可口可乐的竞争，想来放弃无疑是一个明智的选择。

## 3. 可口可乐谈判分析——陷自己于被动、考虑过于片面

由于一心只想在与百事可乐争夺非碳酸饮料市场份额一战中取胜，又始终没法在价格这个敏感话题上说服董事会。美国"股神"巴菲特分析认为，"拿出10.5％的可口可乐股票与我们的所得相比实在太多了"，他预计Gatorade将使可口可乐公司全球销售增长不超过两个百分点，但可口可乐公司却同时要背上桂格低增长的食品业务的负担。

### 4. 百事可乐谈判分析——锲而不舍、强硬战术

随着竞争对手的逐渐放弃，百事可乐公司手握的谈判筹码增多了不少，完全扭转了劣势，占据了主动的位置。没有太多选择的余地和能力，更何况桂格正身处困境，承担着一笔巨额的债务，急需找到一家有实力的大公司"靠岸"帮助自己走出困境，而百事可乐则是"上上人选"。百事可乐正是看准对方这一点，死咬住自己原先的条件，一点都不放松。百事可乐进一步加紧谈判协商的步伐，加大对桂格的压力。最终百事可乐以其2.3股的股票与桂格1股的未分红股票相交换，百事可乐还将承担桂格7.61亿美元的债务成功并购桂格。

### 5. 桂格公司谈判分析——多方接触、坐地起价、预留后路

在形成三家争夺桂格的局面时，桂格公司无疑就拥有了坐地起价的资格，在与可口可乐公司"亲密"地接触阶段，仍和百事可乐继续谈判，这不仅可以作为向可口可乐、百事可乐公司提出要价更高的筹码，也可以为自己预留后路。在可口可乐公司临阵退缩时，这时谈判还没失败，因为百事可乐公司还在。虽然桂格失去了坐地起价的资格，但本身作为一个"香饽饽"，在谈判中仍然占有优势。

**分析**：案例中百事可乐公司能耐心等待战机、及时抓住机会，在谈判中占据了主动地位，桂格公司也能巧妙运用谈判技巧，最终双方达成并购协议。

## 一、企业并购谈判的主要内容

### （一）企业并购基本概念

企业并购即兼并与收购的统称，是企业利用自身的各种有利条件，如品牌、市场、资金、管理、文化等优势，以现金、债券、股权、股票或其他经济方式取得目标企业的资产、股权、经营权或控制权的产权重组活动，是企业进行资本运作和经营的一种主要形式。并购方式有股权并购、资产并购和增资并购。并购过程如图10-2所示。

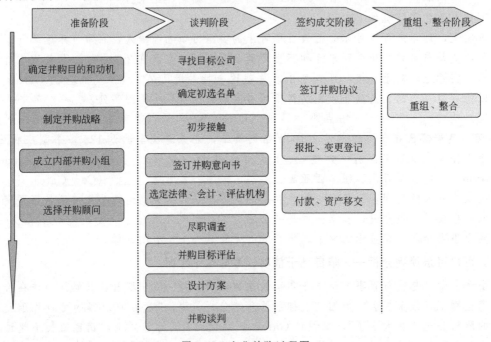

图10-2 企业并购过程图

**【案例】** 三一重工收购德国大象

三一重工公司是国内混凝土机械龙头企业，产品包括拖式混凝土输送泵、混凝土输送泵车、全液压振动压路机、摊铺机、挖掘机、平地机等，2010年实现销售收入约500亿元。

普茨迈斯特股份公司（俗称大象）是全球最知名的工程机械制造商之一，尤其在混凝土泵车制造领域，长期居于世界领先地位。全球市场占有率长期高达40%左右，而且90%以上的销售收入来自中国以外的国家。大象2007年营业收入高达10.9亿欧元，而到2010年只有5.5亿欧元，2011年为5.6亿欧元，净资产1.77亿欧元，净利润600万欧元。

2012年1月30日，三一重工发布公告，子公司三一德国有限公司联合中信产业投资基金（香港）顾问有限公司斥资3.6亿欧元收购德国普茨迈斯特公司100%股权。其中，三一德国出资3.24亿欧元（折合人民币26.54亿元），占股90%。

在混凝土机械设备领域，尽管三一重工的销量居全球第一，但还不是真正的国际品牌，而大象是全球混凝土机械行业无可置疑的第一品牌，收购它将使三一重工一步登上混凝土机械行业的世界之巅，并且将是绝对的无可动摇，至少使三一重工的国际化进程缩短5～10年时间。此次收购完成后，三一重工将全部拥有普茨迈斯特的技术、专利，以及其遍布全球的基地和销售体系。收购完成后，普茨迈斯特将扩充产品线，通过在中国生产等方式，大幅降低成本。

**分析**：通过收购大象，三一重工一步登上混凝土机械行业的"世界之巅"，而大象也通过在中国生产等方式，大幅降低了成本，使双方都获益。

企业并购不只是一门技术，更是一门活的艺术。在企业并购过程中，因为它牵涉太多方面的利益，所以需要通过谈判来协调各方面的利益，从而最终达成并购的目的。并购谈判涉及与并购交易相关的诸如就业、价格、交易方式及并购后的管理等重大问题，并购谈判是影响并购成败的关键。

## （二）企业并购谈判的主要内容

### 1. 股权并购谈判的主要内容

股权并购，是指投资公司作为股权收购方通过与目标公司股东进行有关目标公司权益的交易，使投资公司成为目标公司的控股股东的投资并购行为。股权并购要求目标企业必须是公司类型的企业。

**【案例】** 2016年8月1日，A公司宣布与B公司达成战略协议，A公司将收购B公司的品牌、业务、数据等全部资产。

双方达成战略协议后，A公司和B公司将相互持股，成为对方的少数股权股东。B公司将持有A公司5.89%的股权，相当于17.7%的经济权益，B公司的其余股东将获得合计2.3%的经济权益。同时A公司创始人兼董事长程某将加入B公司董事会。B公司创始人也将加入A公司董事会。

未来，B公司将保持品牌和运营的独立性，司机和乘客继续获得稳定服务。A公司将整合双方团队在管理和技术上的经验与专长，在用户资源、线上线下运营和营销推广等层面共享资源、协同发展。A公司亦会倡导内部竞争和相互促进，以更加精细化、多元化的创新服务，满足消费者日趋丰富的出行需求，持续提高司机收入。同时，A公司也将加快"扬帆出海"和国际化步伐，从人才结构、技术储备和业务布局上全面开始走向全球化。

**分析**：A公司与B公司合并后B公司持有A公司5.89%的股权，双方创始人互加入对方董事会，这就是一种股权并购的方式。

股权并购谈判的主要内容包括以下几部分。

(1) 资产（业务）是否需要剥离。

(2) 转让股权占公司注册资本的比例。

(3) 关于转让股权的价格。

(4) 关于股权转让的计价方法，是由双方（转让方、受让方）参照注册资金、实际出资、公司资产、未来盈利能力、无形资产等因素协商确定，可以大于或小于注册资金、实际出资、公司资产。

(5) 股权转让价款的支付方式。

**【案例】** 甲网是我国最早的一家大型视频分享网站，它的创始人是王某，于2005年4月15日正式上线，截至2007年9月，该站每日提供的视频有5500万之多。2011年8月17日，甲网在美国纳斯达克上市。

乙网是中国领先的视频分享网站，创立于2006年6月，创始人是古某。2010年12月8日，在纽约证券交易所挂牌上市。

甲网、乙网视频分享网站亏损严重：乙网平均年亏损1.9亿元，甲网平均年亏损3.04亿元。无论王某还是员工都清楚，甲网上市融到的1亿多美元并不够它支撑两年以上时间，甲网再卖一次是必然发生的事，只不过下家是谁的问题。古某早就盘算着要用上市融来的钱去做收购，甚至在乙网上市前就已经考虑这一步棋。也许这本就是一个生意的时代，在商言商，王某也希望在价值最高时卖掉甲网，这也是视频公司持续亏损下的必然选择。

于是，甲网、乙网视频分享网站就针对并购价格、管理层安排、裁员数量等议题进行了谈判。2012年3月12日，甲、乙共同宣布双方于2012年3月11日签订最终协议，以100%换股的方式合并。合并后的新公司将命名为××股份有限公司。乙的美国存托凭证将继续在纽约证券交易所交易，代码YOKU，而甲的股票将退市。市场人士预计，甲、乙合并后预计市场占有率达40%，合并对双方都有利，并有望在竞争白热化的在线视频市场拉大与对手的差距。

**分析**：100%换股就是乙用自己的股份将甲的全部股权收购过来，这种换股收购方案成本低，由于乙对于甲的吸收溢价较高，对于甲的投资人是利好消息。合并将降低新公司的版权采购、后台资源等成本，从而提升其盈利水平，对两公司都有利。

(6) 或然债务的赔偿责任，如税收滞纳金、罚款等，可能的行政（违法）处罚，侵权责任等未决诉讼，如担保、抵押、质押、留置等产生的债务等。

(7) 公司董事会、监事会、管理团队的设置、职权、产生办法和议事规则。

(8) 公司董事长、总经理、监事会主席、财务总监、法定代表人的产生办法或出任方。

(9) 公司产品的品牌及主要技术来源。

(10) 董事会和股东会的批准程序、法律要求需要的其他批准程序（如有）。

(11) 税款结清。

(12) 保密条款。

**2. 资产并购谈判的主要内容**

资产并购，是指投资公司通过收购目标公司主要资产、重大资产、全部资产或实质性的全部资产的方式，取得目标公司的业务，取代目标公司的市场地位，从而实现并购目标公司的一种并购方式。资产并购可以适用各种类型的企业，合伙企业、私营个体企业、未改制的国营企业和未改制的集体企业均可采用资产并购的方式，只要这些企业可以有效地出售资产即可。

**【案例】** 三金生物有限公司收购桂林中药厂

三金集团是桂林三金药业的控股股东,而三金集团桂林中药厂系 1993 年由本公司职工投资设立的股份合作制企业。2004 年 2 月,桂林中药厂同桂林三金药业全资子公司三金生物有限公司签署《资产转让协议》,将其拥有的房屋、设备等资产以 136 万元转让给三金生物有限公司,转让价格以 2003 年 12 月 31 日为基准日的评估净资产确定。2004 年经广西壮族自治区药监局批准,同意将蛤蚧定喘胶囊等 11 个品种药品生产特许权以 150 万元的价格转让给三金生物有限公司。2004 年 12 月,经工商行政管理部门核准,三金集团桂林中药制药厂注销。

**分析:** 三金生物有限公司以 136 万元收购了桂林中药厂拥有的房屋、设备等资产,并以 150 万元收购了桂林中药厂蛤蚧定喘胶囊等 11 个品种药品生产特许权,这就是个典型的资产并购,三金生物有限公司通过资产收购取代了桂林中药厂的全部资产和市场地位。

资产并购谈判的主要内容包括以下几部分。
(1) 转让资产的范围。
(2) 资产的质量标准、单价、计价方法、总价格。
(3) 资产的盘点移交。
(4) 资产转让价款的支付。
(5) 员工安置。
(6) 权属证书及其他相关文件的移交。
(7) 董事会和股东会的批准程序、法律要求需要的其他批准程序(如有)。
(8) 税款结清。
(9) 保密条款。

**3. 增资并购谈判的主要内容**

增资并购,是指投资公司通过向目标公司投资增加目标公司注册资本,从而使投资公司成为目标公司新股东的一种股权并购操作方式。

**【案例】** 东江环保股份有限公司增资嘉兴德达

2012 年 8 月,东江环保股份有限公司与嘉兴德达资源循环利用有限公司自然股东签订了关于嘉兴德达增资协议,对嘉兴德达增资 3018.36 万元,其中人民币 936.73 万元计入注册资本,其余人民币 2081.63 万元计入资本公积金,增资完成后东江环保股份有限公司持有嘉兴德达 51% 的股权。

**分析:** 东江环保股份有限公司通过对嘉兴德达增资增加了嘉兴德达资源循环利用有限公司的注册资本,从而成为其新股东。

增资并购谈判的主要内容包括以下几部分。
(1) 收购方的持股比例  投资公司对目标公司的增资不仅是为了解决目标公司对资金的需求,更重要的是通过增资实现对目标公司的控制。
(2) 收购方的出资与公司股东原始出资的比价。
(3) 公司的或然负债问题  比如,目标公司隐瞒了 1000 万元的债务,投资公司对目标公司权益的评估就会虚高 1000 万元,投资公司对目标公司的增资出资额也会相应地虚高,进而给投资公司带来损失。
(4) 修改目标公司章程谈判的要点。
① 目标公司是否变更名称。

② 目标公司的经营范围。
③ 收购方的增资额、出资额、出资方式、出资期限。

（5）公司章程中关于董事会、监事会、管理团队的设置、职权、产生办法和议事规则是否需要修改。

（6）公司董事长、总经理、监事会主席、财务总监、法定代表人的产生办法或出任方。

（7）收购方的品牌权利。

（8）董事会和股东会的批准程序、法律要求需要的其他批准程序。

（9）税款结清。

（10）保密条款。

（11）员工安置。

注：谈判要点尚需结合企业实际情况做调整，合同条款如何拟定是最核心的问题。

## 二、企业并购谈判的过程

谈判阶段是企业并购过程中的重要一环，直接决定了企业并购的结果。

### （一）谈判的准备

一般在正式谈判之前，并购方企业要对目标企业完成详尽的调查，在谈判的准备期要把调查中的各种必要的有利于并购方的事实依据列出来并一一形成谈判方案策略，务必确保在谈判前明确谈判的重点与底线，先谈什么、后谈什么，对方有可能会对哪些问题提出反对等各种细节要尽可能地成竹于胸。

① 对目标公司的情况做充分的调查了解，分析双方的优势劣势。

通常包括影响并购的外部条件：产业环境、市场环境、政策环境等；影响并购的内部条件：竞争对手的情况、收购方自身在经营管理、技术研发等方面的优劣势。

② 分析哪些问题是可以谈的，哪些问题是没有商量余地的，还要分析对于目标企业来说，什么问题是重要的，以及并购成功与否对于目标企业会产生的影响，等等。

通常来说，在谈判前的准备阶段，收购方至少应当准备好下列问题的答案，为正式谈判打下坚实的基础：要了解对方的哪些问题？要谈的核心问题是什么？有哪些敏感的问题应当尽量避免？应该先谈什么？目标企业最近是否发生变化？之前是否有别的企业对目标企业提出并购要求，有没有可借鉴的经验教训？对目标企业有并购意向的竞争对手的优势劣势在哪里？谈判中目标企业可能会反对哪些问题？对于谈判条件，在哪些方面收购方可以让步？是否有可交换的谈判筹码？谈判底线在哪里？谈判底线之外是否有可牺牲的小议题？目标企业可能会有哪些要求？他们的谈判战略会是怎样的？回答这些问题后，收购方应该列出一份问题单，要问的问题都要事先想好，否则在实际谈判中可能会陷于被动，无法获得满意效果。

### （二）谈判阶段

从企业并购谈判的角度出发，谈判阶段的核心议题是进行并购价格和并购条件的谈判。

#### 1. 并购价格的谈判

在企业并购谈判中，并购价格的谈判是一个至关重要的议题，但是由于并购双方处于信息不对称的地位，在价格谈判中并购方往往处于不利地位。目标企业基于自身利益的考虑一般不愿意多透露给收购方，所以并购方只能通过各种渠道间接获得关于目标企业的信息来判断目标企业的价值。

在价格协商中，如果目标企业先出价的话，并购方只有充分了解到目标企业的价值，才能较好的还价。并购方可以根据目标企业未来的盈利能力确定收购价格的上限,也可以与自己投资兴建企业相比较、参照重置价格,结合自创企业的时间成本、投资期间的各种风险和不确定因素来确定收购价格的上限,否则即使还价还是可能被"宰"。

实际上,目标企业通常不会透露其可接受的价格下限,而并购方也不会贸然让出真正的价格上限。但如果并购方透露给目标企业的价格上限过低,可能造成目标企业无心再谈,之后若再主动提高,则就容易陷于谈判的被动地位。如果目标企业出价超过并购方能够承受的价格上限时,并购方可能认为卖方无法找到出更高价格的买主。在此情况下,买方也许认为不急于收购而宁可等下去,坚持不超过上限价格。在这种情况下谈判就陷入僵局,这时哪一方沉不住气哪一方就容易陷于被动,失去了先机。

### 2. 并购条件的谈判

并购条件主要包括支付方式、支付期限、交易保护、损害赔偿、并购后人事安排、税负等问题。实际上收购条件也是并购价格的一部分。在收购协商陷入僵局时,为促成交易的完成,谈判双方必须在并购价格或某些并购条件方面做出一定的让步。

通常情况下,并购双方在协商收购交易时,并购方争取的不仅是尽可能低价,还包括有利付款条件及交易上的保护。例如,目标企业如果提供虚假陈述、不实财务资料或者不揭露负债时的损害赔偿。目标企业除了尽可能争取最高价格外,还包括最低所得税负的交易方式,及避免承诺不予履行等不利于目标企业的交易条件。

这些问题可能不是企业并购谈判的核心议题,但是如果并购条件的谈判不顺利也会对整个谈判产生重要影响,也许谈判双方就并购价格达成了一致意见,但是很可能因为并购条件等小议题无法达成一致而最终导致整个并购活动流产,所以并购方对于并购条件的谈判也不能掉以轻心。

## (三)签约、成交阶段

并购双方就并购合同达成一致后,即可安排合同的签署时间和地点等细节。签订并购合同是并购重组流程中最重要的一环。在充分协商的基础上,由并购双方的法定代表人或法定代表人授权的人员签订企业并购协议书或并购合同。并购合同的主要内容,除标的、价款、支付方式、合同生效及修改等主要条款外,一般还应具备如下内容。

### 1. 并购项目合法性的依据

并购的先决条件条款,一般是指并购行为已取得相关的审批手续,如当并购项目涉及金融、建筑、房地产、医药、新闻、电信、通信等特殊行业时,并购项目需要报请有关行业主管部门批准。并购各方当事人已取得并购项目所需的第三方必要的同意,至并购标的交接日止,并购各方因并购项目所做的声明及保证均应实际履行。在所有先决条件具备后,才履行股权转让和付款义务。

### 2. 并购各方的声明、保证与承诺条款

① 目标公司向并购方保证没有隐瞒影响并购事项的重大问题。
② 并购方向目标公司保证具有实施并购行为的资格和财务能力。
③ 目标公司履行并购义务的承诺以及其董事责任函。
④ 并购标的资产评估。
⑤ 确定出资转让总价款。
⑥ 设定付款方式与时间,必要时可以考虑在金融机构设立双方共管或第三方监管账户,并设定共管或监管程序和条件,以尽可能地降低信用风险,保障并购合同的顺利履行。

⑦ 限制竞争条款。
⑧ 确定违约责任和损害赔偿条款，如因目标公司在并购完成之前的经营行为导致的税务、环保等纠纷受到损害，被并购方应承担相应的赔偿责任。
⑨ 设定有关合同终止、并购标的交付、收购行为完成条件、保密、法律适用、争议解决等其他条款。
⑩ 设定不可抗力条款。

### 3. 并购合同的附件
① 目标公司的财务审计报告。
② 目标公司的资产评估报告。
③ 目标公司土地转让协议。
④ 政府批准转让的文件。
⑤ 其他有关权利转让协议。
⑥ 目标公司的固定资产与机器设备清单。
⑦ 目标公司的流动资产清单。
⑧ 目标公司的债权债务清单。
⑨ 目标公司对外提供担保的清单。
⑩ 联合会议纪要、谈判记录。
上述附件的内容，律师可以根据实际情况，在符合法律法规的情况下选择增减。

### 4. 并购合同的生效
如并购项目涉及必须由国家有关部门批准的，应建议委托人约定并购合同自批准之日起生效。其他情况下，可根据委托人实际情况约定合同生效条件和时间，包括约定并购双方召开董事会并形成决议后生效，或根据公司章程的规定，约定股东会或股东大会批准后生效。董事会或股东会决议的主要内容如下。
① 拟进行并购的公司名称。
② 交易的条款和条件。
③ 关于因并购而引起存续公司的公司章程的任何更改声明。
④ 有关并购所必需的或合适的其他条款。

## 三、企业并购谈判的技巧

如果没有高超的谈判技巧，那么并购谈判将很难获得成功，或者即使勉强达成一致也很可能无法以最优的条件获得目标企业。

### （一）谈判队伍组建

谈判小组成员应包括法律、财务、税务及价值评估专业人士，虽然并购双方的高管人员也可能拥有充分的知识和能力去接受或拒绝一项交易，但是他们必须认识到自己只是谈判进程中的角色之一。高管层需要充分理解谈判团队中每个成员的角色定位，并坚持这一角色所赋予的使命。

### （二）价格谈判技巧

在谈判的初期阶段，不必急于讨论收购价格问题，可以先从探讨一些非财务的基本问题或个人问题入手，如企业未来的发展计划、卖方关键人物在新公司的角色等，在并购双方之间建立起基本的信任关系,同时也对新公司的经营能力做出比较明确的预期。

当进入价格讨论程序时,请记住一句格言:"卖方的价格,买方的条款。"收购价格所代表的价值并不是一成不变的,它可以深受交易条款影响。例如,交易中的现金比例、交易结构(股票/资产/现金)、不参加竞争的限制性条款、卖方人员的雇用或咨询合同、卖方并购融资、抵押物及证券协议等条款。由于以上这些条款的存在,实际上并购价格并不等于买方支付的并购价值。因此,比较常见的情况是如果买方能够达到或接近卖方的心理价位,卖方也能够比较灵活地考虑买方提出的条款。

如果买卖双方都不同意对方的价格:

① 首先,应各自重新评价进行交易的利弊,包括对各自股东的价值和竞争地位的影响。这一分析将帮助双方重新审视成功交易的谈判价格区间。

② 其次,双方可以重新考虑采用哪一种交易结构可能带来更有利的税收结果。例如,单一税收与双重征税的不同成本,双方要将着眼点放在买方的税后净成本与卖方的税后净收入方面,而不要仅专注于实际的买卖价格,这样将有助于缩小双方的价格差距,使双方关注真实的成本与回报。

### (三) 并购双方要从对方的角度理解交易

这种理解包括明确对方财务状况、战略发展目标、个人交易动机、谈判预期变化、风险敏感性、竞争挑战、资本限制、现金流需求等。一方面,双方在交易前建立理解和信任,有利于进行更加有效的沟通;另一方面,知己知彼,才能更多掌握谈判桌上的主动权。

并购双方需要认识到大家共同的目标是达成一个互利的交易。当双方已经充分了解企业价值,深入探讨分析了交易结构和条款,最终的谈判协议将反映双方的共同需要。买方需要一个风险与回报率相匹配的收购价格,并能够以合理的资源为收购融资;卖方需要转让所有权,实现一定的个人目标,考虑税后所得的公平性、递延支付的流动性和确定性,以及要求买方在雇用原企业员工方面做出一定的保证。买卖双方还需要认识到政府税收也参与了交易,影响着双方的利益。另外,企业通常是复杂的个体,不确定性很大,如卖方现有或过去的行为造成的未知和或有债务,有可能在买方不知情的情况下突然出现,令买方遭受意想不到的困扰和损失。因此,在并购协议中需要明确并合理地表现这些不确定性。

### (四) 收购方需要确定战略投资价值

对于收购方而言,收购目标企业的价值就在于通过收购取得协同效应和综合收益,也就是取得战略投资价值。一般来说,收购方应该以公平市值为起点开始谈判。在进入谈判程序前,收购方高管人员必须为谈判小组设立价格上限,即谈判小组可以向卖方承诺的最高价格。这样做一方面是为了抑制谈判小组成员"希望做成这笔交易"的心理或者某些个人感情因素在谈判过程中产生负面影响;另一方面是为了引导谈判小组成员关注于收购价值,而不是赢得交易。

在并购案例中,最终达成的收购价格高于企业公平市值的情况普遍存在,这部分溢价经常被称为"控制权溢价",但是这种说法具有一定的误导性。这部分溢价虽然表面上是收购方为了取得控制权支付的,而实际上是为了取得协同效应支付的,支付溢价的基础在于竞争因素、行业合并的趋势、规模经济需要、买卖双方的动机等,控制权只不过是收购方取得协同效应必须具备的权力。收购价格比公平市值越高,交易为收购方创造的价值就越少,对收购方也就越没有吸引力。如果收购价格接近于战略投资价值,那么将迫使收购方在并购完成后必须取得几乎所有预期的协同效应,容许买方在未来经营过程中犯错误的空间非常小。因此，当卖方要价太高时，买方最好的选择就是拒绝这笔交易，转而寻找具有更大价值潜力的企业。

### （五）不要透露重要的商业秘密

在并购的沟通与谈判中，一方面要引导对方透露出自己的底牌与商业秘密，利于自己处于主动地位；另一方面也要注意保护自己企业的重要商业秘密不外泄，以免被对方抓住把柄。

### （六）要保持一定的谈判耐心

并购谈判是一件耗时费力的事情，尤其是当并购陷入谈判僵局的时候，这时候更需要具备一定的耐心，不要轻易放弃，也不要盲目冲动、头脑发热，以免因急躁造成谈判失误。

## 四、企业并购谈判操作案例

2010年3月28日，吉利控股集团宣布在沃尔沃所在地瑞典哥德堡与福特汽车签署最终股权收购协议，以18亿美元的代价获得沃尔沃轿车公司100％的股权以及包括知识产权在内的相关资产。作为中国汽车业最大规模的海外收购案，吉利上演了一出中国车企"蛇吞象"的完美大戏。吉利董事长李书福评价说："这如同一个农村来的穷小子追求一个世界顶级的明星，这是一场盛大的跨海婚礼。"

### （一）吉利收购沃尔沃做好前期收购准备

#### 1. 找准谈判时机，尽职调查

1999年4月1日，福特汽车公司正式收购沃尔沃。然而，福特公司在过去几年的经营情况并不是很理想。2007年年初，穆拉利从波音来到福特担任首席执行官（CEO），提出"One Ford"战略，决定出售旗下包括沃尔沃在内的多个品牌。李书福立刻出手，2007年9月福特美国总部收到一封挂号信，李书福通过公关公司向福特阐明了收购沃尔沃的想法，吉利没有得到福特的重视。但李书福不死心，设法找机会和福特公司的首席财务官面谈。经过不断的努力，福特公司的很多人都记住了这个黄皮肤、笑眯眯、执着的中国民营企业家。福特不看好，就是国内的大多数企业也不看好，李书福找过浙江省政府、广东中山市政府、上海汽车公司等都遭拒绝。李书福先拜访了汇丰银行，其CEO亲自接待了李书福，答应给予融资。

2008年3月,在美国科特勒咨询集团董事局主席科特勒的帮助下,李书福带着团队骨干来到美国,见福特和沃尔沃的高管团队,包括负责国际业务的副总裁、董事会办公室主任、研究院院长和采购总监。李书福还派出赵福全和张芃到瑞典拜会瑞典王国副首相和瑞典汽车工会领导人。

2008年12月1日,陷入困境的福特宣布正式考虑出售沃尔沃轿车。吉利迅速组建起正式的并购谈判团队,合作方都是在国际上比较知名的事务所。

2009年1月,李书福借赴美参加国际车展,带去了精心准备的收购计划,在洛希尔银行董事长大卫·罗斯切尔德安排下,李书福同福特汽车CEO穆拉利进行了会谈,并会见了福特汽车董事长比尔·福特,留下很好印象。这次拜访,福特公司认为应该认真考虑吉利集团的收购提议,并向吉利提供了沃尔沃的相关重要数据,随后吉利正式接到了福特公司发给吉利进入沃尔沃并购流程的邀请函。

2009年3月12日提前提交第一轮标书,福特对标书印象深刻,竞标书数据非常翔实。同时,在洛希尔公司与李书福的努力下,李书福拿到了国家发展和改革委员会的排他性支持信函。

2009年4月,福特首次开放数据库,吉利收购沃尔沃项目团队开始阅读6473份文件,通过十多次专家会议,2次现场考察,3次管理层陈述,吉利收购团队开始真正了解沃尔沃状况。针对福特起草的2000多页的合同,进行了1.5万处的修改标注。

尽职调查过程中,吉利向福特提问多达上千次,双方进行了上百次专家会议。"项目组经常早上6点起,凌晨一两点睡。"仅仅尽职调查就覆盖了7种语言,资料打印出来竟有上千页。整个知识产权谈判持续到3月21日才告终,此时距离最后签约只剩7天。

在吉利对收购沃尔沃项目尽职调查后出具的"购买净资产估值报告"中显示,吉利并购的是一家净资产超过15亿美元、具备造血和持续发展的公司,品牌价值接近百亿美元,拥有4000名高素质研发人才队伍与体系能力,拥有低碳发展能力,可满足欧6和欧7排放法规的10款整车和3款发动机(中国仅有欧4生产技术),有分布于全球100多个国家的2400多家经销商,接近60万辆生产能力的、自动化较高的生产线等。

**2. 对沃尔沃合理估值**

根据吉利财务顾问公司洛希尔综合采用现金流折现法、可比交易倍数、可比公司倍值等估算方法对沃尔沃资产进行的评估,在金融危机最严重时的沃尔沃估值合理价位在20亿~30亿美元。其中,合理收购资金15亿~20亿美元,海外运营资金5亿~10亿美元。通过这一系列安排,洛希尔银行根据各项经济指标,给李书福做了一个项目收益预测——2011年可实现盈利,2015年实现息税前利润7.03亿美元。这一预测是否准确,有待时间检验。正是根据洛希尔做出的这一估值,吉利提出的申报收购金额为15亿~20亿美元。

**3. 强大的谈判"外脑"**

为实现收购后对沃尔沃资产最大限度地掌握,吉利还聘请了全球专业的投行、律师行和会计师行,组织了200多人的团队参与谈判。

(1) 并购启动之初,吉利就聘请罗兰贝格对沃尔沃项目展开了为期100天的内部审查,罗兰贝格是欧洲最大的管理咨询公司。

(2) 洛希尔是一家在法国注册成立的公司,总部设在巴黎,由洛希尔家族控股,目前以私人银行和资产管理为主要业务。洛希尔家族发迹于19世纪初,是欧洲乃至世界久负盛名的金融家族。吉利与洛希尔的合作始于3年前吉利入股英国锰铜公司。洛希尔银行负责项目对卖方的总体协调,并对沃尔沃资产进行估值分析。

(3)富尔德律师事务所负责收购项目的相关法律事务,完成了知识产权、商业协议、诉讼、雇佣、不动产、进口、海关及关税、经销商及特许经营、竞争及国家援助等方面的法律尽职调查,以及全部交易文件的全面标注。

(4)德勤财务咨询服务有限公司负责收购项目的财务咨询。目前已就沃尔沃公司的财务、税务、包括成本节约计划和分离运营分析(不含商业分析)、信息技术、养老金、资金管理和汽车金融进行了尽职调查。

(5)博然思维集团作为项目的公关顾问,负责项目的总体公关策划、媒体战略制定和实施。目前正对全球范围内的相关媒体报道和公众舆论进行监测。

### 4. 组建谈判团队

(1)赵福全,2006年10月加入吉利,任副总裁,技术总监,曾入选美国工程院"全美30位最杰出的工程师"。

(2)童志远,原北京奔驰-戴克公司的高级执行副总裁,2009年12月16日加盟吉利,任沃尔沃项目首席运营官。

(3)沈晖,曾就任TXU集团的中国首席代表、博格华纳集团中国区总裁、菲亚特动力科技公司中国区业务总裁,有丰富的汽车谈判经验。为了吉利收购沃尔沃项目,2009年11月底从菲亚特来到吉利,出任副总裁,负责沃尔沃项目的谈判。

(4)张芃,国际型管理专家,曾就职于英国、荷兰、西班牙等国家的企业,以及中国香港等国内企业,有10多年的超大型跨国集团工作经历,在业务发展、运营管理、战略与计划、企业治理、财务及内部控制等领域担任领导职务并具有丰富经验,特别是其深厚的财务背景。

(5)袁小林,国际并购专家,加入吉利前一直在世界500强三甲之一英国BP集团伦敦总部负责重大并购项目,亲身参与和主持全球各地20多个项目的分析、策划及执行。

### 5. 双赢观念的谈判原则

吉利方承诺即便是吉利并购沃尔沃,这两者也是兄弟关系而不是父子关系,并购后"吉利是吉利,沃尔沃是沃尔沃",两者是独立的,吉利和沃尔沃是两个完全不同的细分市场品牌,吉利不会为短期内降低成本而牺牲沃尔沃的质量。

### (二)吉利收购沃尔沃谈判过程

2009年5月,吉利高层再次造访瑞典哥德堡。2009年7月30日,吉利向福特公司提交约束性竞标书,进入第二轮竞选,洛希尔对沃尔沃实际估值为20亿~30亿美元,报价20亿美元左右竞购沃尔沃,这个价格的背景是金融危机最为严重的时候。

谈判过程中半路杀出程咬金,瑞典财团Konsortium Jakob AB、美国皇冠(Crown)财团,突然杀进来,竞价一度飙升到28亿美元。最麻烦的是这两家财团的组织者,分别在福特和沃尔沃曾经担任高管。

面对这种情况,吉利沉着应对,洛希尔对两家基金进行分析后,认为吉利仍存在优势:吉利做了充分的准备,这些买家仓促上阵,准备显然不够,要在金融危机下筹到如此巨大的资金,绝非易事;吉利是战略性的买家,福特不想找投机者;中国市场的支撑,能真正拯救沃尔沃。洛希尔和吉利立即向福特交涉,要求福特绝不能为了突然出现的两家竞标者,而拖延递交标书的最后期限,否则就退出竞标。

2009年10月28日,福特公司正式宣布吉利成为沃尔沃的首选竞购方,吉利终于拿到排他性优先竞标权。2009年10月31日,福特公司终于在两个竞购者——法国雷诺汽车公司和中国吉利集团当中做出了选择：吉利集团被列为优先竞购者。

2009年12月23日，吉利宣布与福特就收购沃尔沃的所有重要商业条款达成一致，标志着谈判进入收尾阶段。吉利收购沃尔沃100%股权，新的董事会由董事长李书福、副董事长汉斯-奥洛夫·奥尔森、沈晖、汉肯·塞缪尔森（Hakan Samuelsson）、赫伯特·德梅尔博士（Dr. Herbert Demel）、约恩·方斯·施罗德（Lone Fonss Schroder）、霍建华（Winnie Kin Wah Fok）以及沃尔沃工会指定的其他3名代表组成，其中中方代表3人。

### （三）吉利收购沃尔沃签约阶段

#### 1. 股权转让协议

（1）陈述与保障条款；
（2）履行协议期间的义务条款；
（3）协议履行的条件条款；
（4）股票及股价的提存条款（尚未转移过户的股票或价款提存给双方同意的第三者保管）；
（5）交割后经营管理条款（控股关系或合资关系）；
（6）损害赔偿条款。

#### 2. 股东持股变动报告书

（1）释义；
（2）信息披露义务人介绍（公司名称、住所、通信地址）；
（3）股份变动性质（增加、减少）；
（4）信息披露义务人持股变动情况（变动目的、本次变动情况、未来12个月内的持股计划）；
（5）变动方式（直接持有、间接持有）；
（6）资金来源与金额；
（7）其他重要事项；
（8）备查文件。

#### 3. 权益变动报告书

（1）封面、扉页、目录、释义；
封面："××公司（上市公司名称）简式权益变动报告书"
扉页：公司名称、地址（上市地点）、股票代码、通信地址
释义：在本报告书中，除本文另有所指之外，下列词语具有以下特定含义
（2）信息披露义务人介绍（基本情况）；
（3）信息披露义务人持股目的；
（4）权益变动方式；
（5）前六个月内买卖上市交易股份的情况；
（6）其他重大事项；
（7）备查文件。

#### 4. 要约收购报告书及相关文件

要约报告书内容如下：
（1）封面、扉页、目录、释义；
（2）收购人的基本情况；
（3）要约收购目的；
（4）要约收购方案；

（5）资金来源；

（6）对上市公司的影响分析；

（7）与被收购公司之间的重大交易；

（8）前六个月内买卖上市交易股份的情况；

（9）专业机构的意见；

（10）收购人的财务资料；

（11）其他重大事项；

（12）备查文件。

5. 其他与要约收购相关的文件

（1）被收购公司董事会报告书（被收购公司的基本情况、利益冲突、董事会建议或声明等）；

（2）法律意见书（律师的声明事项：收购人的合法资格、收购方式、是否存在法律障碍等）；

（3）财务顾问报告（分收购人聘请和被收购人聘请，对收购人相关情况进行尽职调查、为收购人提供专业化服务、评估被收购公司的财务和经营状况、签署收购协议等）。

6. 豁免要约收购申请文件

（1）上市公司股份转让在受同一实际控制人控制的不同主体之间进行，股份转让完成后的上市公司实际控制人未发生变化，且受让人承诺履行发起人义务的。

（2）上市公司面临严重财务困难，收购人为挽救该公司而进行收购，且提出切实可行的重组方案的。（借壳上市）

（3）上市公司根据股东大会决议发行新股，导致收购人持有、控制该公司股份比例超过百分之三十的。（如上市公司整体上市）

（4）基于法院裁决申请办理股份转让手续，导致收购人持有、控制一个上市公司已发行股份超过百分之三十的。

## 小 结

1. 企业并购即兼并与收购的统称，是企业利用自身的各种有利条件，比如品牌、市场、资金、管理、文化等优势，以现金、债券、股权、股票或其他经济方式取得目标企业的资产、股权、经营权或控制权的产权重组活动，是企业进行资本运作和经营的一种主要形式。并购方式有股权并购、资产并购和增资并购。

2. 谈判阶段是企业并购过程中的重要一环，直接决定了企业并购的结果。

3. 如果没有高超的谈判技巧，那么并购谈判将很难获得成功，或者即使勉强达成一致也很可能无法以最优的条件获得目标企业。

## 附：公司收购合同

转让方（以下简称为甲方）：_____

注册地址：_____

法定代表人：_____

股权持有人：_____持有甲方_____%的股权

股权持有人：_____持有甲方_____%的股权

受让方（以下简称为乙方）：_____
注册地址：_____
法定代表人：_____
鉴于：
1. 甲方系依据《中华人民共和国公司法》及其他相关法律、法规之规定于_____年____月____日设立并有效存续的有限公司。注册资本为人民币_____万元；法定代表人为：_____；工商注册号为：_____。
2. 乙方系依据《中华人民共和国公司法》及其他相关法律、法规之规定于_____年____月____日设立并有效存续的有限公司。注册资本为人民币_____万元；法定代表人为：_____；工商注册号为：_____。
3. 甲方的股权持有人为：_____、_____；其中_____持有甲方_____%的股权，_____持有甲方_____%的股权。至本协议签署之日，甲方各股东已按相关法律、法规及《公司章程》之规定，按期足额缴付了全部出资，并合法拥有该公司全部、完整的权利。甲方的全部股权持有人均一致同意将所持有甲方共100%的股权以及甲方的办公及仓库的全部设备、设施（不包括应收应付款项，即应收应付款项全权由甲方负责）通过转让的方式转让给乙方，且乙方同意转让。

**第一条　先决条件**

签订本协议之前，甲方应满足下列先决条件。

（1）甲方向乙方提交转让方公司章程规定的权力机构同意转让公司全部股权及全部资产的决议。

（2）甲方财务账目真实、清楚；转让前公司一切债权、债务均已合法有效剥离，且甲方及股权持有人应向乙方出具相应的书面声明及保证。

（3）甲方负责向乙方委托的会计、审计组织审计甲方财产、资产状况相应的财务资料，以便于乙方对甲方进行资产、财务状况进行评估。

上述先决条件于本协议签署之日起_____日内，尚未得到满足，本协议将不发生法律约束力；除导致本协议不能生效的过错方承担缔约损失之外，本协议双方均不承担任何其他责任，本协议双方亦不得凭本协议向对方索赔。

**第二条　转让之标的**

甲方同意将其各股东持有的公司全部股权及其他全部资产按照本协议的条款出让给乙方；乙方同意按照本协议的条款，受让甲方股权持有人持有的全部股权和全部资产，乙方在受让上述股权和资产后，依法享有_____公司100%的股权及对应的股东权利。

**第三条　转让股权及资产之价款**

本协议双方一致同意，_____公司股权及全部资产的转让价格合计为人民币_____万元整。

**第四条　股权及资产转让**

本协议生效后_____日内，甲方应当完成下列办理及移交事项。

（1）将_____公司的管理权移交给乙方（包括但不限于将董事会、监事会、总经理等全部工作人员更换为乙方委派之人员）；

（2）签署本次股权及全部资产转让所需的相关文件，负责办理_____公司有关工商行政管理机关、税务管理机关等变更登记手续；

（3）移交甲方能够合法有效的证明及享有公司股权及资产转让给乙方的所有文件。

**第五条 转让方之义务**

（1）甲方及其股权持有人须配合与协助乙方对公司的审计及财务评价工作。

（2）甲方及其股权持有人须及时签署应由其签署并提供的与该股权及资产转让相关的所有需要上报审批的相关文件。

（3）甲方及其股权持有人须依本协议之规定，办理该等股权及资产转让之报批、备案手续及工商、税务等变更登记手续。

**第六条 受让方之义务**

（1）乙方将按本协议之规定，负责督促甲方及其股权持有人及时办理该等股权及资产转让之报批手续及工商、税务部门变更登记、迁址等手续。

（2）乙方应及时出具为完成该等股权及资产转让而应由其签署或出具的相关文件。

**第七条 陈述与保证**

（1）转让方在此不可撤销的陈述并保证：①甲方的股权持有人自愿转让其所拥有的公司全部股权及全部资产。②甲方及其股权持有人就此项交易，向乙方所做之一切陈述、说明或保证、承诺及向乙方出示、移交之全部资料均真实、合法、有效，无任何虚构、伪造、隐瞒、遗漏等不实之处。③甲方在其所拥有的该等股权及全部资产上没有设立任何形式之担保，亦不存在任何形式之法律瑕疵，并保证乙方在受让该等股权及全部资产后不会遇到任何形式之权利障碍或面临类似性质障碍威胁。④甲方及其股权持有人保证其就该股权及全部资产之背景及_____公司之实际现状已做了全面的真实的披露，没有隐瞒任何对乙方行使股权将产生实质不利影响或潜在不利影响的任何内容。⑤甲方的股权持有人对甲方股权、甲方对公司的资产均有全部合法权力订立本协议并履行本协议，甲方签署并履行本协议项下的权利和义务并没有违反_____公司章程之规定，并不存在任何法律上的障碍或限制。⑥甲方签署协议的代表已通过所有必要的程序被授权签署本协议。⑦本协议生效后，将构成对甲方各股东合法、有效、有约束力的文件。⑧承诺在此过渡期内妥善保存管理_____公司的一切资产；维护_____公司的现状，防止公司资产价值减少。⑨对于收购合同所提供的一切资料，负有保密义务。⑩甲方股权全部登记至乙方名下之前，甲方经营所产生的一切经营风险、损失、亏损及任何债务以及任何法律责任，均由甲方承担；甲方股权全部登记至乙方名下之后，由于甲方之前的业务引发的任何债务等涉及的法律风险，均由甲方承担，乙方若因此对外承担了赔偿责任，乙方有权向甲方追偿。

（2）受让方在此不可撤销的陈述并保证：①乙方自愿受让甲方转让之全部股权及全部资产。②乙方拥有全部权力订立本协议并履行本协议项下的权利和义务，并不存在任何法律上的障碍或限制。③乙方保证受让该等股权及全部资产的意思表示真实，并有足够的条件及能力履行本协议。

**第八条 违约责任**

协议任何一方未按本协议之规定履行其义务，应按如下方式向有关当事人承担违约责任。

（1）如甲方及其股权持有人未按约定完成本协议第四条及第五条的义务或违反本协议第七条之陈述与保证，则乙方有权解除本合同，由此甲方及其股权持有人所产生的损失由其自担；且甲方其及股权持有人应向乙方支付违约金_____万元。

（2）乙方未按本协议之约定及时向公证部门提存股权及资产之转让价款的，按逾期付款金额承担日万分之三的违约金。

（3）上述规定并不影响守约者根据法律、法规或本协议其他条款之规定，就本条规定所不能补偿之损失，请求损害赔偿的权利。

**第九条 争议之解决**

因履行本协议及其本协议附件所产生的争议应首先由双方协商解决，协商不成交，任何一方可向乙方所在地法院诉讼。

**第十条　协议修改、变更、补充**

本协议之修改、变更、补充均由双方协商一致后，以书面形式进行，经双方正式签署后生效。修改、变更、补充部分以及本合同附件均视与本协议具备同等法律效力且为本协议不可分割部分。

**第十一条　协议之生效**

本协议经双方合法签署后即产生法律效力。

**第十二条　其他**

本协议一式三份，各方各执一份，第三份备存于_____公司内；副本若干份，供报批及备案等使用。

**第十三条　本协议附件**

（1）目标公司财务审计报告书；
（2）目标公司资产评估报告书；
（3）目标公司土地转让协议书；
（4）政府批准转让的文件；
（5）目标公司其他有关权利转让协议书；
（6）目标公司固定资产与机器设备清单；
（7）目标公司流动资产清单；
（8）目标公司债权债务清单；
（9）目标公司对外提供担保的清单；
（10）联合会议纪要；
（11）谈判记录；
（12）目标公司其他有关文件、资料。

甲方（盖章）：_____　　　乙方（签名）：_____
法定代表人：_____　　　法定代表人：_____
甲方股东（签名）：_____
_____年_____月_____日　　　_____年_____月_____日

## 实训任务　奥康与GEOX合作谈判训练

| 实训标题 | 奥康与GEOX合作谈判训练 |
| --- | --- |
| 实训内容 | 　　浙江奥康集团是中国国内知名的鞋业生产企业，GEOX公司是意大利排名第一的世界著名鞋业巨头。2003年2月14日，两家企业达成协议：由奥康负责GEOX在中国的品牌推广、网络建设和产品销售，而GEOX借助奥康之力布网中国，奥康也借助GEOX的全球网络走向世界。<br>　　在中国入世之初，GEOX把目光对准了中国，意图在中国建立一个亚洲最大的生产基地。从2002年开始，GEOX总裁鲍勒卡托先生开始到亚洲的市场中调研。经过一段时间的实地考察，他将目标对准了中国奥康集团，但奥康能否接住GEOX抛过来的"红绣球"，实现企业发展的国际化战略，最终起决定作用的因素之一是谈判的成功<br>一、谈判前的准备<br>GEOX公司方面：<br>　　曾用两年时间对中国市场进行调研，先后考察了8家中国著名鞋业公司，为最终坐到谈判桌前进行了周密的准备。谈判中，鲍勒卡托先生提供了几十页的谈判框架，并熟练背出其中的所有协议条款，令在场的人叹为观止。他的中国之行安排得很满，直接去奥康考察的可能性只有20%，谈判成功的预期更低。然而即便如此，鲍勒卡托先生对可能性如此小的一个合作机会仍然做了这样充分的准备，非常值得国内企业的管理者学习 |

续表

| | |
|---|---|
| 实训内容 | 奥康方面：<br>尽管奥康对与GEOX的合作可能性的心理预期也很低，但奥康的宗旨是，即使有0.1%的成功机会也不会放过。因此，为了迎接鲍勒卡托先生一行，奥康进行了充分的准备<br>1.收集信息：通过一位香港议员全面了解了对手公司的情况，包括对手的资信情况、经营情况、市场地位、此行目的和谈判对手个人的一些信息<br>2.制订计划：为了使谈判对手有宾至如归的感觉，奥康公司专门成立了以总裁为首的接待班子，拟订了周密的接待方案。从礼仪小姐在机场献花，到谈判地点的选择、谈判时间的安排、客人入住的酒店的预订，整个流程都精心策划，使得谈判对手"一直都很满意"，为谈判的成功奠定了基础<br>二、以情感获得信任<br>1.寻找共同点：奥康总裁努力寻找两家公司的共同点，并把此次谈判的成功归结为"奥康与GEOX之间有太多的相似之处和共同利益"。GEOX以营销起家，最初是一家酿酒企业，短短10年的时间年产值达到近千亿欧元，产品遍及全球55个国家和地区，已跨入世界一流的制鞋企业，年增长速度超过50%；而奥康从3万元起家，以营销制胜于中国市场，近10年的产值也超过10亿元。同样年轻，同样跳跃式的增长轨迹，奥康与GEOX有了共同点<br>2.营造良好谈判氛围：奥康有意将第一场谈判安排在上海黄浦江的一艘豪华游轮上，时值中秋，借游江赏月品茗之氛围，消除了双方之间的利益对抗，给对手留下了深刻印象<br>3.特殊节日的选择：奥康与GEOX的谈判于中秋节开始，次年情人节签约，谈判中充盈的文化气氛和浪漫气氛令GEOX方面颇为满意<br>三、相互让步，谋求一致<br>GEOX有备而来，拟定了长达几十页的协议文本，每一条都相当苛刻。为了达成合作，在建立了良好的信任关系之后，双方都做了让步。但在两件事上双方出现了重大分歧：<br>一是对担保银行的确认上，奥康提出以中国银行为担保行，GEOX坚决不同意，而奥康也不同意对方提出的担保行。最后本着合作的原则，选择了香港某银行作为担保行达成了妥协<br>二是关于以哪国法律解决日后争端问题，此问题使谈判一度陷入僵局，意方提出必须以意大利法律为准绳，而奥康总裁由于对意大利法律了解不多，因此坚决反对，并坚持用中国法律解决日后争端。眼看合作就要前功尽弃，最后双方各让一步，决定采用英国法律为解决争端的法律依据达成妥协<br>四、互惠互利，追求双赢<br>奥康总裁认为，意方不仅看中奥康的"硬件"，更重要的是十分欣赏奥康的"软件"，就是诚信和积极向上、充满活力的企业精神。而奥康看中的是GEOX这艘大船能够让奥康"借船出海"，迅速实现企业的国际化战略<br>从表面上看，双方的谈判结果是不均衡的，即奥康所得远远低于GEOX所得，因此许多专业人士提出了批评。对此，奥康总裁给这场谈判和合作提供了最好的解读："与狼共舞需要有掌控狼的本领和能力。奥康与GEOX合作实际上就是与世界上最先进的行业技术合作。因为意大利的制鞋工业水平世界一流，而GEOX又是意大利的第一。通过合作奥康可以轻而易举地获得一流的技术支持、一流的管理经验的传授，并且能够很好地实现销售淡季和旺季的互补。"随着时间的推移，奥康的愿望正在一步步走向现实。"双赢才能共生，共生才能长久"，这是奥康与GEOX的共同追求<br>任务：<br>1.奥康谈判采取的策略<br>2.GEOX谈判采取的策略<br>3.制订各方谈判方案 |
| 实训目的 | 合资并购谈判的主要内容、过程和技巧的运用 |
| 实训组织方式 | 以4人为一组进行分组，对案例进行分析。然后每组按角色制定各方谈判方案，两组对应，一组同学是奥康公司，一组同学是GEOX公司<br>训练地点：教室 |
| 实训评价标准 | 案例分析的准确、全面性<br>谈判方案的制订 |

续表

| 实训评价方式 | 1. 学生进行组内自评、相互评价<br>2. 小组之间互评<br>3. 教师根据学生的表现给出相应评价并点评操作中的共性、个性问题<br>4. 每位同学的成绩由两部分组成：个人自评、相互评价（40%）＋小组互评（30%）＋教师评价（30%） |
| --- | --- |

# 项目十一 模拟谈判

**能力目标**

1. 掌握模拟谈判的方法；
2. 熟悉模拟谈判的流程；
3. 能运用模拟谈判的基本知识组织模拟谈判实训。

 **案例引入  美国律师、企业家和德国商人**

美国著名律师劳埃德·保罗·斯特莱克在他的《辩护的艺术》一书中说："我常常扮作证人，让助手对我反复盘问，要他尽可能驳倒我，这是极好的练习，就在这种排演中，我常常会发现自己准备得还不够理想，于是我们就来研讨出现的失误及其原因。然后我和助手相互换个角色，由我去盘问他，就这样，新的主意逐渐形成。"

美国著名企业家维克多·金姆说："任何成功的谈判，从一开始就必须站在对方的立场和角度上来看问题。"

德国商人非常重视谈判前的彩排，不论德国的大企业还是小企业，也不论是大型复杂的谈判还是小型简单的谈判，德国商人总是以一种不可辩驳的权威面目出现，常常能牢牢地控制着谈判桌上的主动权，这在很大程度上归功于他们对模拟谈判的重视。对于德国商人而言，事先演练是谈判的一个必经程序，他们对谈判可能出现的任何细节都要做周密的准备，对对方可能要提出的任何难题，都要事先做出安排，拟订应对方案。这样，不打无准备之仗，自然，以后的谈判就很容易被纳入德国商人事先设计好的轨道，为谈判的胜利奠定基础。

**思考：** 模拟谈判的用途是什么？

**分析：** 谈判前进行多次模拟谈判，提出各种所能想象得出的问题，让这些问题来难为自己，在为难之中，为真正的谈判做好一切准备工作。

# 一、模拟谈判的主要内容

## （一）模拟谈判的基本概念

模拟谈判就是将谈判小组成员一分为二，一部分人扮演谈判对手，并以对手的立场、观点和作风，来与另一部分己方谈判人员交锋，预演谈判的一个模拟过程。

在正式谈判之前，进行模拟谈判非常必要：一方面，它可以提高应对困难的能力；另一方面，可以检验目前的谈判方案是否周密、可行。具体来讲，模拟谈判的作用主要体现在以下几个方面。

（1）模拟谈判能使谈判人员获得一次临场的操练与实践，经过操练达到磨合队伍、锻炼和提高己方协同作战能力的目的。

（2）在模拟谈判中，通过相互扮演角色会暴露己方的弱点和一些可能被忽略的问题，以便及时找到出现失误的环节及原因，使谈判的准备工作更具有针对性。

（3）在找到问题的基础上，及时修改和完善原订的方案，使其更具实用性和有效性。

（4）通过模拟谈判，使谈判人员在相互扮演中，找到自己所充当角色的比较真实的感觉，可以训练和提高谈判人员的应变能力，为临场发挥做好心理准备。

## （二）模拟谈判的方法

### 1. 全景模拟法

全景模拟法是在想象谈判全过程的前提下，企业有关人员扮演不同角色所进行的实战性排练。这是最复杂、耗资最大但也往往是最有效的模拟谈判方法。这种方法一般适用于大型的、复杂的、关系到企业重大利益的谈判。在采用全景模拟法时，应注意以下两点。

（1）合理地想象谈判全过程　有效的想象要求谈判人员按照假设的谈判顺序展开充分的想象，不只是想象事情发生的结果，更重要的是想象事物发展的全过程，想象在谈判中双方可能发生的一切情形，并依照想象的情况和条件，演绎双方交锋时可能出现的一切局面，如谈判的气氛、对方可能提出的问题、己方的答复、双方的策略、技巧等问题。合理的想象有助于谈判的准备更充分、更准确。所以，这是全景模拟法的基础。

（2）尽可能地扮演谈判中所有会出现的人物　这有两层含义：一方面是指对谈判中可能会出现的人物都要有所考虑，要指派合适的人员对这些人物的行为和作用加以模仿；另一方面是指主谈人员（或其他在谈判中准备起重要作用的人员）应扮演一下谈判中的每一个角色，包括自己、己方的顾问、对手和他的顾问。这种对人物行为、决策、思考方法的模仿，能使己方对谈判中可能会遇到的问题、人物有所预见。同时，处在别人的地位上进行思考，有助于己方制定更完善的策略。

### 2. 讨论会模拟法

讨论会模拟法类似于"头脑风暴法"，分为两步：第一步，企业组织参加谈判人员和一些其他相关人员召开讨论会，请他们根据自己的经验，对企业在本次谈判中谋求的利益、对方的基本目标、对方可能采取的策略、己方的对策等问题畅所欲言。不管这些观点、见解如何标新立异，都不会有人指责，有关人员只是忠实地记录，再把会议情况上报领导，作为决策参考。第二步，则是请人针对谈判中可能发生的种种情况、对方可能提出问题等提出疑问，由谈判组成人员一一加以解答。

讨论会模拟法特别欢迎反对意见，这些意见有助于己方重新审核拟订的方案，从多种角度和多重标准来评价方案的科学性和可行性，不断完善准备的内容，提高成功的概率。国外的模拟谈判对反对意见加倍重视。然而,这个问题在我国企业中长期没有得到应有的重视,讨论会往往变成"一言堂",领导往往难以容忍反对意见。这种讨论不是为了使谈判方案更加完善,而是成了表示赞成的一种仪式,这就大大违背了讨论会模拟法的初衷。

### 3. 列表模拟法

列表模拟法是最简单的模拟方法,一般适用于小型、常规性的谈判。具体操作过程是:通过对应表格的形式,在表格的一方列出己方经济、科技、人员、策略等方面的优缺点和对方的目标及策略。另一方则相应地罗列出己方针对这些问题在谈判中所应采取的措施。这种模拟方法的最大缺点在于它实际上还是谈判人员的一种主观产物,它只是尽可能地搜寻问题并列出对策,对于这些问题是否真的会在谈判中发生,这一对策是否能起到预期的作用,由于没有通过实践的检验,因此,不能百分之百地讲,这一对策是完全可行的,对于一般的商务谈判,只要能达到八九成的胜算就可以了。

## (三)拟定假设

要使模拟谈判做到真正有效,拟定正确的假设或臆测是关键。拟定假设是指根据某些既定的事实或常识,不管这些事物现在或将来是否发生,但仍视其为事实进行推理。例如,根据有钱总可以买到东西的常识,可以假设去商店买东西,只要出钱,对方就总会出卖商品;根据车子遇到绿灯可自由前进的常识,以至于假定在十字路口,当交通标志转变为绿灯时,车子就会往前开动。

根据假设的内容,可以把假设划分为三类:对外界客观存在事物的假设、对对方的假设和对己方的假设。对外界客观存在事物的假设包括对环境、时间、空间的假设。商务谈判过程中要通过对外界事物的假设进一步摸清事实,知己知彼,找出相应的对策。准确地假设对方,常常是商务谈判的制胜法宝。例如,在销售谈判中,对方在谈判中对商品价格、运输方式、商品质量等方面的要求,都需我们根据事实加以假设,准确的假设能使己方在谈判中占据主动地位。对己方的假设包括谈判者对自身心理素质、谈判能力的自测与自我评估,及对己方经济实力、谈判实力、谈判策略、谈判准备等方面的评价。

拟定假设的关键在于提高假设的精确度,使之更接近事实。为此,在拟定假设条件时要注意:

(1)让具有丰富谈判经验的人做假设,这些人身经百战,提出假设的可靠度高。
(2)必须按照正确的逻辑思维进行推理,遵守思维的一般规律。
(3)必须以事实为基准,所拟定的事实越多、越全面,假设的准确度就越高。

【案例】某家工厂的收益连续三年下降(事实1);这三年内该工厂始终维持着原有的管理体制(事实2);同时,该工厂一直没有开发新产品、开拓新市场(事实3)。立足这三个事实,我们可假设如下:(1)假如事实2和事实3不变,该工厂明年的收益仍可能降低;(2)为扭转这种局面,该工厂可能迫切需要技术、人才、资金及开发新产品、新技术,需要转产或开拓新市场;(3)如果己方正和这家工厂进行上述方面的谈判,己方提高要价,采取强硬立场,可能会取得成功;(4)要正确区分事实与经验、事实与主观臆断,只有事实才是靠得住的。

分析:无论是哪种假设,通常都有可能是错误的,不能把假设等同于事实,要对假设产生的意外结果有充分的心理准备。对于假设的事物要小心求证,不能轻易以假设为根据采取武断的做法,否则会使己方误入谈判歧途,给己方带来巨大损失。例如,当我们假设只要出钱就可买到东西时,如果对方无货或者对方展示的是样品,或者对方产品质量、规格不对路,那么上面的假设就不正确。当我们假设十字路口的交通标志为绿灯,车子就会往前开动;但如果道路前方发生车祸不能通行,那么上述假设也会落空。因此,拟定假设的关键在于提高假设的精确度,使之准确地接近事实。

### (四) 模拟谈判总结

模拟谈判的目的在于总结经验,发现问题,提出对策,完善谈判方案。所以,模拟谈判的总结是必不可少的,模拟谈判的总结应包括以下内容。

(1) 对方的观点、风格、精神。
(2) 对方的反对意见及解决办法。
(3) 己方的有利条件及运用状况。
(4) 己方的不足及改进措施。
(5) 谈判所需情报资料是否完善。
(6) 双方各自的妥协条件及可共同接受的条件。
(7) 谈判破裂与否的界限。

可见,谈判总结涉及各方面的内容,只有通过总结,才能积累经验,吸取教训,完善谈判的准备工作。

## 二、模拟谈判实训组织流程

### (一) 实训目的

通过模拟商务谈判流程让学生能够对商务谈判知识有更进一步的理解与掌握,并借以提高学生的沟通、表达、应变等各方面的能力。

### (二) 实训内容

(1) 商务谈判流程。
(2) 商务谈判方案撰写 一份完整的商务谈判方案,一般应包括封面,目录,谈判双方的背景、优劣势分析,谈判目标,谈判的预期结果及可能面临的风险分析,谈判过程中所使用的战略、战术说明,谈判议程及相关要件说明。
(3) 商务谈判的策略和技巧的运用。
(4) 商务语言及商务礼仪的使用技巧。

### (三) 实训方式

(1) 教师提供谈判主题(采购谈判、销售谈判、并购谈判等),学生根据所选主题寻找案例。
(2) 根据班级人数分成若干组,每组成员4~5人。小组两两对应,每大组选择同一个谈判主题。
(3) 案例必须是实体公司,便于双方的信息调查,双方讨论确定谈判会涉及的主要议题。
(4) 谈判前要做好相关的准备工作,如人员角色安排、谈判方案策划、演讲PPT、谈判会场的布置等。

### (四) 模拟谈判流程

第一部分 开场介绍
教师介绍评委成员、代表队及其案例情境。

第二部分　背对背演讲（共6分钟）

背对背演讲（双方各3分钟）：一方首先上场，演讲者不能是己方主谈人，利用演讲的方式，向观众和评委介绍己方队伍构成和队员的角色分工；己方对谈判问题的背景分析、己方的优劣势；己方谈判希望达到的目标；己方谈判的策略。

第三部分　进入正式模拟谈判阶段（30分钟）

(1) 开局摸底阶段（3~5分钟）

① 入场、落座、寒暄、相互介绍己方成员，要符合商务礼节。
② 有策略地向对方介绍己方的谈判条件。
③ 试探对方的谈判条件和目标。
④ 对谈判内容进行初步交锋。
⑤ 不要轻易暴露己方底线，但也不能隐瞒过多信息而延缓谈判进程。
⑥ 在开局结束的时候最好能够获得对方的关键性信息。
⑦ 适当运用谈判前期的策略和技巧。
⑧ 一方发言的时候既不能喋喋不休而让对方没有说话机会，也不能寡言少语任凭对方表现。

(2) 谈判中期阶段（10~13分钟）

① 对谈判的关键问题进行深入谈判。
② 用各种策略和技巧进行谈判，但不得提供不实、编造的信息。
③ 寻找对方的不合理方面以及可要求对方让步的方面进行谈判。
④ 为达成交易，寻找共识。
⑤ 获得己方的利益最大化。
⑥ 解决谈判议题中的主要问题，就主要方面达成意向性共识。
⑦ 出现僵局时，双方可转换话题继续谈判，但不得退场或冷场超过1分钟。
⑧ 双方不得过多纠缠与议题无关的话题或就知识性问题进行过多追问。
⑨ 注意运用谈判中期策略和技巧。

(3) 休局、局中点评（2分钟）

在休局中，双方应当总结前面的谈判成果，整理信息，重新审视对手底线和己方底线；与队友分析对方开出的条件和可能的讨价还价空间；与队友讨论冲刺阶段的策略，如有必要，对原本设定的目标进行修改。

(4) 最后谈判（冲刺）阶段（5分钟）

① 对谈判条件进行最后交锋，尽量达成交易，达成的协议必须合理。
② 在最后阶段尽量争取对己方有利的交易条件。
③ 谈判结果应该着眼于保持良好的长期关系。
④ 进行签约，向对方表示感谢。

(5) 谈判总结阶段（5分钟）

① 向观众宣读成交事项（或双方未能成交）。
② 针对谈判事项，分析双方的分歧和各自优势。
③ 展示己方为最终成交所付出的努力与争取。

第四部分　评委提问（共3分钟）

(1) 针对谈判议题本身、谈判过程的表现、选手知识底蕴和商务谈判常识进行刁难性问题提问。

(2) 进一步考查选手的知识储备、理解、应变、语言组织能力。

(3) 评委依次向每个小组提 1～3 个问题。

(4) 问题不一定要有标准答案,但要具有挑战性和现场性,主要是考查选手的应变能力。

### (五) 实训要求

(1) 谈判期间,着装要得体大方。

(2) 语言要文明礼貌,流畅大方,忌哗众取宠,更不能以污言秽语来攻击对方。

### (六) 模拟谈判评分表

| 项目 | A 方 | B 方 | 备 注 |
| --- | --- | --- | --- |
| 谈判准备(20分) | | | |
| 信息收集程度(4分) | | | |
| 对议题的理解和把握(4分) | | | |
| 目标设定的准确性(4分) | | | |
| 方案设计的实用性(4分) | | | |
| 团队选手的准备程度(4分) | | | |
| 谈判过程(60分) | | | |
| 谈判策略与技巧(8分) | | | |
| 团队配合(8分) | | | |
| 知识丰富、合理运用(8分) | | | |
| 氛围控制(8分) | | | |
| 逻辑清晰、思维严密(7分) | | | |
| 语言表述清晰准确(7分) | | | |
| 反应迅速、随机应变(7分) | | | |
| 对谈判进程的把控(7分) | | | |
| 谈判效果(20分) | | | |
| 己方谈判目标的实现程度(4分) | | | |
| 双方共同利益的实现程度(4分) | | | |
| 谈判结果的长期影响(4分) | | | |
| 对方的接受程度(4分) | | | |
| 团队的整体谈判实力(4分) | | | |
| 合计 | | | |

# 附: 谈判情景能力测试

下面列出了谈判可能遇到的几种不同情形,并分别给出了几种常见的选项,如果谈判当事人是你,请给出你的答案。对照分析,测试自己的谈判能力,并尝试学习有效的谈判方法。

1. 谈判对手故意忽视你

描述：顾客嘲笑你未能获得授权而拒绝与你继续谈判，请问你会……

① 当面表示你也不知道公司为什么不进行完全的授权，并表现你的无奈

② 告知对方你会将意见转达给主管，而后告辞

③ 请顾客在你的权限范围内先行协商

2. 客户坚持主帅出面谈判

描述：客户坚持只有你公司的总经理出面，才愿意继续与你们谈判，请问你会……

① 向总经理报告，请总经理支持己方的谈判

② 询问客户副总经理出面是否可以

③ 安抚顾客，并告诉对方谈判进行到决策阶段时，若有需要，我方会请总经理出面，并以对方可以接受的方式，洽谈目前己方可以全权代表公司与客户商议的交易条件

3. 挑战或顺从你的导演

描述：你是出道不久的小牌演员，导演以 50 万元的片酬请你拍行情 300 万元的新片，你会……

① 争取演出机会，片酬并不重要

② 既然找我，一定是因为我有一定的优势，提高片酬到 200 万元，待价而沽

③ 从 50 万开始，多争取一万算一万

④ 先提出 200 万的价格，再慢慢降价

4. 降价的五种让步方法

描述：你准备向客户降价 200 万元，你会如何做？

① 200-0-0-0　　　　　一次性降价

② 0-0-0-200　　　　　开始不降，直到客户准备放弃时再降

③ 50-50-50-50　　　　客户要求一次降一次，每次数量一样

④ 10-30-60-100　　　 降价幅度逐渐提高

⑤ 100-60-30-10　　　 降价幅度逐渐减小

5. 经销商倚老卖老

描述：买方是贵公司 7 年的老经销商，希望可以在此次业务部的全国调升 10％价格中获得例外。你将采取的对策是：

① 告诉对方，不论经销资历如何，一律平等调涨

② 告诉对方，假如增加 3 成采购量，可以考虑特别处理

③ 告诉对方你会将他的意见转达给主管，然后再做决策

6. 面对强势客户造成僵局

描述：客户坚持你不降价，他就不进行采购。请问你会……

① 换人谈判

② 换时间或换地点谈判

7. 兵临城下的案例

描述：登机前 60 分钟，重要客户在机场催促你签合约。

① 很高兴，赶快签正式合约

② 先签承诺书，B 公司的价格问题等回国再签

③ 拒绝签任何合约，一切等回国再商议

分析：

1. 谈判对手故意忽视你

① 直接在顾客面前抱怨将有损公司形象，你无奈的举动会使公司丢尽颜面

② 这种方式没有达到解决问题的目的

③ 先在自己的职权范围内解决问题，有理有据，行为得体

2. 客户坚持主帅出面谈判

① 如果时间紧迫，这种方法显然不合适

② 找人替代不是恰当的方式

③ 让客户把你当作对手，有勇有谋

3. 挑战或顺从你的导演

① 软弱谈判者，欠缺勇气与胆识

② 胆识过人，但未衡量局势

③ 现实的谈判者，略具勇气

④ 胆识过人且能兼顾局势

4. 降价的五种让步方法

① 开始即降很多，筹码尽失

② 坚持到底才降价，守口如瓶胆识足

③ 要求一次降一次，显现软弱

④ 愈降愈多，有失坚定立场

⑤ 愈降愈少，减少期待

5. 经销商倚老卖老

① 坚持不变，充分体现了你的勇气和原则

② 以量来换取价格，值得肯定，但是必须获得公司的授权

③ 相当于把问题带回公司，没有替公司解决任何问题

6. 面对强势客户造成僵局

① 换人谈判可以在陷入困境时转换思路

② 时间拉长，会让对方知难而退；换地点容易转换对方心情

7. 兵临城下的案例

① 过于冲动，容易掉入对方的陷阱

② 能够掌控主动权，先承诺就先抓住了机会，而且不会伤及对方的感情

③ 容易破坏关系，丧失机会

### 实训任务

【案例一】 供应合作谈判

甲方：南宁市某家具销售中心

乙方：凭祥市 W 家具制造厂

(1) 背景资料　南宁市某家具销售中心是一家经营高中档家具的大型销售中心，该公司

地处南宁市中心地段——朝阳区，凭借黄金地段以及产品卓越的优势，赢得广大消费者的信赖，销售量居南宁市同类企业的前列，在本地有一定的知名度。

近年来，随着中国东盟自贸区的不断建设与发展，催生了南宁房地产事业的发展，进而刺激了南宁市家具行业的兴旺发展。随着国家不断限制红木等珍贵材料的采伐，国内红木少且贵，而市场对红木家具的需求却不断增加，呈现出供不应求的局面。为了顺应市场需求，不错过一个良好的商机，南宁市某家具销售中心正四处寻找红木家具供应商。

靠近越南的凭祥市地理位置优越，从越南进口红木，生产各种红木家具，材料进货成本低，因此，凭祥市家具制造厂较多。了解到这一情况后，南宁市某家具销售中心找到了凭祥市 W 家具制造厂，该公司的红木家具制作工艺精湛，款式新颖，性价比高，吸引了大量的经销商前来洽谈合作。

2017 年 3 月 12 日，南宁市某家具销售中心派出了采购团队，前往凭祥市 W 家具制造厂洽谈合作事宜，双方经过协商，最终达成交易。

（2）市场信息　南宁市市场对红木的需求量较大，而由于国家不断限制红木等珍贵材料的采伐，国内红木少且贵，因此市面上很少有红木家具的出现，造成了供不应求的局面，从而导致家具销售中心缺少供应商。

（3）谈判目标

① 甲方谈判目标：让乙方能以较为优惠的价格成为本方的红木家具供应商

② 乙方谈判目标：以尽可能高的价格成为甲方的红木家具供应商，获取更多利润

【案例二】　软件技术合作谈判

甲方：A 公司

乙方：B 公司

（1）背景资料　A 公司创立于 2004 年，是中国规模最大的国际财经证书培训机构，一直致力于 ACCA、CMA 等国际财经证书培训及财经类企业内训，总部设于北京，全国拥有近 30 个统一师资、统一管理的直属分部（子公司），拥有 12 所 ACCA 官方授权的机考中心，以及 4 个 ACCA 官方授权的黄金级分部，A 公司通过遍布全国近 30 所分部的高校及企业合作伙伴，提供的国际财经证书培训、企业内训及面向全球提供的高清电影模式的 AC-CA 在线视频课程，累计培训学员超过 28000 人次，A 公司的 ACCA 学员分别来自英国、爱尔兰、美国、加拿大、新加坡、马来西亚、澳大利亚、新西兰等国家，以及中国内地、香港、澳门等地区。

B 公司于 2012 年由大学生独自创立，是全球领先的集互联网多媒体通信技术研发、销售及服务于一体的国家级高新技术企业，总部设于被誉为中国"硅谷"之称的深圳市南山科技园，注册资本 1000 万元，办公面积 2000 平方米，是国家双软企业及中国电子政务百强企业。作为国际领先的视讯 SaaS（Software-as-a-service）运营平台，该公司专注于在线电话、视频会议的研发、推广、销售、运营和服务，且 B 公司视频会议以过硬的运营技术，创新的产品服务模式迅速在国内视频会议租用市场占据主动权，在终端持续赢得用户口碑。经过几年的发展，B 公司视频会议已在国内、欧美及非洲市场遍地开花，多款软件获得行业的重点关注和用户的高度认可，产品广泛服务于政府、军队、铁路、医疗、教育、企业、培训、金融等多个行业，销售额和市场占有率持续领先，深受用户的一致好评，销售额和市场占有率持续领先。

为顺应时代的发展，促进公司业务的多元化经营，为客户提供全方位的便捷系统，A 公司将发展独立高清网课开发软件平台、在线学员答疑平台和在线视频服务，因此特向 B

公司洽谈关于远程培训系统的合作事宜，以加大培训课程的覆盖范围，获取更多潜在的客户。B公司也想从为其提供技术平台中获取一定的利润。于是，A公司的代表将与B公司的代表就合作过程中课程费用利润分配的比例问题等进行洽谈。

甲方拟采取小班教学，每个培训班约20位学员，每次上课时长为2个小时（即为3个学时，每个学时40分钟），每人每学时收费50元。

(2) 谈判目标

① 甲方谈判目标：课程费用利润甲方占90%～95%，乙方占5%～10%；获得乙方远程培训系统的技术支持。

② 乙方谈判目标：课程费用利润甲方占85%～90%，乙方占10%～15%。

**【案例三】 产品供货合同条款和索赔谈判**

甲方：K工厂（卖方）

乙方：F工厂（买方）

(1) 背景资料 F工厂和K工厂是两个长期的合作伙伴，K工厂是F工厂的模具供应商，其模具供给量占F工厂使用模具量的80%。但K工厂的模具最近一直有质量问题，给F工厂造成了大量的额外损失。当初两厂签订的协议中规定：K工厂提供的模具合格率达到95%以上便可。但是这是一条有歧义的条款。既可以理解为每套模具各个零件的合格率达到95%以上，也可以理解为所有模具的总体合格率达到95%以上。F工厂提出，由于K工厂的模具导致的损失必须由K工厂承担。F工厂的采购部经理和K工厂的销售部经理准备通过谈判解决这个问题。

(2) 谈判目标 确定对95%以上合格率这一条款的理解。商议K工厂赔偿F工厂损失的事宜

**【案例四】 连锁企业与供应商的谈判**

甲方：A公司

乙方：B公司

(1) 背景资料 A公司创立于1999年，位于珠江三角洲腹地——广东省中山市，是以精品家电为核心，业务跨电子科技、照明、贸易、进出口、医疗器材等行业的大型企业集团公司。A公司下属有16家子公司，员工近4000人，资产近8个亿，年销售额达20多个亿。在经营发展中，A公司始终以市场为导向，以质量求生存，以求实创新为信条，视产品为企业生命，严把质量关、严把销售关、严把售后服务关。迄今，A公司遍布全国的3000多家销售终端网点，100多家售后服务网点，产品赢得了广泛的社会认可。同时，A公司的产品畅销海内外，尤其在北美、欧洲非常畅销。

B以电器专业连锁发展模式为主，通过家电零售终端的集中采购、统一配送，建立一个集品牌代理、连锁零售、安装维修服务于一体的大型电器零售企业。它是广州市最有实力的电器公司之一，具有16年大型电器商场的综合营销经验，电器经营品种达1万多种，拥有300多个国内外知名品牌客户资源，是中外电器厂商在广州地区必争的合作伙伴，在消费者当中有着良好的口碑，在市内乃至国内都享有较好的信誉度和知名度。B公司遵循中高档、时尚化和紧贴时代潮流的定位，以家庭为消费对象，实施"一站式"配套经营。实现市场的差异化经营，打造"最有价值的销售平台"。

为了进入B公司，A公司已经与B公司进行了几次磋商，并且就A公司产品摆放的区域、送货方式（货直接由A公司送往B公司的各个卖场仓库）达成了初步协议。这次A公

司与 B 公司将谈到最核心的入场费、场地租金和支付方式等重要问题。

（2）谈判目标　　就入场费、场地租金、支付方式等达成协议，双方取得合作，达到双赢。

**【案例五】** 合资设厂谈判

甲方：中国 A 公司

乙方：美国 B 公司

（1）基本情况　　中国 A 公司电梯产品占国内产量的 50%，是国内同行业中的佼佼者。当 A 公司与美国 B 公司就合办企业一事一经立项，即预先做好了充分的准备工作。首先，A 公司派人赴美国实地考察，在综合评判的基础上，共同编制了可行性研究报告。回国后，又专门挑选和组织了一个谈判班子，包括从上级部门请来参与谈判的参谋和从律师事务所聘来的项目法律顾问，为该项目的谈判奠定了一个良好的基础。

美国 B 公司是美国电梯行业的第一大公司，是享有盛名的大公司，在世界上有 100 多个分公司，他们的电梯产品行销全世界。在谈判之前，B 公司对国际、国内的市场做了充分的调查了解，进行了全面深入的可行性研究。他们还特别对中方的合作伙伴做了详细的分析和了解，全面掌握了与谈判有关的各种信息和资料，并在此基础上，组织了一个精干的谈判班子，该班子由公司董事长兼首席法律顾问充当主谈人。

此次项目投资大，且 B 公司是享有盛名的大公司，对中方的意义非同小可。另外，美国 B 公司的目光是长远的，此次来中国谈判，事先做过充分的可行性调查研究，此项目旨在打开中国市场，并且在合资企业的股份多于中方。中国 A 公司是其最合适的合作伙伴，因为 A 公司无论从技术到产品都是国内第一流的，如果美方在中国的第一个合作项目失败，再想在中国投资合办企业就比较困难了。

（2）谈判目标

① 确定合资企业的名称。

② 关于产品的销售问题进行协商。

**【案例六】** 技术转让谈判

甲方：A 公司

乙方：B 公司

（1）背景资料　　第二次世界大战之后，日本的经济经历了一个快速发展的时期，这被国际社会公认为一个奇迹。在日本战后经济增长中，一些企业也迅速地成长起来。其中 A 公司的成功就是一个范例。

A 公司成立于 1918 年 3 月，这个企业从最初的一个小规模家族企业最终成为世界电器行业的巨头之一。在 20 世纪 50 年代，为实现公司的业务扩张，A 公司急需引进先进技术。而此时，B 公司已经名列世界电器厂商的榜首，具备最先进的技术和最雄厚的资金实力。在这样的情形下，A 公司与 B 公司就技术转让一事开始了谈判。

当时，两个公司谈判力量之间的差异是巨大的。A 公司仅仅是一个小公司，而 B 公司却是行业的领先者。A 公司非常依赖 B 公司来获得生产技术。所以，从一开始谈判，B 公司就表现得非常强势，它提出如想得到技术支持，A 公司除应一次性支付专利版权 55 万美元之外，还应支付 A 公司年销售额的 7%。此外，其他的条款也对 B 公司有利。比如，对于 A 公司的违约条款制定得相当苛刻，而同样的条款对 B 公司却显得含糊不清。

此时，A公司面临着两难的选择。因为在当时，公司的总资产为5亿日元，而55万美元相当于2亿日元，占公司总资产的近一半。如果经营中出意外，公司可能会走到破产的境地。另外，如果谈判破裂，公司将失去发展的宝贵机遇。

（2）谈判目标　就B公司提出的技术转让条件进行谈判，双方达成合作共赢的协议。

【案例七】　图书购销谈判

甲方：A大学

乙方：B公司

（1）背景资料　临近学期结束，A大学教材采购中心需要为下学期准备大学英语教材，因此该教材的采购事宜被提上日程。为了改进长期以来该教材的采购依赖于原有的供应商（新视野图书公司）的情况，今年A大学希望可以有新的供应商（B公司）加入进来。于是委托教材采购中心老师与该供应商进行有关采购教材问题的谈判。

（2）谈判目标

① 甲方谈判目标：价格（主要是书的折扣情况）、书的运送方式、书是否配备相关课件、供应商每年定期向学校赠送一些新书、保证书的质量。

② 乙方谈判目标：付款方式、折扣让价、运送方式、需要每年学校配合定期书展。

【案例八】　产品代理谈判

甲方：A公司

乙方：B公司

（1）背景资料　A公司成立后，首要的任务是寻找经销商，并使之成为其产品的代理，使他们的产品在全国最广阔的区域销售。为此，A公司与B公司进行产品代理谈判。

在一般的医药保健品代理招商中，厂家的愿望是经销商现款提货，根据代理区域的大小，首批必须进一定数量的货（如省级50万，市级30万等），还要交纳市场保证金（防止窜货），3个月或连续3个月不进货取消代理资格等。商家的愿望是不愿现款提货，愿意压批付款，更不同意按区域大小定首批进货量。

（2）谈判目标

① 甲方目标：现款提货，根据代理区域大小设定，确定首批进货量。

② 乙方目标：最好压批付款，首批进货量越少越好。

【案例九】　商铺谈判

甲方：手工坊陶艺吧

乙方：大华商场

（1）背景资料　手工坊陶艺吧集专业陶艺设计、制作为一体，拥有完善的设施、工具和优秀的陶艺老师团队，是学习陶艺、放松心情的好地方。手工坊陶艺吧想在大华商场开设一家60平方米左右的陶艺吧。

大华商场是一家大型购物中心，周边大多是2017年以后的新社区，居民以35岁左右的年轻消费者居多。

（2）谈判目标　手工坊陶艺吧与大华商场达成合作共赢的协议，入驻大华商场。

【案例十】　代言谈判

根据以下信息模拟谈判，要求使用两种以上的谈判策略。

| 职位 | 副总经理 |
|---|---|
| 公司 | TY体育用品公司 |
| 公司历史 | TY是世界知名的体育用品品牌,曾经有4位世界冠军担任过其产品代言人 |
| 公司现状 | 销量下滑,2014年度报告显示营业额比2013年下降9%。公司急需新的销售创意 |
| 谈判目标 | 说服网坛新秀加盟,推广公司的产品,特别是网球装备(拍、球)和网球服 |
| 能提供 | 3年总计3000万元的代言费<br>免费装备和优良的训练设施<br>形象宣传<br>退役后留在公司工作的机会 |
| 想要对方提供 | 为TY的运动服装和装备做3年的独家代言<br>一年中有30天从事推广工作——拍照、出席展览会、表演赛、采访和新产品测试<br>挑选一名助理来维护代言的"形象"(负责管理新闻采访和照顾日常的生活) |

| 金小姐 | |
|---|---|
| 职业 | 网球运动员,目前世界女单排名前十位。权威的网球杂志预测,本年度有望更进一步 |
| 年龄 | 20 |
| 爱好 | 网球、旅游 |
| 能提供 | 绝佳的公共形象(权威的网球杂志预测,成绩有望更进一步)<br>每月1天从事产品推广工作(拍照、出席展览会和采访等),冬季(3个月)可以考虑每月2天 |
| 想要对方提供 | 良好的训练设施<br>继续使用目前所用品牌的网球拍<br>对冠有自己名字的产品进行销售提成,2%或者更多<br>2年的合同(绝不能再长) |

# 试卷与能力测试题

# 参考文献

[1] 文腊梅.商务谈判实务：项目教程.第2版［M］.北京:电子工业出版社，2017.
[2] 杜一馨.农产品经纪人基础知识与实务［M］.北京：中国农业大学出版社，2014.
[3] 孙立秋.商务谈判［M］.北京:对外经济贸易大学出版社，2015.
[4] 龚荒.商务谈判与沟通：理论、技巧、实务［M］.北京:人民邮电出版社，2014.
[5] 李维.谈判中的心理学［M］.北京:清华大学出版社，2011.
[6] 斯图尔特·戴蒙德.沃顿商学院最受欢迎的谈判课［M］.北京:中信出版社,2012.
[7] 德雷克·阿顿.哈佛经典谈判课［M］.北京:北京联合出版公司，2018.
[8] 韦宏,陈福明.商务谈判与沟通技巧［M］.北京:高等教育出版社,2015.
[9] 牧之.谈判要读心理学［M］.北京:新世界出版社,2009.
[10] 王军华.商务谈判与推销实务［M］.北京:中国人民大学出版社,2016.
[11] 李霞,徐美萍.商务谈判与操作［M］.北京:北京交通大学出版社,2010.
[12] 丁建忠.商务谈判操作.第3版［M］.北京:中国财政经济出版社,2011.
[13] 徐斌.商务谈判实务［M］.北京:中国人民大学出版社,2016.
[14] 陈文汉.商务谈判实务.第2版［M］.北京:清华大学出版社,2018.
[15] 彭庆武.商务谈判：理论与实务［M］.北京:北京交通大学出版社,2014.
[16] 冯光明,冯靖雯.商务谈判：理论、实务与技巧［M］.北京:清华大学出版社,2015.
[17] 尚慧丽.商务谈判实务［M］.北京:科学出版社,2018.
[18] 林晓华,王俊超.商务谈判理论与实务［M］.北京:人民邮电出版社,2016.
[19] 李品媛.商务谈判.理论.实务.案例.实训.第2版［M］.北京:高等教育出版社,2015.
[20] 石永恒.商务谈判实务与案例［M］.北京:机械工业出版社,2008.
[21] 潘马琳.商务谈判实务［M］.北京:北京交通大学出版社,2012.
[22] 孙玲,江美丽.商务礼仪实务与操作［M］.北京:对外经济贸易大学出版社,2017.
[23] 李嘉珊.国际商务礼仪［M］.北京:电子工业出版社,2007.
[24] 姚凤云.商务谈判与管理沟通［M］.北京:清华大学出版社,2011.
[25] 孙绍年.商务谈判理论与实务［M］.北京:清华大学出版社,2007.
[26] 徐文,谷泓.商务谈判［M］.北京:中国人民大学出版社,2008.
[27] 王刚,刘鹤.采购谈判与采购方式［M］.北京:电子工业出版社,2016.
[28] 李政.采购与供应中的谈判与合同［M］.北京：化学工业出版社,2015.
[29] 齐俊研,刘恩专.国际技术转让与知识产权保护［M］.北京：清华大学出版社,2008.